佛藏經講義

——第十九輯

平實導師　述著

ISBN 978-626-95796-7-9

佛法是具體可證的，三乘菩提也都是可以親證的義學，並非不可證的思想、玄學或哲學。而三乘菩提的實證，都要依第八識如來藏的實存及常住不壞性，才能成立；否則二乘無學聖者所證的無餘涅槃即不免成爲斷滅空，而大乘菩薩所證的佛菩提道即成爲不可實證之戲論。如來藏心常住於一切有情五蘊之中，光明顯耀而不曾有絲毫遮隱；但因無明遮障的緣故，所以無法證得；只要親隨眞善知識建立正知正見，並且習得參禪功夫以及努力修集福德以後，親證如來藏而發起實相般若勝妙智慧，是指日可待的事。古來中國禪宗祖師的勝妙智慧，全都藉由參禪證得第八識如來藏而發起；佛世迴心大乘的阿羅漢們能成爲實義菩薩，也都是緣於實證如來藏才能發起實相般若勝妙智慧。如今這種勝妙智慧的實證法門，已經重現於臺灣寶地，有大心的學佛人，當思自身是否願意空來人間一世而學無所成？或應奮起求證而成爲實義菩薩，頓超二乘無學及大乘凡夫之位？然後行所當爲，亦不行於所不當爲，則不唐生一世也。

——平實導師

如聖教所言，成佛之道以親證阿賴耶識心體（如來藏）爲因，《華嚴經》亦說**證得阿賴耶識者獲得本覺智**，則可證實：證得阿賴耶識者方是大乘宗門之開悟者，方是大乘佛菩提之眞見道者。經中、論中又說：證得阿賴耶識而轉依**識上所顯真實性**、**如如性**，能安忍而不退失者即是**證真如**，即是大乘賢聖，在二乘法解脫道中至少爲初果聖人。由此聖教，當知親證阿賴耶識而確認不疑時即是開悟眞見道也；除此以外，別無大乘宗門之眞見道。若別以他法作爲大乘見道者，或堅執**離念靈知**亦是實相心者（堅持意識覺知心離念時亦可作爲明心見道者），則成爲實相般若之見道內涵有多種，則成爲實相有多種，則違**實相絕待**之聖教也！故知宗門之悟唯有一種：親證第八識如來藏而轉依如來藏所顯眞如性，除此別無悟處。此理正眞，放諸往世、後世亦皆準，無人能否定之，則堅持離念靈知意識心是眞心者，其言誠屬妄語也。

——平實導師

目次

自序……序01
第一輯　諸法實相品第一……001
第二輯　諸法實相品第一……001
第三輯　諸法實相品第一……001
第四輯　諸法實相品第一……001
第五輯　諸法實相品第一……001
念佛品第二……313
第六輯　念佛品第二……001
第七輯　念佛品第二……001
第八輯　念佛品第二……001
念法品第三……073

第九輯 念法品 第三 …… 001
第十輯 念法品 第三 …… 001
念僧品 第四 …… 025
第十一輯 念僧品 第四 …… 001
第十二輯 念僧品 第四 …… 001
第十三輯 念僧品 第四 …… 001
淨戒品 第五之一 …… 175
第十四輯 淨戒品 第五之一 …… 001
淨戒品 第五之餘 …… 091
第十五輯 淨戒品 第五之餘 …… 001
淨法品 第六 …… 207
第十六輯 淨法品 第六 …… 001
往古品 第七 …… 173
第十七輯 往古品 第七 …… 001
淨見品 第八 …… 241

第十八輯 淨見品 第八……001
了戒品 第九……303
第十九輯 了戒品 第九……001
第二十輯 了戒品 第九……001
囑累品 第十……291
第二十一輯 囑累品 第十……001

自序

《佛藏經》之所以名爲「佛藏」者，所說主旨即以諸佛之寶藏爲要義。諸佛之寶藏即是萬法之本源——如來藏，《楞嚴經》中說之爲「如來藏妙眞如心」，《入楞伽經》卷七〈佛性品〉則說：「大慧！阿梨耶識者名如來藏，而與無明七識共俱，如大海波常不斷絕，身俱生故；離無常過，離於我過，自性清淨。餘七識者心，意、意識等念念不住，是生滅法。」大略解釋其義如下：

【所謂阿梨耶識（通譯阿賴耶識）又名如來藏，含藏著無明種子與七轉識種子，並與所生之無明及七轉識同時同處，和合相共運行而成爲一個五陰有情。七轉識與無明相應而從如來藏中出生，每日運行不斷；意根每天一早促使意識等六心生起之後相續運作，與意識等六心和合似一，看似常住而不斷之心，其實是從如來藏中種子流注才出現的心，就是一般凡夫大師說的「清清楚楚明明白白」的心，早上睡醒再次出生以後，就與處處作主的意根和合運作看似一心。這七識心的種子及其相應的無明種子，每天同時從如來藏中流注出來，猶如大海波一般「常不斷絕」，因爲是與色身共俱而出生的緣故。如來藏離於無常的過失，是常住法，不曾剎那間斷過；無始而有，盡未來際永無中斷或壞滅之時。如來藏亦離三界我等無常過失，迥無我見我執或我所執；其自性是本來清淨而無染污，無始以來恆自清淨，不與貪等六根本煩惱及其餘隨煩惱相應。其餘七轉識都是心，即是意根、意識與眼等五識，即是面對六塵境界時清楚明白的前六識，以及處處作主的意根；這七識心與無明種子都是念念不住的，因爲是從如來藏中流注這七識心等種子於身中才有的，當色身出生以後，意根同時和合運作，意識等六識也就跟著現行而與色身同在一起，所以是與色身同時出生而存在的。而種子是剎那剎那生滅的，以此緣故說意根與意識等七個心是生滅法。若是證阿羅漢果而入無餘涅槃時，由於我見、我執、我所執的煩惱已經斷除的緣故，這七識心的種子便不再從如來藏流注出來，死時就不會有中陰身，不會再受生，便永遠消滅了，亦因此故是生滅法。】

在三種譯本的《楞伽經》中，都不說此如來藏心是第八識（第八識是通俗的說法），而是將此心與七轉識區分成二類，說如來藏一心是常住的，是出生「意」與「意識等」六識者，也說是出生色身者，不同於七識等心。所援引的上開經文，亦已明說如來藏「離無常過，離於我過，自性清淨」；從如來藏中出生的「餘七識者心，意、意識等」，都是「念念不住，是生滅法」。這已經很明確將如來藏的主要體性與七轉識的主要體性區分開來：一是能生，一是所生，能生與所生之間互相繫屬；能生者是常住的如來藏心，沒有三界我的無常過失，沒有我見我執等過失，自性是清淨的；所生的七識心，是念念生滅的，也是可滅的，有無常的過失，也有三界我的我見與我執等過失，是不清淨的，也是生滅法。

今此《佛藏經》中所說主旨即是說明此心如來藏的自性，名之爲「無名相法」或「無分別法」，仍不說之爲第八識，而是從各方面來說明此心；並且希望後世仍有業障而無法實證佛法的四眾弟子們，未來世中都能滅除業障而證得解脫及實相智慧。以此緣故，先從「諸法實相」的本質來說明如來藏，兼及實證此心者於實證前必須留意避免的過失，才能有實證的因緣；若墮邪見或誤導眾生，並有犯戒不淨等事者，將成就業障；於其業障未滅之前，縱使未來歷經無量無邊不可思議阿僧祇劫，奉侍供養隨學九十九億諸佛以後，仍無實證之可能。以此緣故，釋迦如來大發悲心，首先於〈諸法實相品〉廣釋實相心如來藏之各種自性，隨即教導學人如何了知惡知識與善知識之區別。善於選擇善知識者，於解脫及諸法實相之求證方有可能，是故以〈念佛品〉、〈念法品〉、〈念僧品〉中的法義教導，令學人以此為據，得以判知何人為善知識、何人為惡知識，從而得以修學正確的佛法，然後得證解脫果及證入諸法實相，發起本來自性清淨涅槃智，久修之後亦得兼及二乘涅槃之實證，再發十無盡願而起惑潤生乃得以入地。

若未慎擇善知識，誤隨惡知識者（惡知識表相上都很像善知識），不免追隨惡知識於無心之中所犯過失，則未來歷經無數阿僧祇劫奉侍九十九億佛之後，於解脫道及實相了義正法仍無順忍之可能，欲求佛法之見道即不可得，遑論入地。以此緣故，世尊隨後又說〈淨戒品〉、〈淨法品〉等法，教導四眾弟子們如何清淨所受戒與所修法。又為杜絕心疑不信者，隨即演說〈往古品〉，舉出過往無量無邊不可思議阿僧祇劫前大莊嚴佛座下，苦岸比丘等四人為惡知識，執著邪見而誤導眾生，成為不淨說法者；以此緣故與諸眾生相率流轉生死，於人間及三惡道中往復流轉至今，反復經歷阿鼻地獄等尤重純苦及餓鬼、畜生、人間諸苦，終而復始、受苦無量之後，終於來到釋迦如來座下精進修行，然而竟連順忍亦不可得，求證初果仍遙遙無期；至於求證諸法實相而入大乘見道，則無論矣！思之令人悲憐，設欲助其見道終無可能，對彼諸人助益無門，只能待其未來甚多阿僧祇劫受業滅罪之後始能助之。

如是警覺邪見者之後，世尊繼以〈淨見品〉、〈了戒品〉而作補救，期望以此二品能轉變諸人的邪見，勸勉諸人清淨往昔熏習所得的邪見，並了知清淨戒之所以施設的緣由而能清淨持戒，未來方有實證解脫果與佛菩提果的可能。如是教導之後，於〈囑累品〉中囑累阿難尊者等諸大弟子，當來之世以善方便攝受諸多弟子，得能清淨知見與戒行，滅除往昔所造謗法破戒所成之業障，而後方有實證之世到來。由此可見 世尊大慈大悲之心，藉著舍利弗尊者之因緣，在與舍利弗對答之時演說此實相法等，期望後世遺法弟子得能滅除業障而得證法。普察如今末法時代眾多遺法弟子，精進修行仍難遠離邪見與邪戒，求證解脫果及佛菩提果仍將難能可得，令人不覺悲切不已，是故將此經之講述錄音整理成書，流通天下，欲以利益佛門四眾。

佛子　**平實**　謹誌

於公元二〇一九年　夏初

第十九輯：

《佛藏經》卷下

〈了戒品〉第九（延續上一輯未完部分）

經文：【「舍利弗！譬如不男之人無男子用，至男子中生不男想，而作是念：『是諸人等如我無異。』如是好看外道經書者，常樂嚴飾巧美文辭；於佛第一義，心不恭敬。舍利弗！其中有人說清淨經，於此人所亦不恭敬，輕慢清淨持戒比丘，何以故？舍利弗！外道經書無眞實語，法應憍慢，貢高自大；何以故？是事不爲厭離，不爲寂滅，不爲得道，不爲涅槃。」】

語譯：【世尊開示說：「舍利弗！就譬如一個沒有男人功能的人，他沒有男子的作用，當他來到一群男人之中，對一群男人生起不男之想，他心中這樣想著：『這些人是跟我一樣不男而沒什麼差別的。』像這樣喜歡閱讀外道經書的人，他們永遠都是喜歡嚴飾巧美的文辭；對於諸佛的第一義諦，心裡不會生起恭敬心的。舍利弗！在一群修行人之中假使有人演說清淨的經典，這一類人對於這樣的人也是不生起恭敬心的，並且會看輕、會生起輕慢心來對待清淨持戒的比丘，爲什麼是這樣呢？舍利弗！那些外道的經書中沒有眞實法的言語，在他們的法中應該會對別人生起憍慢，他們都會貢高自大；爲什麼會這樣？因爲他們那些外道事都不是爲了厭離，不是爲了寂滅，不是爲了得道，也不是爲了涅槃。」】今天就講到這裡。

講義：《佛藏經》我們上週七十四頁第二段已經語譯過了，我希望在一百八十講之內把這部經典講完，就差不多是二十冊。沒想到一部短短的《佛藏經》也要二十冊，但這也是因爲前面經文中的法太勝妙，所以我們講解比較詳細一點。今天誰管冷氣？再把溫度調低一點好不好？我這邊也把冷氣打開了，因爲我看有些人在搧著，表示太熱。那我們今天來解釋一下。

如來說：「舍利弗！就比如一個不男之人沒有男子的作用，他到了一群男人中，就不會對那群男人生起男子之想。」「不男之人」諸位想想看是什麼樣的人？也就是說，他生爲男子之身但是沒有男子之用，是說他的男根有欠缺而不能人道；有人是生來就欠缺，也有後天傷害造成的；大略而說，後天造成的就比如太監那一類，如果是生而欠缺就比如生黃門一類。「不男之人」表面上看起來跟男子一樣，但其實他沒有男子的作用；這一種人進了一群男人之中，心中會想：「這些男人是跟我沒有差別的。」由於他自己是這樣，就認爲別的男人也跟他一樣；他不知道別的男人跟他不一樣，誤以爲別的男人跟他是一樣的，所以心裡就想：「是諸人等如我無異。」

也就是說，在佛門中出家而愚癡、破戒……等，他們心中會想：「別的出家人也應該跟我一樣。」這是平常的事情，不會有特例。因爲他想：「我出家了，我禪淨密三修，所以我搞雙身法也沒覺得會怎麼樣，想來其他的出家人大概也都跟我一樣。」事實上，在大陸佛教界這是平常事，眞的是平常事，太普遍了。臺灣沒有大陸那麼嚴重，因爲臺灣的法師們開始搞密宗假藏傳佛教時，我們就開始破斥了；佛教界大多知道密宗不是佛教，所以沒有沉淪到很嚴重的地步；但在大陸這是普遍的現象，至於日本和尚娶妻生子，那就是理所當然。東密相對於西藏密宗假藏傳佛教，叫作東密，東密就是日本的佛教。日本的佛教大多是眞言密教，沒有傳授雙身法給在家人，傳到臺灣時也沒有傳雙身法，也許是覺得臺灣出家人還沒有資格修學吧。有些人喜歡跟我辯論說：「日本的佛教沒有在傳雙身法。」我說：「那是你的所知，我的所知不是如此。」他們也傳的，但是只傳給住持和尚，不傳給在家人，就像唐密一樣，也像以前的西藏密宗假藏傳佛教一樣；以前西藏密宗的雙身法只傳給皇宮貴族，只在國王大臣之間流傳，不傳給平民的。

那麼東密就是這樣，他們只傳給出家的住持和尚；所以出家的住持就住在寺廟中，他可以娶妻生子，這是日本的和尚，是公開的，所以說他們也有雙身法；但希望比較不難看一點，所以他們出家當住持時，就在寺廟旁邊租或買個房子，討個老婆同住；白天來寺院中主持寺裡的事務，也叫作出家人，他們也叫作和尚，這就是東密。那麼臺灣學東密的人不能因爲自己學東密時，上面的和尚沒有教他雙身法，就主張東密沒有雙身法。那麼在大陸出家人學密修雙身法是極普遍的現象，只有修淨土宗的出家人不搞雙身法；但不管有沒有對在家人傳雙身法，反正他們就已經修雙身法了，所以大陸的出家人私底下有孩子都算正常的，在臺灣這是比較少數。

那麼像這樣的出家人，當他到了一群比丘眾之中，心裡會想：「他們跟我大概也都一樣。」就好像這個不男之人一樣，到了大眾之中他想：「那群男人大概跟我是一樣的。」這種想法從一般人來說是正常的，但其中的法師們有許多人是跟他不一樣的，因爲不是每一位出家人都會跟他一樣，可是他會想大家都跟他同樣是「不男之人」——不是清淨持戒修行之人。

如來說「不男之人」在佛門中是指什麼樣的譬喻？什麼人被譬喻爲「不男之人」？就是「好看外道經書者，常樂嚴飾巧美文辭；於佛第一義，心不恭敬」的出家人。諸位來看看我們正覺以外的道場，大部分的道場現在是有很多改變的；現在臺灣佛教在檯面上的道場，有時你們會看到法師在講如來藏、在講眞如，表示他們有進步了。以前我們在講如來藏、講眞如時被人家罵是外道神我，現在沒人敢罵了，因爲現在證明我有證得如來藏才是眞的證眞如，唯有證得如來藏才是實證般若者，所以現在沒人敢罵；反而如來藏變成臺灣佛教界的顯學，要是都不講如來藏或眞如，大概沒有什麼人願意聽了，因爲大家都會想：「那是在講意識境界，沒什麼法可說。」

那麼這些小道場追隨著我們開始弘揚如來藏時，以外的那些大道場還在拒絕如來藏妙義，不就像是 如來所譬喻的「不男之人」嗎？他們都是「好看外道經書者」，所以密宗假藏傳佛教那些密續他們讀得不亦樂乎，可是那些密續全都是外道法；例如宗喀巴的《菩提道次第廣論》、《密宗道次第廣論》，我們說都是外道法。當年我剛提出來說《菩提道次第廣論》是外道法時，當時的佛教界還有許多人不服氣；後來我乾脆把它點出來說：「《菩提道次第廣論》後半部的止觀都在講雙身法；後半部講的練寶瓶氣、盤腿跳躍……等都是爲了雙身法作準備的，乃至於止觀裡的內容就是用暗號、用隱語來講雙身法的止觀。」現在他們只好閉嘴了。

我們有一本口袋書《我爲何離開廣論》，諸位都要讀一讀，還沒有讀過的人記得要讀；其中好像有一篇文章，我們那位同修是從廣論團體過來的，他寫到說：有一天他們那位女性的教師，在課堂上哭著對大家說：她沒有辦法、她不敢講後面的止觀。不敢講就不敢講，爲什麼要哭？表示她知道那止觀是在講什麼，所以不敢講；不但她不敢講，弘揚《廣論》的日常法師也不敢公開講，他大約只對出家的部分弟子們講，對在家居士則是全都不講，通常是前半部講完又從頭開始再講，止觀的內容永遠都不講解；正因爲《菩提道次第廣論》後半部的止觀，講的就是雙身法的前方便與修學的境界；至於《密宗道次第廣論》就別提了，那是明講雙身法的，說得更直白。

那麼這兩部《廣論》不就是外道經書嗎？因爲跟三乘菩提完全不相應，全都落入常見外道法中。聲聞菩提中都說蘊處界虛妄，所以五陰完全虛妄，可是《菩提道次第廣論》說五陰是眞實的，另外發明新說：「我見」這個觀念是虛妄的。宗喀巴說，當你把我見否定時你就算是斷我見了，而不是否定了五陰叫作斷我見；那就純粹是外道的經書，直接跟 佛陀打對臺，正是披著佛教的法衣，講的卻是反對 如來聖教的外道法。可是你們看好多寺院都在讀《廣論》，他們喜歡的就是那些外道的東西，所以練寶瓶、練拙火、練那些林林總總的外道事物，他們都很喜歡；那些都是外道法，但那些外道法中的嚴飾巧美文辭太多了，摻雜了許多的佛法名相以後讓人誤認爲是佛法；並且講得好聽而且誇大，不懂的人讀了好喜歡、好羨慕，這是事實。

我這一世初學佛在農禪寺時，也曾看見他們在研究《廣論》，有人跟我介紹《廣論》多麼棒，但我一聽到《廣論》兩個字轉頭就走，可是此世的我在那以前沒讀過《廣論》；我講的是這一世，在那一天之前並沒有讀過《廣論》，也沒有聽誰講過《廣論》，可是我聽到那兩個字轉頭就走了，連翻一下都不想，這是直接的反應；我也奇怪當時爲什麼對它那麼討厭，自己也不知道；後來我的智慧回復以後，再讀到《廣論》時就知道爲何那麼討厭它，因爲往世就破過它了，怎麼會喜歡它；所以我們乾脆寫出《狂密與眞密》，等於把《廣論》全破了。這就是說，「外道經書」都會講得天花亂墜，講得很好聽：當你觀想自己本尊越來越莊嚴而跟 佛完全一樣的時候，那你已成就佛身了。原來佛身是用觀想來的，不是修行得來的。所以他那一些說法很誇大，但是會講得很美妙，讓你很憧憬，喜歡外道法的人便會跟著落入境界法中，就會非常喜歡那些外道的經書。

且不說「外道經書」，單說臺灣十五年前、將近二十年的時光，佛法書籍賣得最好的是什麼人？是那些作家寫的、教授寫的賣得最好；後來才是聖嚴法師跟上來，但聖嚴法師有什麼佛法？他是日本立正大學的文學博士，是文學博士來當法師，是依文解義而不是講實證的。後來證明他所謂的實證其實是什麼？就是一念不生的離念靈知！只是他都不印證在家弟子開悟，不管你在家弟子一念不生的功夫多好，他都不會爲你印證，他只印證出家弟子，所以他的聲聞心態非常深重。那麼教授寫的也很風行，還有一些有名的作家寫的也很風行，這些就是「嚴飾巧美文辭」的具體事例。

不喜歡佛法而喜歡那一些外道言詞的人，是因爲他讀著覺得很喜歡、很順眼、很順心，因爲他們心中愛樂境界；這類人對於 佛陀講的「第一義諦，心不恭敬」。不恭敬有兩個狀況，第一種是聽到你講「第一義諦」時，他隨口就推翻你，要不然就是轉頭走人，都不想聽；另外一種是只要你講「第一義諦」，他心中不想聽又不好走人，乾脆閉起眼睛來打瞌睡，就是這兩種狀況。何以至此呢？因爲聽不懂啊！如果聽得懂當然喜歡聽，像我專門講「第一義諦」，諸位聽得津津有味，兩個鐘頭到了就想：「怎麼時間又到了？」可是他們聽不懂，當然就不想聽，而且聽起來索然無味。

而且「第一義諦」講的是無境界法，他們心中貪愛有境界法，那就不相應。那他們聽不懂、不相應，這要怪誰？怪他們嗎？也不對！你們搖頭都搖對了，當然要怪他們的堂頭和尚。是因爲他們的堂頭和尚也不懂，依文解義時得要湊來湊去，往往前言不對後語，聽經的人當然痛苦。可是這一類「不男之人」因爲喜歡有境界法、喜歡外道那些有爲法，所以對 如來說的「第一義諦」心中都沒有恭敬。他們會認爲：「那跟我們無關，那是諸佛菩薩的事。」

我在想，諸位來到正覺之前，或是讀到正覺的書之前，應當也有人是這樣想的：「開悟？那是諸佛菩薩的事，跟我無關。」我還相信有許多同修剛進來正覺時是半信半疑的，是信了一半，另外一半還是疑：「眞的可以實證嗎？我去看看。」所以有的人在進禪淨班前一年、一年半的時光中，都沒有在用功；聽到最後覺得有味道了，看來是可以實證的，所以到最後那年才開始用功，有不少人是這樣的。

甚至有的人禪淨班畢業了，都還沒有在用功，是轉到進階班再過一、兩年才想：「原來這是眞正的佛法，可以實證。」這表示「第一義諦」太深、太廣袤，令人難知難解；難知難解就聽不下去，而且講來講去都是「無所得、無分別、無所有」，聽不懂時就以爲開悟時是什麼都沒有：「既然什麼都沒有，我來學這幹嘛？」他心裡這樣想。其實「無所有、無所得、無分別」並不是什麼都沒有，而是什麼都有。就因爲這個「無名相法」的自身境界中什麼都沒有，所以出生了所有三界一切法，因此是什麼都有；所以百法、千法、萬法都函蓋於這個「無名相法、無所得法」裡面；宇宙世間、三界世間就這麼出生的。可是他們不懂，不懂的原因是他們的堂頭和尚也不懂，所以大家越聽越不喜歡，因此對「第一義諦」就沒什麼恭敬心。

不論誰談到「第一義諦」他就想：「那是諸佛菩薩的事。」不但一般比丘如此想，以前在臺灣臺北市杭州南路那位弘揚念佛的老和尚，現在跑到大陸去，被大陸定義爲邪教的那位老和尚淨空法師，他以前在臺灣怎麼講的？當年他很有名的開示說：「一句佛號唸到底，死都不能放。」只要談到明心見性時他就罵開來：「都什麼時候了，還講什麼明心見性，那是佛菩薩的事。」不但你們聽過，我也當面聽他訓過；因爲我去度他，他就當面這麼跟我講。他說：「那是佛菩薩的事，不是我們的事，我這些出家弟子只要有一兩個人可以下品下生，我就很歡喜了！」這樣當面跟我講，這算不算是嗆聲？（大眾笑⋯）對啊！

我去杭州南路拜訪他，想要度他、想要把法傳給他，所以我跟他講實相念佛、體究念佛、無相念佛，我說可以從持名轉進到無相，然後從無相轉進到體究，體究最後就變成實相念佛，他就這樣跟我嗆聲了；所以我聽得很反感，就跟他講：「師父啊！您這些出家徒弟們是不是大部分都殺人放火？」他聽我這麼一問，知道講錯了，臉就垮下來了；我接著就講下品下生，我說：

「下品下生的人是放火、燒殺、擄掠，五逆十惡、無惡不造才下品下生，您這些出家徒弟們有幹這些惡事嗎？」他不講話了，就扯到別的地方去；等他扯完了我又拉回來講下品中生，我講了他又扯到別的地方去；這樣一扯一拉、一扯一拉，我從下品下生講到上品上生都講完了。

後來經過大約一年多，有一天我同修沒有搭我的車回家，她自己搭公車，在公車上聽到公車司機播放淨空法師講的錄音帶，也在講明心見性，改變了；可惜他最後沒有改成功，跑到大陸去搞起來，跟密宗掛鉤，被大陸定義為邪教；還眞的邪門兒，竟然支持密宗假藏傳佛教，然後把念珠的佛首珠下面加掛一個十字架，他練書法還寫天主教的《玫瑰經》，裱褙起來掛在牆上，果然是邪教。

那他們為什麼會喜歡外道的那些經書？因為對「第一義諦」不懂，越讀越痛苦。譬如他教念佛法門，念佛法門中有個一行三昧；《文殊師利所說摩訶般若波羅蜜經》卷二，佛說：「法界一相，繫緣法界，是名一行三昧。」又說：「善男子、善女人，欲入一行三昧，應處空閑，捨諸亂意，不取相貌，繫心一佛，專稱名字。隨佛方所，端身正向，能於一佛念念相續，即是念中，能見過去、未來、現在諸佛。」這眞是太難懂了，因爲這種持名唸佛而得的一行三昧很深妙難懂，難懂的原因是修行這三昧的人沒有遵照世尊的意旨次第修學：「若善男子、善女人，欲入一行三昧，當先聞般若波羅蜜，如說修學，然後能入一行三昧。如法界緣，不退不壞，不思議，無礙無相。」因爲是第一義諦，太深奧難懂。

又例如大精進菩薩好不容易終於出家，他帶著一幅佛的畫像，到了山林間掛在樹上，對著畫像開始思惟：「猶如此畫像非出息非入息，『諸佛』亦如是非出息非入息……。」（編案：《大寶積經》卷八十九：「如此畫像非覺非作，一切諸法亦復如是，如來身相亦復如是。如此畫像非見非聞非嗅非嘗非觸非知、非出息非入息，一切諸法亦復如是無有知者。」）就這樣子一直觀行下去，結果他就開悟了！那他們自稱專門講解和弘揚念佛法門，這一行三昧等不能不講吧？可是若要爲人講解時又該怎麼解釋？

猶如佛的畫像非出息非入息，那麼「如來」或者說一切諸法，也是如此非出息非入息，就這樣開悟。那一行三昧也說：要隨佛方所，持唸佛名，如果你念 阿彌陀佛，阿彌陀佛是在西方，就面向西方坐下，面向西方持唸佛號，就是唸「南無阿彌陀佛」，一直唸下去，就這樣唸到有一天見「佛」了，經上說：即是念中見三世諸佛。意思是這一悟了，念念之中都可以看見三世諸佛，這樣才叫理事圓融、有理有事。持唸佛名是事相，你見到諸佛的本際就是理，理事具足叫作「一句佛號理事雙全」，就是念佛法門的理事圓融。

那他教人家念佛三十年了，這一行三昧教也不行、不教也不行，可怎麼辦？要教嘛，自己不懂啊！不教嘛，這明明是念佛法門之一，於是很尷尬。但這念佛法門中的一行三昧有個前提，那些教念佛的法師們都不講，就叫人家一句佛號唸到底。老實說，一句佛號唸到底眞的可以開悟，不但一句佛號，你就算是唸「南無蕭平實……」一直唸到底也會開悟的。假使你不信我，你的名字叫張三，我就教你每天一直唸：「南無張三、南無張三……」唸自己也行，只要一直唸下去；不要停而一直唸下去，遲早也會開悟。

但大家爲什麼悟不了？因爲把前提給忽略了，那個前提叫作「當先聞般若波羅蜜」。要先聽聞正確的般若波羅蜜，聽聞錯誤的說法沒有用的，要先懂得般若波羅蜜是什麼道理；這一些聽聞也懂了，知道什麼叫作「佛、如來」，再來持佛名號不停唸佛，這才有辦法開悟。所以這持名唸佛要開悟並不難，問題就是沒有「先聞般若波羅蜜」。想證一行三昧的念佛人，連五陰這個很粗糙、很明顯易見的我見都沒有斷除，就別說「先聞般若波羅蜜」了，像這樣教人家說一句佛號唸到底，也就沒有用了。那因爲般若波羅蜜就是「第一義」，這「第一義」講的都是「無所有法、無所得法」，正是第八識「無名相法」的境界；但他們不懂，誤以爲「無所有法」就是什麼都沒有，於是「心不喜樂」；不喜樂的緣故，聽人家講「第一義諦」就不恭敬，這是正常的現象，所以叫末法時代。

像咱們這樣每週二，五個講堂坐滿人在聽經（編案：此是二〇一七年五月所說，同年年底已是六個講堂坐滿了），超過一千人，自古以來很難得有這個現象，除了佛世，諸位找找看有沒有哪個時節是這樣的？也可以看現在全球有哪個道場是這樣的？所以我才說諸位眞是菩薩呀！每週二都趕來聽聞般若波羅蜜。一般都是辦個三天、五天的講經法會，大家來捧捧場，過後就沒了；如果要每週固定某一天來一千多位同聚聽經，除了佛世，古來沒有。我們這還是說臺北講堂，如果加上桃園、新竹、臺中、嘉義、臺南、高雄每週二同時聽經的人，那正覺講堂每週二到底多少人在聽經？也是古來少有。可是諸位每週二都來聽，聽的是第一義諦的深妙難信難解之法，卻是聽得津津有味，而不是像這裡 佛講的「破戒比丘、不男之人」、「於佛第一義，心不恭敬」，這個實在是少見；佛教界少見，不但今世，古來就已經如此了。

這就是說，因爲他們沒有個入處，連方向都弄不懂；假使修學佛法時有個法門告訴你某一個方向，在這個方向中有些什麼次第，你讀了以後去思惟觀察，發覺這個次第是可以一步一步走上去的，那你就會喜歡上了。所以有人讀了《念佛三昧修學次第》，一讀就知道：「這是實證的工具書。」它是一個工具，你依著書中所說一步一步去修，就會一步一步轉進；現在走到哪裡了你知道，下一步要怎麼走你也知道，最後會完成什麼目標你也知道；而現在一步一步所修所學，你發覺這是可以如實作到的，那你就知道這是應該要修學的法。如果老是講得天馬行空，可以說到天花亂墜，可是沒有個方向，也沒有一個實行的方法和次第，那你就不要抱希望，聽聽就好。

這就是說「佛第一義」固然甚深極甚深，可是有它的次第性。學法一定要有次第性，才能逐步到達；當你把這些次第完成了，接下來開悟就是一念相應的事，在某一剎那相應就悟了；悟了之後進修時依舊有次第，這才是佛法。如果你遇到這樣的善知識，對「第一義諦」就會有興趣，對「第一義諦」就會從深心中發起恭敬心來；有了恭敬心，你一定會切切實實履行。只要劍及履及努力實修，證悟是水到渠成的事，只差時間遲與早的差別而已，沒有人不能開悟的。這時一定有人想：「好！那我要開悟，我也會開悟欸！」對！你也會開悟；但你也許下一剎那開悟，也許下一分鐘，也許明天、也許後年、也許臨命終時開悟，但也許是下一世。

如果每天散散漫漫，次法也不修，快快樂樂過日子的結果就是苦苦惱惱地久劫證道，那也會開悟，只是需要修好幾劫以後才開悟。所以我說每一個人都會開悟並沒有錯，不怕悟得晚，怕的是始終跟「第一義諦」絕緣，都在修學表相的佛法；最怕的是進而否定「第一義諦」，那就沒機會開悟了，否則開悟都是人人有分，只差時間早晚。那麼開悟晚的人，我剛剛講過可能還要好幾劫以後，這都還是好的；如果像《佛藏經》剛開始時 如來說的那一些人，他們求悟是過無量無邊百千萬億劫之前的事；不是幾劫，而是幾個阿僧祇劫之前，因爲往昔謗法謗賢聖，下墮三惡道回來之後又已經奉侍九十九億佛了，結果到現在連個順忍都不可得，所以千萬不要人云亦云而跟著人家毀謗正法或賢聖。

話說回來，求開悟的人，只要你信受正確的「第一義諦」，別落入相似佛法中，對「第一義諦」有所愛樂，心中也恭敬「第一義諦」，遲早都會開悟，沒有人不開悟的，因爲 如來早就說了：「一切眾生都可以成佛。」當然也包括三惡道的眾生，當他們業報盡了、邪見也滅了，將來還是可以開悟；只是他們開悟會在什麼時候？會在諸位的曾孫的曾孫再曾孫成佛以後，再來收他們作十信位的徒弟，然後他們要再經過一萬大劫，由曾孫、曾孫、曾孫的佛弟子的曾孫、曾孫再曾孫成佛了，他們才會開悟，業障所遮障的人就是這樣。所以還是會悟的，只是很晚。這意思是說，那些破戒比丘「譬如不男之人」一樣，進了比丘眾中總是以爲其他比丘眾是跟他一樣的，其實人家不一定跟他一樣；也許其他的比丘眾大多數是清淨持戒努力修行，而且是愛樂「第一義諦」，那他自己是個異類，反而覺得大家都跟他一樣，因爲他只看表相。

如來接著又說：「舍利弗！其中有人說清淨經，於此人所亦不恭敬，輕慢清淨持戒比丘，」所以破戒比丘們總是以己例彼。比丘們有時會有人出來講「清淨經」，譬如演說最基本的層次，講五蘊空、無我、無我所，說色無常生滅，苦、無我，受想行識亦復如是。《阿含經》說，這樣講法的人才是眞正的法師，這樣如實說的法就是「清淨經」。宗喀巴的說法叫作不清淨，因爲他的所謂佛法知見落在五陰我之中，至於雙身法中的那個樂觸，只是五陰的我所——依於五陰我而有；但他認爲五陰與涅槃是眞實，是常住不壞；這就是邪見，就是不清淨。那麼如實演述聲聞菩提，就是講「清淨經」；或者有人如實演述緣覺法，那他所講的也是「清淨經」；如果有比丘出來講「第一義諦」，說明證得第八識如來藏而現觀眞如……等，那也是講「清淨經」。

但是「不男之人」等破戒比丘遇到這樣清淨說法的人，他們都不會有恭敬心，因爲他們會認爲這樣的人跟他們是異類，所謂道不同不相爲謀，所以三句話就嫌多了，那他們反而會因此而「輕慢清淨持戒比丘」。以往佛教界大家推崇的是道場大不大、名氣大不大、徒眾多不多，就看這些；他們不看你說的法了義不了義、究竟不究竟；所以二十年前我們剛出來弘法時，被臺灣佛教界嘲笑，證明 如來在經中的所說眞是誠實語。後來我們看到想要和平共存而不可得，開始摧邪顯正；初期摧邪顯正時不指名道姓，結果完全無作用；後來乾脆指名道姓辨正法義，作用才開始出現了。轉變到現在，有兩個作用：第一是攻擊我的力量增強了，第二是有人漸漸轉變了。有的法師即使所講的不是般若，臺灣佛教界講如來藏、講眞如已經成爲顯學。有的法師即使所講的不是般若，偶爾也會附帶一、兩句「眞如」，有時「如來藏」三字也會帶出來；雖然只是把這名相帶出來，這也很好，我也讚歎他們。我們絕對不可評論他們說：「哎呀！你們只懂這些名詞。」不能這樣作，我們都要隨喜。最好就是把眞如、如來藏、阿賴耶識、八識田這幾個名詞，多多種到學佛人的腦袋去，將來有一天就會發芽滋長，佛菩提芽就出生了。

所以眞正的清淨持戒比丘，一定會想辨法瞭解「第一義諦」，會想辦法理解到底應該如何實證。如果是修那些外道法的人，特別是修密宗假藏傳佛教的邪法，那種法師是永遠都無法跟「第一義諦」相應的；他們聽到「第一義諦」的正法時都覺得非常刺耳，連聽到「第一義諦」四個字都不喜歡，就別說如何求實證。那麼清淨持戒比丘之所以願意清淨持戒，一定有其原因，就是他已經理解什麼是「第一義諦」，也理解想要親證「第一義諦」應該有些什麼條件，所以才願意清淨持戒。否則看見各大山頭那些法師們大家都吃得胖胖的、很可愛的模樣，項上掛著念珠都是幾百萬元的蜜蠟製成的，一出場都是大紅祖衣，還有人幫他擎著寶蓋，難道不羨慕嗎？自然會羨慕的。

但清淨持戒的比丘就不羨慕，因爲他知道這些全都落在世俗法中，心有染著就跟「第一義諦」不相應。由於他先瞭解「第一義諦」講的是「無名相法、無分別法、無所得法」，知道這完全是無境界法，純屬智慧；他也知道想要跟「第一義諦」相應的人，不可以生起那些貪著，就知道：「原來如來施設這麼多戒法給弟子們遵守，目的是要我們和第一義諦趕快相應；當我們習慣那一些戒法的規定以後，心變得很寧靜了，不再對外追逐，那時正好實證第一義諦。」所以他願意清淨持戒。

那麼這個「不男之人」破戒比丘，對於這樣清淨持戒而願意爲人講「清淨經」的比丘，他就是不歡喜。如來就解釋說，爲什麼這種「不男」的比丘會對講「清淨經」的清淨持戒比丘不恭敬，當然是有原因的，所以如來解釋說：「舍利弗！外道經書無眞實語，法應憍慢，貢高自大；」外道的那些經書，不管叫作什麼經；不論是一神教、多神教，不管他們叫作什麼經，那些經書所講的內容全都沒有眞實語。爲何沒有眞實語？因爲他們所說的那些內涵都是世間法，全都是生滅法、有爲法；只有佛法才講不生不滅的無爲法，不信的話大家可以去檢查，一神教最有名的是什麼經？是《聖經》。《聖經》其實只是一個稱呼，其實應該叫作《舊約》或者《新約》；你如果眞是佛弟子，只要勉強自己努力去把《舊約》讀過三、五頁，你就不想讀了。再怎麼勉強也是最多讀三頁，因爲你會發覺：那好像在騙三歲小兒。讀過的人都知道我這話不是虛語，根本就是在騙三歲小兒。而且你會發覺上帝眞的很殘忍，上帝的瞋心很重，他的眷屬欲又很強。那我們在人間學佛時，當我們還在凡夫位、還沒有證悟之前，我們都可以吃素，上帝卻不吃素，他要吃生鮮的肉，而且是要帶血的，懂的人會這樣說：「你們中國人殺的豬肉、羊肉、牛肉，他是不吃的，因爲你們先放血了，而且你是煮熟了的，上帝不要。」供養上帝的肉不可以先放血，而且他要生的、帶血的肉，這跟密宗假藏傳佛教供奉的五肉像不像？太像了！差別只是密宗假藏傳佛教那五肉包括人肉，而上帝不吃人肉，吃畜生肉；他動不動降下大水來淹死人類、降下天火來燒死人類，一神教徒還說他多麼慈悲，愚昧的人才相信，這就是《舊約》講的；《新約》雖然改了，八九不離十，根本就是騙三歲小兒。

其他的一神教也差不多，因爲神出同源，本是一家兄弟分家後分開的信仰。一神教講的道理還不如《道德經》，差多了！要信一神教，不如信道教、學道家的法還好些。但是道家有個法叫作洞玄術，那你們可別學，因爲那一些都是世間法，是世俗人—白衣—所愛樂的境界。那《道德經》究竟講什麼？它講的跟儒家差不了多少，也是修身齊家治國平天下，還講帝王之術，但是它有帶到幾句話說：「**道可道，非常道；名可名，非常名。**」然後講到「**吾所以有大患者，爲吾有身**」，老子比上帝聰明多了，上帝都不知道這個道理，他還懂這個道理，說「**我有一個大災難，就是我有一個色身**」。他的想法是：「**如果我沒有色身，我就不會生病，也不會老死。**」他的想法也是覺知心不會死，其實也是會死，但勝過上帝多多。

譬如無色界天沒有色身，也是會死的，但他不知道。他以爲：「**我如果沒有這個身體，就不會生病、不會老、不會死。**」所以說「**吾有大患，爲吾有身**」。他認爲天地之間之所以有萬物、有人類，說了一句很好：「**其中有精。**」說天地之間有一個精神體，否則不會有山河大地一切萬物有情，這個觀念很好，這是正確的想法，只是他不曉得那是什麼。所以我說道家遠遠勝過一神教，只是道家講無爲，所以沒有一神教的傳教熱情。可是你再怎麼看《道德經》裡面所講的內容，不都是世間法嗎？既是世間法，當然都是有生有滅而不眞實，所以 如來說「外道經書無眞實語」。只有佛法、而且是大乘法中所講的才是有「眞實語」。

那麼三乘菩提中唯有大乘法講的是「眞實語」，因爲在二乘法中 如來是依有生有滅的諸法來講緣起性空，所講的是藉緣生起而其性本空的法，所以說蘊處界都生滅無常，所說不及於實相；到了講般若、講種智時，才是講常住法，這才算是眞正的「眞實語」。那「外道經書無眞實語」，又想要吸引人時該怎麼辦？當然就要講得誇大，眾生才會喜歡；最具體的代表是什麼？正是密宗假藏傳佛教，喇嘛教是最具體的事例。

喇嘛教講得很誇大，一般世俗人不敢評論他們就是這個原因，因爲一聽說：「這位喇嘛是佛，那位喇嘛也是佛，其他喇嘛也是佛。」隨隨便便飲酒吃肉的喇嘛，甚至沒有明妃可用而去逛窯子的喇嘛都是佛，所以大家不敢評論，因爲不懂；直到出了個蕭平實，把喇嘛教的教義評到一文不值，從教、理、行、果四個層面揭穿了眞相以後，大家才終於恍然大悟說：「原來他們是膽子大，大到可以包天，都敢大妄語，所以籠罩我們。」如今臺灣民眾看見喇嘛們，背後就說：「垃圾教！」以前哪敢這樣講？以前見了縱使不敢親近，也是遠遠地、客客氣氣地恭敬看著。

但爲什麼會被他們籠罩那麼久？因爲他們就是誇大其詞，敢於大妄語，因此大家就相信他們；如果人家懷疑時，他們還會裝得很生氣的樣子，很有自信的樣子罵你。那你想：「他們竟然敢這樣講，而且他們自稱成佛了；有的喇嘛還說證量比釋迦牟尼佛更高，若是不實的說法，那可是大妄語業啊！大妄語業是要下地獄的，可是他們竟然敢作，顯然不是大妄語。因爲我永遠不敢這樣大妄語，想來他們也不敢妄語，如今他們敢公開說是成佛了，表示他們可能眞的是佛。」寧可信其有，不可信其無，中國人是這個習慣，所以想：「我還是不要造業，先當作眞的好了；假使哪一天有人證明他們是假的，我們再來罵；現在先不要動口，萬一他們是眞的佛，我罵了他們，將來怎麼辦？」

所以等啊等的，終於等到一個蕭平實揭穿眞相，終於可以開罵了！所以現在一般社會人是看見了喇嘛，背後就想：「垃圾教！」因爲他們的法是淫穢的，而且是傲慢的，沒有第一義諦的勝妙法而想要服人，就得要顯示憍慢之狀才能服人，所以如來說的沒錯：「法應憍慢，貢高自大；」他們如果不是貢高自大，哪能讓人家信得服服貼貼的？他們貢高自大而且開口籠罩大眾，可是他們心中並不認為自己是在籠罩大眾，以前他們心裡對自己是活佛的事，還是信以為眞；因為自古以來的喇嘛們就這樣代代相傳下來的，他們被誤導了，所以眞的認為自己成佛了。

直到二十世紀末出了一個蕭平實以後，才開始心裡十五個吊桶七上八下，才終於有密宗人士出來闢謠說：「活佛只是一個特定人士的名稱，不代表活佛是成佛的人。」之前他們都認為自己眞的成佛了，因為《密續》都這樣講的，他們心中也相信了。如果弘法的過程中遇到有人不信，他就拿出「佛慢」來對付當事人；他們認為自己成佛了，以這個成佛後的大慢來降伏一切人，他們叫作「佛慢」。這名詞還眞妙！成佛之後而仍有慢？如果夠聰明，聽到這一句話就懂得說：「這叫作我慢。」是執著於我，以有我的存在而覺得洋洋自得，正是我慢。因為我慢所以生起了這種高慢、增上慢。但因為他們說的法不是眞實法，所以在他們的法中以意識為中心，都落在意識自我之中，於是他們法的本質就一定要有慢，不憍不慢就不能服人。所以他們的心都是貢高自大的，因爲他們住在意識的境界中，意識天生就是會分別人我。

那他們落在意識、落在識陰境界中，爲何會如此？如來解釋這個緣由：「**何以故？是事不爲厭離，不爲寂滅，不爲得道，不爲涅槃。**」諸位來到正覺學的是厭離、寂滅，是爲了得道、爲證涅槃，這才是你來正覺的目的。如果來到正覺修學以後，可以證的是跟外面一樣的離念靈知，或者像外面道場說的：「**我們學佛，就是要歡歡喜喜、快快樂樂布施。**」那就不用來正覺，甚至也不一定要在佛教中學，因爲基督教、天主教也有在作布施，但並不是佛法。

佛法之所以爲佛法，一定是有異於外道之處，一定是有勝妙於外道之處。所以諸位來到正覺，在正覺禪淨班中，親教師教諸位好好作功夫，把無相念佛學起來；然後你還要觀行蘊處界的生滅無常性，所以親教師都會教導諸位五陰、十八界的內容；接著要諸位觀行——好好觀察五陰的每一陰、十八界的每一界是否都是生滅法，要求你斷我見，目的是要你厭離五陰；當諸位開始厭離五陰，怕諸位弄個不好自殺去了，這可麻煩，所以教你說：「**也**

不可以拋棄五陰，這個五陰是修道的工具，所以你要藉著五陰來用功修行，來證得那個不是五陰的諸佛本際，叫作如來藏，叫作父母未生前的本來面目。」於是留著五陰但是不喜歡五陰，就以這個五陰作工具來好好修集次法、正法，然後要實證如來藏，這樣就懂得「第一義諦」了。所以教你要厭離五陰，也要厭離世間法，正覺禪淨班就教你這些，不是只有教你作功夫而已，一定是爲了厭離，第二爲寂滅。

以前的人說開悟，講得最有趣的是某位大法師，他說：「當某某人開悟以後，從此過著快樂幸福的日子。」好像白馬王子娶了那個公主一樣，開悟以後有快樂日子可以過。開悟以後有幸福日子可以過啊？擔子更重了。可是你如果說：「對啊！我進了正覺，終於開悟了；悟後的我很快樂，我現在學得很快樂、很幸福。」也對喔！可是其中的道理是怎麼說呢，總要有個道理吧？開悟以後你證得那個本際如來藏，祂是「無所得法」，其中沒有任何一法存在，當然就別說有什麼境界了；連六塵都沒有了，哪來六塵境界中的快樂、哪來的幸福？

所以悟後沒有幸福的日子，因爲你轉依如來藏，而如來藏的境界中沒有幸福的日子；悟了以後也沒有快樂的生活，因爲你轉依如來藏，然而轉依如來藏以後，依著沒有快樂、沒有幸福、沒有六塵、沒有任何一法的如來藏來繼續修行時，發覺：「我現在變得很有智慧；以前讀不懂的經典現在很多都可以讀懂，於是法樂無窮；週二來聽經時，以前聽不懂，我現在可以聽懂了！」週末到了增上班：「原來還有這麼多深妙的法，唉呀！法樂無窮！」所以覺得很幸福，日子就過得很快樂，不是嗎？所以你看，佛法這麼厲害，只要悟得正確，怎麼說怎麼對。可要是沒有證悟的人，單憑意識猜測想像，隨便說就隨便錯；所以如果那位大師有一天悟了，還是可以講說：「開悟了以後從此過著幸福快樂的日子。」眞的沒錯！因爲以前聽「第一義諦」時聽不懂，現在聽得懂，當然覺得很幸福、很快樂啊！可不是意識這個流轉生死境界中的幸福快樂。

這就是說，眞正的「第一義諦」首先要學厭離。厭離生滅法之後就要實證寂滅法，那什麼是寂滅法？二乘菩提也是講寂滅法，斷盡了我見、我所執、我執而入無餘涅槃，十八界俱滅；十八界是六根、六塵與六識，當六根、六塵、六識全都滅盡了，當然是絕對的寂滅；證二乘菩提是爲寂滅，證得這個寂滅境界，從此不再流轉生死，這樣才是眞正的解脫道。那你如果進而證得第八識心如來藏——《佛藏經》講的「無名相法」，祂是「無所得法、無分別法、無境界法」，那也是絕對的寂滅。

但是菩薩永遠都是腳踏兩條船，一腳踏在現象界中，另一腳踏在實相法界，雙觀叢鬧與寂滅不相混淆；所以無妨悟後五陰繼續住在叢鬧的境界中，但智慧卻是住在離六塵、離六根、離六識的絕對寂滅境界中，現觀實相法界、依止於實相法界的寂滅境界，而又無妨繼續有萬法叢生，這就是菩薩。所以聲聞住在寂滅一邊，菩薩兩邊都照顧到。證得這個寂滅境界時，就會知道聲聞人所證的寂滅不究竟，他們只看到現象界的十八界滅盡以後的寂滅，不知道無餘涅槃背後實際理地的寂滅境界；更不知道實際理地這個寂滅境界就在萬法生滅的當下便已經寂滅了，所以菩薩所證的這個寂滅才是眞正的寂滅。

那麼諸位爲了這個法而進入正覺，就是爲了求道。談到求道，首先會聯想到一貫道；一貫道也是一樣：「法應憍慢，貢高自大；」一貫道以前（現在不太敢開口了，因爲有正覺）一天到晚罵：「你們佛教法師一天到晚在犯戒。」問題是他們連一戒都不敢受，還笑人家犯戒，眞沒道理！以前一天到晚辱罵佛教，都笑法師們說：「現代佛教法師們都沒有開悟，現在是道降火宅。」他們解釋什麼叫作火宅？說出家人寺裡不生火，都要托缽；在家人屋裡都有爐灶，每天要生火，叫作火宅；意思是說現在是在家人才會開悟，出家人沒有開悟的——他們在標榜自己開悟了。

可是等你探究他們怎麼悟的呢？原來就是點傳師往徒眾的眉心一點，就說是開悟了；他們說這樣就是開悟了，是先得道後修行。很吸引人吧！讓你先得道開悟，然後再來補修行。問題是他們得了個什麼道？什麼道也沒有！頂多是得生天道，只是生欲界天，因爲他們吃齋，然後行各種善事，可以生到忉利天或四王天去；但這有個前提，就是不謗佛教三寶才行。所以如果說他們有得道，勉強講得通，叫作得天道；可是天道還是生滅法，仍然不離生死，何曾得道？如果哪天有個點傳師找上門來跟我踢館：「你蕭平實自稱悟了，那你說說看，到底什麼叫作開悟？」我說：「你是點傳師，不懂開悟喔？那我就要求：『你想開悟不難，你先把你舊的、荒謬的一貫道三寶丟了，把你們的抱合同、五字眞言……等全部都丟了，那不是眞的三寶，那是生滅法，不成其爲寶，然後你來歸依佛門眞正的三寶，我就幫你開悟。』」

等哪天到正覺來歸依完了，然後他求開悟，我說：「這容易啊！」我往他玄關一點（大眾笑⋯），然後就說：「恭喜你開悟了！」（當然我的看法是他沒有開悟）可是從他們所知的內涵來說開悟，卻是錯誤的誤，那他一定會質疑：「你這招是我們一貫道的啊！」我說：「難道一貫道這一點不能開悟嗎？因為你們知其然，不知其所以然；所以你們點來點去點到玄關，那個玄關還不如人家公寓入門的玄關，你們只是亂點一氣。」他要是說我戲弄他，我可要罵他了：「你這個渾蛋，我比禪師更老婆了！禪師還不肯點你，禪師最多指點你『東山水上行』，你就得開悟才行，你悟得了嗎？我比禪師還老婆，你還嫌我不夠好。」他再要開口的話，一腳把他踹出去。

所以這個得道，到底什麼叫作得道，一定有個內涵在，只是內行看門道，外行看熱鬧。所以有些人在會外甚至於來聽我講經講完以後，他去大陸自稱是八地菩薩或等覺、妙覺；可是老實說，去到禪三勘驗時，第一關的第一題他就考不過去了。所以說，這得道不是自由心證，例如同樣悟錯的人會招來真正證悟的人同聲一氣的檢點，就像臨濟義玄剛出道時，為什麼被很多證悟的禪師拈提呢？為什麼其他證悟的禪師不會被拈提？所以這開悟絕對不是自由心證，而是有一個眞實的內涵。但是禪師家藏頭露尾，你要是眼睛夠利，看得到他故意露出來那一根小小的尾巴，就會看見頭在哪裡；如果慧眼不生，就別怪禪師籠罩。等到慧眼出生了就說：「啊！禪師慈悲，從來沒有籠罩我。」

所以在佛菩提道中，何謂開悟、何謂得道，都有一定的內涵。那麼諸位來正覺就是爲了得道，可是「不男之人」那一類比丘們不會得道。這個得道，且不談大乘法中有一定的內容，在二乘法中乃至世間法中也有一定的內涵。所以什麼叫作證初果、什麼叫作證阿羅漢果，都有一定的內涵。以前臺灣和南洋的佛教界都亂講，到處都有阿羅漢；後來大陸的法師們也跟著亂學，也就跟著出生了許多阿羅漢；等到正覺把《阿含正義》寫出來以後，全球的阿羅漢都消失了，再也看不見一個阿羅漢。爲什麼呢？因爲他們不知道證阿羅漢、證初果的內涵，各個自以爲是；等到我們講出來以後，大家都知道他們全部都錯了，都是未證言證。那麼大乘菩提更是如此，證悟般若時一定有個標準內容在，這樣才可以說是眞正的得道。

屬於天道的一貫道，所講的只是天道，所以他們如果眞有得道，最多就只是天道；而且他們也自承是天道，所以他們沒有三乘菩提之道；而且他們很喜歡冒充佛法上的實證，號稱「五教之法，吾道一以貫之」。學孔子講的那一句話，說「吾道一以貫之」，可是貫來貫去還是五道，從來不曾有一法可以貫通五教之法。而他們一貫就是要竊盜其他宗教的法義，他們始終不變的本質就是竊盜。一貫道要是眞有本事，就自創自己的教義，不要抄襲別人的教義；更何況抄襲了人家的教義還來嘲笑被抄襲的宗教，說人家不如他們，就像是賊比屋主兇一樣，眞沒道理；而他們主張道降火宅，我倒要問他們，不論是經理或是點傳師們，有哪一個人證悟了？都沒有！正是睜著眼睛說瞎話。

他們雖然知道六祖是在還沒有出家前證悟的，但卻是依出家的五祖而證悟，本質上是出家人；而且六祖悟後怎麼樣呢？十五年後在廣州法性寺出家，後來移住寶林寺。然而一貫道爲什麼只取前半段而不看後半段呢？所以他們都是一貫竊盜，這就是一貫盜的本質，他們從古至今從來就沒有人得道；他們即使努力吃齋修善而終於得了天道，可是他們毀謗佛門三寶的罪，遠比修天道的福大得多，他們死後還是得先受大惡業果報——得先下三惡道，那也是得「道」；三惡道報了，然後才能生天享福，也是得道。但是我說，這樣的得道不要也罷。

接著說諸位來到正覺，一定是想要求證涅槃——叫作本來自性清淨涅槃，簡稱為性淨涅槃。這個涅槃是二乘聖人所不能知、所不能證，這個涅槃作為所依，可以一直修到妙覺位，同樣都是這個本來自性清淨涅槃。那麼在證悟明心之後，現見如來藏「無名相法」是本來就涅槃；祂本來就在，祂本來就有各種無量無邊的自性，祂本來就是清淨性，祂本來就是不生不死，所以本來涅槃，這樣合稱為本來自性清淨涅槃。

那麼證得這個涅槃以後次第進修，終於到了第十迴向位，即將要入初地了，這時有個加行要作，就是要依大乘四聖諦來修十六品心、九品心。也就是說，這時你依大乘苦聖諦來修法智忍、法智，來修類智忍、類智；苦聖諦四品心修完了，集聖諦也一樣要修法智忍、法智、類智忍、類智；那麼滅諦、道諦亦復如是，總共有十六品心；連同附帶的九品心全都修完了，這時必須已經取證阿羅漢果，這時不想取證阿羅漢果自然也會取證。

當這十六品心修完了，又依於法智、類智來修止、修觀；修觀就有八品心，觀修完之後同一而止，是同樣一個止——只有一品心。就是說，修毘婆舍那總共有八品心，八品心修完一定都得止，止還是同一個止，這樣就是九品心，你就成為阿羅漢；但這是依眞如而證得阿羅漢，不像二乘阿羅漢只依現象界五陰十八界的滅盡不受後有而說為阿羅漢。這時你對無餘涅槃的境界非常熟悉，但是因為你是菩薩，所以隨即在 佛前發起十無盡願，每天盡心發願，直到對這十無盡願有強烈的增上意樂；這個發願的增上意樂也許一次就清淨了，也許發願十次、百次才會清淨，並不一定。

當你十無盡願的增上意樂清淨時就是入地了，這時你反而要起惑潤生，繼續受生於三界中；但其實你是有能力取證有餘涅槃、無餘涅槃的，只是因為起惑潤生不當聲聞人、不當自了漢，所以入地，因此無妨你的第八識又回復為阿賴耶識的名稱，不單是叫作異熟識。你永遠不入無餘涅槃，但其實你有能力入無餘涅槃；這表示你也已經證了有餘涅槃，這樣你也是證涅槃。所以本來自性清淨涅槃之外，你又實證了有餘涅槃、無餘涅槃，但是你把它捨了，依著本來自性清淨涅槃繼續進修十度波羅蜜，次第邁向佛地。最後依於這三個涅槃以及斷盡變易生死之後，沒有異熟種子的生滅，成就一切種智，從此以後不入涅槃也不住生死，這叫作無住處涅槃。所以成佛必須具足這四種涅槃。

現在那一些自稱什麼八地、九地或自稱成佛的人，連有餘涅槃都不懂，連本來自性清淨涅槃都不懂，而說他們成佛、說他們是妙覺菩薩，那眞是可笑！但他們自己不知道可笑，才眞是可悲啊！那麼諸位來正覺，一定不離這四句：「爲厭離、爲寂滅、爲得道、爲涅槃。」來正覺學法，這都可以實證的。可是佛說的那些「不男之人」等破戒比丘，他們愛樂「外道經書」，喜歡那些「嚴飾巧美」的文辭，喜歡各種有境界法，他們都以意識爲所證境界，所以他們的法本來就應該是憍慢的。若是遇到外道有憍慢的狀態時，諸位別驚訝，那是正常事，因爲他們「法應憍慢」。他們以有境界的法沾沾自喜、洋洋自得，瞧不起一切人，所以他們本來的自性就是「貢高自大」。那他們爲何會這樣？正是因爲他們那一些事情都「不爲厭離、不爲寂滅、不爲得道、不爲涅槃」。

那麼諸位看這樣的眞實法要厭離、要寂滅、要得道、要涅槃，這都是無爲的境界，凡是落在有爲法境界中的外道們都不會相應的。所以那些外道說了許多誇大其辭的境界法之後，洋洋自得，還向佛教界炫耀說他們的境界多麼殊勝。那些外道境界就這樣子流傳了幾十年，在臺灣也在大陸洋洋自得了幾十年，問題是那都是有爲法、生滅法，抵不得第八識這個無爲法。那些外道有爲法的境界，容有千千萬萬種，層次容有千差萬別，可是遇到佛門一個「無爲法」就全都沒奈何了！

佛教中有一個故事說，有一位法師跟一位道士比鄰而居，那位道士善能變化，總有七十二變，有一天跟法師挑戰；法師說：「那你就試試看吧！」那道士第一天晚上就開始變了，法師來個閉門不理；道士第二天又變另外一種，法師一樣閉門不理；變過七十二變以後，到了第七十三個晚上沒有動靜了，隔天法師上門請益：「昨天你爲什麼都沒有再變什麼呢？」道士說：「我七十二變都變完了，你一變也沒有。」法師說：「我一變也沒有，就能贏你，我這個不變無窮無盡。」你看就是這樣，道士輸給那位法師了！

現代佛教界也一樣，你們看密宗假藏傳佛教那些境界很紛亂，以前各大道場學密的法師講的各種境界好像都很勝妙，可是咱們就一個無爲法，什麼境界都沒有，但我們這個無爲法拿出來時他們全部死光光，所有阿羅漢與證悟者全都消失了。所以這無爲法才厲害，正因爲有第八識這個無爲法——有這個寂滅的境界、厭離世間的境界，所以能有一切法，把他們的千變萬化的一切法都函蓋在內。我們這個無爲法於是這樣站了起來，儘管四面八方都是楚歌，無妨我繼續鼎立天下，成就佛教復興的大業在臺灣！今天講到這裡。

《佛藏經》上週講到七十四頁第二段講完了，今天要從第三段開始：

經文：【「是人毀壞信等根故，於一切處不信有功德，如不男人於諸人中皆謂如己。舍利弗！如生盲人不見諸色，所謂黑色白色；不見黑白色者，不見好色、不見醜色，不見青黃赤白紅紫縹色，不見長短粗細深淺等色，不見日月星宿。不見日月星宿者，如是盲人便作是念：『無黑白色，無見黑白色者，無好無醜色，無青黃紫縹長短粗細深淺日月星宿色，無見日月星宿者，餘人皆亦如是。』盲人心倒，於一切處皆爲黑闇。舍利弗！破戒比丘、增上慢人、隨外道論比丘亦復如是，於深佛法心不信樂，不能通達。聞諸法空，無所有，不信不樂，不能通達。舍利弗！如是諸人畏於汝等，入邪際中不得正法。」】

語譯：【世尊接著開示說：「這一些比丘們毀壞信進念定慧等善根的緣

故，於一切處都不相信有功德，猶如不男之人在眾人之中都以為大家和自己是一樣的不男。舍利弗！猶如出生時就眼盲的人，從來都沒有看見種種的色法，也就是說黑色白色；他既然是不曾看見黑白色的人，就看不見好的色或者醜的色，也看不見青黃赤白紅紫縹色，他也看不見長短粗細深淺等色，也看不見日月星宿。看不見日月星宿的人，像這樣的盲人就會這樣子想：『沒有黑白色，沒有能夠看見黑白色的人，沒有好的、醜的色，沒有青黃紫縹、長短粗細深淺、日月星宿等色塵，也沒有能夠看見日月星宿的人，其餘的人也都是像這樣的。』那生盲的人心中起顛倒想，於一切地方都認為全部是黑闇。舍利弗！破戒的比丘、增上慢的人、隨諸外道論的比丘們，他們也都像這個生盲人一樣，對於深奧廣大的佛法心中沒有信受也沒有愛樂，他們更不可能通達。當他們聽聞善知識解釋諸法空、無所有的時候，心中不信受也不愛樂，更不能通達。舍利弗！像這樣的眾人，他們很畏懼你們這些實證的人，他們都進入邪際之中而不可能得到正法。」】

講義：「毀壞信等根」，信等五根是二十二根之中的五個。這二十二根之中的信等根，就是我們佛法中說的五個善法，就是信根、精進根、念根、定根、慧根。這五根是往昔修行以後才生起的，所以稱之爲根；後來改稱爲五力：信力、精進力、念力、定力以及慧力，是因爲這五根經由修行而產生了力量，可以有功德作用，可以幫助修行人成就道業，所以進而稱之爲五力。可是這五力在修集資糧之階段，是還沒有修行成功之時就叫作五根，稱爲信根、精進根、念根、定根、慧根。所以有時候善知識看見某一個人，從他的表現和他的理解就說：「某某人很有善根。」那麼很有善根就表示說他在這信、進、念、定、慧五根上面，有著過去世曾經修集的因緣，現在能與善法相應，所以稱之爲有善根。有時有的人對於深妙法有很高的領悟力，那麼善知識就說：「他很有慧根。」

深妙的法，譬如「第一義、無所得」這樣的法，是很難信受的，但對方一聽就信受了，表示他是有信根的人。聽聞之後心中非常喜樂，對這個法很有興趣，因此愛樂這個法，就會努力去聽聞、熏習，那就說他有精進根。當他精進聽聞熏習之後，有許多的法記住了；爲什麼能記住？因爲他能勝解，或者說沒有完全的勝解，但是可以理解大部分，就說他有念根；念根就是有憶念的功能。如果他聽了就懂，就說他有慧根。可是有慧根的人也許聽聞之後心中懷疑不得決定，就說他沒有定根；如果他聽聞之後心得決定說：「這一定是正法，我絕對信受。」那他就有了定根。這叫信、進、念、定、慧，這是五根。

那你說這五根難道不是每個人都有嗎？那就不一定了！是不是每一個人都有五根，從另一方面來說，他是不是對一切法都具有五根？那也不一定。所以有的人聽聞佛法時一聽就信，這就是有信根；那一般人你跟他談到佛法多麼好，他不想聽，反而起煩惱；有的人還會這樣想：「那是他們出家人的事情，跟我們世俗人有什麼相干？」他連聽都不想聽，就別提信了；他寧可在世俗法中混日子，都不想要學習佛法，所以信根是各個人都不一樣的。就算是有信根的人，可是有的人聽聞二乘法很喜歡，他也很願意修學二乘法，可是聽到大乘法就起煩惱；這就是說他對大乘法沒有信根，對二乘法有信根。所以這五根的狀況其實有千差萬別，不可以對一切人都等視齊觀。

譬如念根，說到念根時諸位一定會想說：「那您蕭老師的念根最好了，因為好像什麼法您都記得住。」其實不然，我有很多法記不住，譬如打麻將我都記不住（大眾笑…），所以年輕時我的同學們沒有一位願意跟我打麻將，因爲這個週末來我家教我，好不容易教會了（打得好不好就別提了）終於學會可以跟他們玩上二、三個鐘頭，但下週來我家時我又忘光光了，記不住，然後又要從頭教起，他們就說：「不跟你玩了！」就沒有人要跟我打麻將。因爲我對麻將沒有念根，這時我的念根不好，所以念力就完全沒有。

這是從世俗法來作說明，可是這一談到佛法，我的念根不但好，而且還有念力；這就是說，其實這五根，每一個人在各個層面表現上各自不同。如果在佛法上來講這五根，也是各人互不相同，所以不可一概而論。有的人這五善根別說具足，他就算有那麼一點點的少分都是值得讚歎的；有的人剛開始對於佛法是有愛樂的，所以才會出家；但是有更多人是看見出家人不必耕作、不必經商、不必工作，就會有人來禮拜供養，他們是因爲這個原因而去出家的。還有一種人是出生時很難養，父母就去算命，命盤排出來說「這個孩子活不過九歲」，或者說「活不過七歲」，那怎麼辦？父母著急了，算命的就說：「你讓他出家，佛祖就會照顧他。」結果出家以後活到七老八十，但就是沒智慧，因爲他出家的本意是爲了活命。有的人出家是因爲一個感覺，他到了寺院以後覺得：「寺院跟廟不一樣，很清淨、很光明。」他喜歡那個情境，就希望這一世都這樣子過生活，非常清淨，沒事情可以讓他煩心，覺得出家就是這樣。可是也有不少人因爲這樣出家以後，發覺說：「**原來出家以後煩惱更多！**」因爲他跟常住們不對眼，乾脆又還俗去了。

所以像你們這樣能夠出家一直安住下來，這眞的不容易；更不容易的是出家以後還可以實證，這更困難，我說是百中不得其一，千中、萬中不得其一，眞的很難兩全。所以有的人出家了，不代表他的五根是具足的，因爲有各種的情況去出家的；古時還有被逼不得不出家的，所以不是每一位出家人都有這五種善根，當然信、進、念、定、慧這五力更不是每一個出家人都有。

那你如果具足這五根，一旦遇到正法而努力修學以後就會發起五力，當然這五力也有具足或少分等差別。當你有五力時，就會很精進去進修、去努力修習，經過一段時間以後就可以實證；所以這五根是因人而異的，別看說：「**那是個出家人，那他一定有五力。**」不一定的；搞不好他連五根都不具足，或者說他的五根全都有卻只有極少分。所以這信、進、念、定、慧等五根是因人而異的，不是每一個人都一樣的，肇因則是往昔多劫來的串習時間長短有別。有的人剛出家時五善根還算好，可是出家以後或者被惡友所誤導，或者他自己被業所障，或者有其他的原因產生了問題，於是毀壞了五善根；因為毀壞這五善根，表示他的邪見一定已經出生了；邪見出生之後他對於佛法中一切行門、一切實證的境界都不信受，所以「於一切處不信有功德」。

剛出家時其實有很多法都有功德的，不說別的，單說他什麼都不幹，披著這一件僧衣走來走去給世間人看，這就有功德了，因為這代表佛教還住世，這樣就有功德。當然也有例外，當他披著僧衣——穿著佛教的法衣，卻跟女眾攀肩搭背或者十指緊扣在路上行，就像密宗假藏傳佛教喇嘛們那樣，那完全沒有功德，而且是破壞正法。可是如果他衣著整齊這樣穿著僧衣，正經八百走過去，那麼世人看見時或者合掌、或者喊一聲：「阿彌陀佛！」乃至打聲招呼，或者點個頭都好，那他對世人就有利益，因為這也是讓世人生起五善根的一個方式，這樣他穿著僧衣就有功德了。

例如出家人受人信施，人家布施飲食之後，他回寺進食過了，弄一點少少的水把缽盂盪一盪，看看哪個地方有蟻穴還是有蟲的附近，倒到地上去，這樣也是布施的功德。出家後如果懂得修行，很多地方都是有功德的，怕的就是不信受。如果有人心中有邪見或者有輕慢心，看見出家人飯食已訖，用水邊缽要去布施給蟲蟻時，他心裡就想：「那有什麼功德？」不信受、懷疑，甚至出惡口去嘲笑僧眾說：「你眞愚癡，那有什麼功德？」這種人是顯示他因爲環境的影響或者被惡友影響，後來導致不信三寶有功德，這表示他的五種善根已經被毀壞了；由於已被毀壞，所以「於一切處不信有功德」。

如果你想要跟他談二乘菩提的實修，說可以使人證得阿羅漢果，或是證初果向、得順忍，下至得人天善果，他一樣不信；至於大乘法的證悟實相、入諸菩薩數中成爲菩薩摩訶薩，那他更不相信了。這種人 如來說，就好像「不男之人」，他自己不信造了口業，他會想：「別人大概都跟我一樣，沒什麼差別啦。」以己例彼。他想：「別人有比我好嗎？我這樣就算不錯了，我沒有去詐欺拐騙，我出家後吃我的粥、吃我的飯，過我的生活，別人出家最好的大概也就像我這樣吧。」他會這樣想。如果他是完全失掉五善根，作了許多的惡業，那他也會自我安慰說：「別的比丘大概也跟我一樣，我免不了有時犯戒，他們難道就有比我好嗎？」這就像「不男之人」一樣，進入一群男子之中就說：「別人大概跟我一樣。」

如來又作一個譬喻：「舍利弗！如生盲人不見諸色，所謂黑色白色；不見黑白色者，不見好色、不見醜色，不見青黃赤白紅紫縹色，不見長短粗細深淺等色，不見日月星宿。」諸位一定還沒有想到說生盲之人所見是怎麼樣。生盲之人你很難跟他解釋，所以有一個故事說，有一個生盲之人，他住在熱帶，當有人在講北國有白雪，他就問：「那白雪像什麼？」人家跟他解釋：「白雪就是鬆鬆軟軟的，完全是白色的。」那他曾聽人家講過棉花是白色的，他就說：「那應該就跟棉花一樣。」對方聽了就說：「不一樣的。」又跟他解釋：「那雪是冰冰涼涼、會融化的，那棉花雖然也是白色的，但不融化，摸起來是很溫暖的。」然後他又聯想到別的地方去，又得再為他解釋，但不論怎麼解釋，他就是誤會，終究無法理解什麼叫作白雪。

那生而眼盲從來沒有看過色塵的人，你跟他講黑色跟白色，他始終弄不清楚，你要怎麼跟他解釋黑色與白色？不論你怎麼解釋，他終究誤會。如果黑色、白色看不清楚，你告訴他說這個是很美的色、這是很醜的色，他也看不清楚。對他而言，色塵講得再多都不如他的觸塵，不如讓他摸一摸，卻仍然不知道顏色。看不見色塵的人，你如果拿了一堆石頭給他摸，他告訴你說：「這個摸起來感覺不很好。」如果拿另外一種軟軟的東西給他摸，他還會告訴你說：「這個摸起來還不錯。」但你給他摸的是什麼？狗屎；只因爲你已經先消臭了，他聞不到卻覺得那好摸。除非他有嗅到味道，否則他一定告訴你這個比較好；因爲他看不見，不懂那是什麼或者無法理解那是什麼。若是沒有消臭，本來想要讓他伸手進去摸，等你把盒子打開讓他聞到味道時，他會說：「這味道爲何這麼難聞？」這就是說他看不見的時候，他有許多的理解是錯誤的，錯誤就不能叫作勝解，不能勝解就難以產生正確的念心所。所以他看不見好色、看不見醜色，當然更不可能看見其他顏色，連明暗與色彩都看不見，就不能看見顏色，所以「青黃赤白紅紫縹色」都看不見。縹就是淺藍或者淺青色，淺淺的藍色就是縹，像雪梨師姊今天穿的那顏色叫作縹色。那麼生盲人看不見顏色，顏色在佛法中叫作顯色；我們能看見各種色塵是因爲各種不同的色彩而看見的，如果沒有色彩時，你不會看見任何色塵，所以一定要有青黃赤白。有青黃赤白時就會有很多種的差別，單單一個紅色，在印刷上來講，最簡單的分類就有一百多種，如果要作更詳細的分類，印刷廠那個紅色的色卡有兩百五十種。每一個顏色其實都一樣有很多種微細的差別，那麼青黃赤白是最基本的顏色。

青黃赤三種顏色，加加減減就會產生各種不同的顏色，例如青色加上黃色就變成綠色。藍色也說是青色，青色如果加上比較多的白色就變成縹（就是淺藍或粉藍色），青色如果加上紅色就變成紫色，任何顏色都可以用三原色來調成。關於調色，我在高中時學廣告畫，在班上調色我是第一名，我最會調色；但是話說回來，這三個顏色由於比例的差別就會產生很多的不同。而色塵的最基本的條件就是顏色，沒有顏色就不會有形色，色塵的形狀叫作長短粗細，或者說長短方圓遠近高低，都屬於形色。

形色是怎麼來的？譬如你看見一個立方體，每一面看都是四方形，可是這個立方體純白色，理論上你看到這個立方體時，不論你從什麼方向來看，它都沒有畫線條，它就是一整個立方體漆成白色，製作的人並沒有把它畫上線條，可是你看時爲什麼會認知到它有線條？那線條是哪裡來的？是因爲有明暗就會有黑白，明暗的差別會顯示出這裡比較白、那裡比較黑，這裡是淺灰、那裡是深色幾乎是黑色，但它其實是同一個白色，不論你翻到哪一面它都是白色。可是因爲明暗的差別，所以因爲色澤的不同而產生了線條，因此所謂長、所謂短，就是因爲那些色彩的差別而產生出來的覺受。

譬如一張白紙，這白紙上面你把它畫上不同的顏色，比如畫一道長長寬寬的紅色，再來一條長長寬寬的黃色，再畫一條長長寬寬的青色，你畫上去時並沒有去畫線條（不是先把邊邊畫出來再去塗色），而是直接把顏色畫上去，可是你看的時候會覺得它跟白色之間有線條，那是因爲顏色與原來的紙白之間有差別，你就說它是有線條的。所以你如果要把圖畫複製過來，就要去描摹每一個細部的長度寬度和色澤，再重新繪畫。古人作僞畫就是現代人說的複製，古人沒有現在的複印機或四色印刷機，就是以描摹的方式畫好然後上色，其實都是同樣的道理，就是藉顏色而觀察線條。其實畫的本身沒有線條，你隨便塗上去那三個顏色有畫線條嗎？沒有！但你看起來它就是有線條，要描摹時就要依照你所觀察到的紅黃青之間區分的線條去畫，然後再說：「你描摹得很像欸！」其實本來色塵上並沒有線條，是因爲顏色的不同才有了線條。

譬如一個人，假使頭髮還有半黑，不是很白，那你們就看出來黑髮與白髮都是這樣的線條；如果頭髮變得跟皮膚顏色完全一樣時，髮膚之間的區分線條就不分明。其實線條是人的意識去觀察而加以區別出來的，這就叫作形色。譬如頭髮，你們年輕人頭髮全部都是黑色，但爲什麼細看時一樣會有線條？是因爲光影的關係；每一根頭髮都有從各個不同方向顯示出來的反光，它是不一樣的，所以你就看出來有很多根的頭髮，不是一坨的黑色。除非老花眼，看上去是一坨黑色，那是因爲他的眼根散光的緣故。

這就是說，經由「青黃赤白紅紫縹」等顯色，來顯示出紅色比較長，青色比較短，黃色稍微短一點點，那是因爲那個顏色顯示出來了，你才會有長短的分別，乃至方圓遠近高低其實都一樣。那他是生盲而看不見的人，就不知道長短方圓粗細深淺，你若是要教他長短方圓粗細深淺，該怎麼辦？就得要讓他用觸摸的，準備一個長的，同時準備一個短的……，讓他觸摸比較，同時告訴他：這樣是比較長，那樣是比較短；這樣的容量是比較深，那樣是比較淺。你得要讓他觸摸而同時把名詞告訴他，他才終於瞭解你所講的這些名詞是什麼意涵；但你若是叫他用看的，他看不見就無法理解。

有顯色、有形色，以有情來講，有了這兩種色法時就會有表色產生，因爲有情不會是固定的，不像植物不動，一定會有行來去止，就說這是一種經由顯色與形色的運作而產生出來的、表現出來的色塵，把它叫作表色（表示的表）；藉由顯色與形色而表顯於外，譬如「那個人長得很高」，表示你的意識知道他的身體是比較高，一定是從形色來顯示出來。如果你說「那個人長得很瘦，可是氣色很好」，這表示你已經從他的形色來瞭解他很瘦，也經由他的顯色—因為他臉色很紅潤—知道他氣色很好；如果是醫師就可能附帶一句，說「他快要中風了」，因為臉色太紅潤，這是從他的顯色去判斷的。

既然是有情，總不會坐著永遠不動，所以就有行來去止行為，有時候坐著不動，有時站起來，有時走路，有時離去，有時走過來，全都經由顯色、形色的運作而表顯出的另一種色塵，稱為表色。這形色跟表色都歸意識所了別，不歸眼識所了別，眼識只能了別青黃赤白等等顏色，稱之為顯色；顯色以上、從形色開始都是意識所了別的；意識藉眼識所見來了別某人的形色與表色，所以就說：「某甲來了。」或者說：「某甲正在離開，你要找他趕快去追。」因為必定是從顯色、形色與表色來了知他。

那你對一個「生盲」的人，一開始跟他講「來啊、去啊、停住」等，他一定不懂，你得要跟他解釋什麼是來、什麼叫作去、什麼稱為坐，都要透過觸覺來教他。如果你跟他說：「某甲來了，這某甲很有氣質。」若是跟他說：

「某乙好粗魯，一點氣質都沒有。」他會問你：「什麼叫氣質？」他弄不懂，無法理解，因爲他無所見，都因爲他沒有辦法看見形色上表現出來的神韻，所以你要爲他解釋一堆；你跟他解釋說，你認爲他聽懂的部分就跟他講：「他講話慢條斯理，所說的語言文字很文雅，都不粗魯，也都不會罵人。」他想：「喔！這樣叫作有氣質。」可是如果某丙一天到晚在他眼前揮拳，但都沒有打到他，揮拳時顯示很不高興的樣子，可是講起話來又對他慢條斯理地說，那你跟他說：「這某丙很沒有氣質。」他一定不信：「我聽起來他是很有氣質啊！你爲什麼說他沒有氣質？」他一定不信，因爲他沒有看見某丙的惡形惡狀，所以氣質的這個部分就屬於無表色。

又譬如插花，插花有各種的流派；有的人插花其實不算插花，是很多種花在一個花盆直接放上去，一般人看著也說：「看起來還不錯，有花點綴也很好。」可是插花的人一看：「唉！這多沒氣質，就好像市場一樣很混雜。」會插花的人隨便弄一莖草，一根枝葉，也許再一根枯木，然後弄上小小的一朵花插起來，你就覺得：「好漂亮！很有氣質。」那麼這個氣質——無表色，你跟一個「生盲」人講，他聽不懂，也無法觸摸出來，因爲他看不見。所以色塵大略有這四種：顯色、形色、表色、無表色。那麼對於生盲的人來講，這色塵與他無關，因爲他看不見，所以不論你怎麼形容，他都不瞭解無表色，你跟他說明時，他有時會有所體會，是正確的，因爲你說明得夠清楚，正好他也能夠體驗；可是有時你的說明雖然很清楚，他無法體驗，就不瞭解。

這種生盲的人，當然不可能看見「日月星宿」，你跟他談太陽、月亮、星宿，他無法理解。你如果跟他談太陽，唯一的辦法就是等到出大太陽時拉他到戶外去，然後他就會想：「原來熱就是太陽。」因爲他對太陽的體驗就是熱。你再爲他解釋說：「不！這熱是從天上一個圓圓的、很亮的東西照射到地面上來，我們才會感覺有熱，所以這個熱不是太陽，太陽是天上那個。」天上那個到底是怎麼回事，他又弄不懂，你得再爲他說明：「這個熱其實經由太陽放射出來亮亮的光帶下來的。」「那光是什麼？」他又不瞭解了，所以你爲他解釋太陽很不容易。

那太陽都這麼難說明，你要解釋月亮更難，你怎麼樣跟他解釋月亮？每一個月的十五日月亮正圓，十五、十六日的夜晚，你帶他到戶外去也沒用，他感覺不到。你說：「月亮最清涼。」他說：「哪有？今晚還是這麼熱。」他不會感覺到清涼，那你覺得清涼是因為白天晒到太陽，所以晚上見到月亮時，你才會說：「月亮好清涼。」可是他沒有感覺清涼。實際上他的感覺才是正確的，你的感覺是錯誤的；因為其實晚上並沒有所謂的清涼，是相對於白天太陽那麼大，晒得渾身不舒服；晚上是因為沒有太陽了，而晚上由月亮來代表，才說月亮很清涼，其實月亮哪有給你清涼？所以你告訴他月亮就是清涼，也許有一天他摸到了水或是下起雨來，就說：「這就是月亮。」這真是沒辦法。

那麼月亮你都說不清楚，再告訴他：「那是牛郎星、那是織女星、那是北斗星。」或者說：「早上天快亮時，東方那金星好亮。」他也都不懂，完全無法理解，因為他根本觸摸不到。所以「生盲」之人不見「日月星宿」，他想要理解「日月星宿」真的很困難。如來接著就說：「看不見日月星宿的人，像這樣生而眼盲的人他會這樣想：『沒有黑色白色，沒有看見黑色白色的人；沒有好色醜色，也沒有看見好色醜色的人；沒有青黃紫縹、長短粗細深淺、日月星宿等等色塵，乃至沒有看見日月星宿的人。』」他就是這樣想的，因為他自己看不見，所以會這樣想。

這倒讓我想起一件事，在我還沒有弘法之前，佛教界在諍論說：「沒有如來藏，如來藏是佛的方便施設，如來藏其實就是緣起性空，是佛陀為了那一些害怕墮入斷滅見的人所作的方便施設。」以前就是這樣講！釋印順甚至在書中說：如來藏其實就是緣起性空的異名。他的意思是說：如來藏是緣起性空的另一個說法，實際上沒有如來藏存在。他是因為放眼整個佛教界都沒有人證得如來藏，那麼有誰敢出來說有如來藏？所以那時都由著他們講，如果誰敢出來說眞的有如來藏，他們就會罵：「如來藏根本是外道神我，你就是外道。」所以昭慧回我的信中還說：「如來藏是外道神我的思想。」為什麼他們可以講了幾十年而沒有人敢反駁？因為沒有人親證。

當沒有人親證的時候，你說有如來藏就沒有人信；那麼沒有人信，我能怎麼辦？我就弄出許多人同樣實證，由這許多人親證後一個一個跳出來講：「眞的有如來藏，我們實證了！」就這樣子，我藉著度你們來證明我說的法正確。所以我等於是一朵紅花，卻必須由你們這些綠葉襯托出來，事實就是這樣。如果只有我一個人講，沒有辦法幫助別人同樣實證如來藏，那麼任憑我說破了嘴也不會有人相信，所以我乾脆幫許多人悟出來，還要印書把大家寫的見道報告附在書中流通。最早期我們沒有要求大家寫見道報告，因爲沒有需要；你們證了就是證了，有沒有如來藏你們自己心裡清楚；可是佛教界都不信，我就要求大家寫見道報告，寫出來之後我們還附在書中印出去。經過六、七年，八、九年，一年一年陸續都有人親證，他們就不敢再否定有如來藏，但卻說如來藏是外道神我；那我們就來證明如來藏不是外道神我，就這樣走過二十幾年，現在如來藏變成顯學了。所以我有時會在吃飯時打開宗教臺，看到這個法師在講如來藏，那個法師也在講如來藏，好極了！我都不挑剔他們講錯，只要他們肯講就好，這個善法種子就可以種入聽眾的心中。

這就是說，沒有人親證之前大家不相信，就好像「生盲」的人看不見色，所以他會認爲沒有這些事情。那他也會想說：「別人應該也跟我一樣看不見。」會這樣想，所以當別人在講什麼顏色、什麼長短方圓等等，他都不信；只好有更多的人來施設方便善巧讓他體驗，能體驗到多少就算多少；如果眞的沒辦法體驗的事物，就要藉著更多的人來爲他說明、來說服他讓他信受；就像一句成語說「三人成虎」，一個人講不信，兩個人說有老虎時，他聽了半信半疑，三個人都說有時，他就相信了，所以也有一句話說：「謊話講一萬遍就變眞的了。」

某甲講一遍他不信，同樣是謊話，由某乙再來講一遍，某丙再來講一遍，當一萬個人都這樣講時，那個人一定會相信。所以有時心理學作戰就是這樣搞的，弄到人家相信假的是眞的。密宗假藏傳佛教就是這樣，到處都這樣講：「雙身法可以成就報身佛。」大家聽一聽，那裡也這樣講，這裡也這樣講，到處都這樣講，大家就信了，導致我們出來講眞話時人家反而不信。就像《廣論》一樣，到處都在講《廣論》，我們出來說：「《廣論》是常見外道法，不是佛法。」很多人不信！《正覺電子報》也連載那麼久了，直到現在學《廣論》的人還是有很多人不信。當然，其中有人其實是面子的問題，因為他的身分地位很高，或者說他是長輩，或者說他學佛比你早三十年而學到《廣論》去了，然後你突然間冒了出來說自己開悟了，接著告訴他們《廣論》不對，雖然你也把理由告訴他們了，那時他們心裡知道、嘴裡卻不承認，為了面子還是要堅持到底，說《廣論》才是對的：「你亂講，你是異端邪說。」這是因為面子的問題，已是另外一回事。

但是「生盲」的人就像那種愚癡人一樣，人家甲道場、乙道場、丙道場、丁道場四處道場都說離念靈知才是正確的開悟，偏偏只有你一個正覺講離念靈知的開悟不正確，你比人家行？他們很不服氣，這道理是一樣的。如果是一群醉漢，只有你一個人醒著，你告訴他們說：「**你們這樣叫作醉。**」他們都不信，認爲大家跟我一樣，所以他們不認爲自己醉了，反而認爲你不正常。那「**生盲**」之人就譬喻那些不懂佛法、或者誤會佛法、或是被誤導的人，他們信受錯誤的知見，先入爲主的觀念已經根深柢固改不了了；就算他們想改，但是周遭都是那些邪見之人，想改也改不了，因爲會互相影響，然後會對於正見心中不得決定；你只要談到正見，他們會覺得：「**這只是你一家之說，好像不正確；大家都這樣講，應該大家說的才是正確的。**」所以這種事情是很正常的。

但因爲自古以來證悟的人就很少，所以證悟的人住持正法都是不容易的；因此我就不得不辛苦一點努力幫大家實證，爲了幫大家實證我就得施設很多的行門，也得施設很多正知見的教導，又施設很多的福田讓大家來種，來具足證悟的條件；還要施設一些方法讓大家懂得怎麼樣去除性障，還得施設方法讓大家把定力培植起來，才能具足證悟的條件，我就得作很多事。由於我這麼努力，所以現在正覺的人越來越多，我卻覺得越來越忙。現在《涅槃》快要連載完了，我都沒有別的東西可以繼續連載，因為沒有時間寫了，所以《涅槃》有可能是我最後的連載；《成唯識論略註》（編案：此時仍未改寫為《成唯識論釋》。）寫著寫著停筆了，都沒有時間再繼續，不知道還有沒有機會完稿。這是為了讓更多的人實證，不能使佛教界周遭都是在講六識論的假佛法，因此必須要這樣作，也就是說，我們希望佛法中的「生盲人」越來越少。

那麼破戒比丘沒有五善根，他們會想：「別的比丘大概跟我是一樣的，而我偶爾破戒，他們也會偶爾破戒；我犯了重戒，他們也會犯重戒的；他們又沒有比我行，大概跟我也是一樣的。」他們這樣自我安慰，然後繼續混下去，這就是「如生盲人」，而他們到最後就是「於一切處不信有功德」。當他們這樣想以後，佛法知見永遠不能建立，就會永遠處於無明漫漫長夜之中。當他們的無明越來越厚重，就好像生來眼盲之人不見一切法，所以「心倒」，「於一切處皆為黑闇」，因為他們的慧眼永遠不可能打開、永遠不能看見實相，這樣無明厚重的人，他們跟「生盲人」其實完全一樣。

因此如來就說：「舍利弗！破戒比丘、增上慢人、隨外道論比丘亦復如是，於深佛法心不信樂，不能通達。」無明厚重的人永遠都喜愛六識論的假佛法，你跟他們說明六識虛妄，他們根本就不想接受；因爲他們喜歡自己，愛自己愛得不得了；如果是自戀症很嚴重的人，你們別度他來學佛，因爲他對自我看得很重要，非常寶愛自我，是我見我執深重的人；你們若度他來學佛，當他想要證悟之前，首要之務就是斷我見，就是把自己全部否定，說句俏皮話叫作自殺，那他怎麼能接受呢？所以自戀症的人與佛法很難扯得上關係；假使他一時因爲善友而信了佛法，不久還會信外道法去，自戀症的人就是有這個特性。因爲佛法講無我，但外道法中說：「你要好好把握自我，不要去幹惡事，將來到我的天堂來。」他會想：「那我將來可以到天堂去，不是沒有我，來世還有我可以去天堂享受，多好！」自戀症的人喜歡這種境界，聽到無我法，他一點都不喜歡。

那麼「生盲人」好比無明很厚重的人，在經中多說這種人在生死之中流轉，永遠都是無明漫漫長夜，他們的無明什麼時候能打破，你很難期待啊，這就是「生盲人」的特性；你只要跟他們談到正知見，他們都不接受。那麼如來說：「破戒比丘、增上慢人、隨外道論比丘」就像是這樣子，所以遇到破戒比丘，你跟他們說證悟的事，他們不會喜歡的，特別是當他們聽到說證悟的境界是「無所得、無所有」時，他們完全不喜樂。你們想想看，他們之所以會破戒就是因爲貪愛世間法；通常破戒者都是因爲貪愛世間法，貪心很重所以才會破戒，因此正法對這些破戒比丘們來說，他們不會喜愛。第二種是增上慢人；增上慢人之所以會成爲增上慢，是什麼原因導致？無非是把自我的利害看得很嚴重，所以他們會自我膨脹，這是很常見的事。

三十年前、五十年前在世間法中，一個年輕人賺得了第一個一百萬臺幣，現在可能要叫作第一個一千萬臺幣，他就覺得「我很厲害」，他看誰都看不起。可是也許旁邊那個老人家看起來邋邋遢遢的，但他有可能是幾十億身價的人，但那年輕人不把老人看在眼裡，因爲他沒有經過社會長久的歷練，總認爲自己很行；等到老人家把很多存摺中的一本拿出來一看，三億元，那年輕人臉上眞的就三條線了！因爲老人家剛好賣了一塊地，就將三億元擺在銀行。人們往往都需要經過這樣的學習過程，才會有一句話說「人不可貌相，海水不可斗量」，這就是經過人生歷練之後有所感觸發而爲言，否則不會有這樣一句話。

增上慢人自我膨脹很厲害，這樣的人要他斷我見是非常難的；也許他斷我見的內容可以講得頭頭是道，都沒有錯誤，其實他仍然沒有斷除，只是把斷我見的內容拿來炫耀說他很行，所以他口中說的斷我見，雖然講的都正確，法義也都正確，但他不一定有斷我見；因爲他沒有如實依止於斷我見的正見作爲身口意行的依止，才會有增上慢。所以有人在講堂聽我講經說法，聽了很久，後來他自己認爲開悟了，就在講堂會眾中指導某些同修們，其實他連禪淨班都沒上過，就以悟者的身分自居。

我們有的同修後來知道了就勸他說：「你爲什麼不到會裡來學，你聽經都聽了好幾年，那你沒有經過勘驗印證，這樣自認爲開悟，這是大妄語，很危險欸！」他說：「讓我來講堂學可以啊！我就直接上增上班，那親教師講的我聽不下去。」後來我們就禁止他來聽經。我們週二講經是公開的，但他的行爲很不恰當，所以我們不歡迎他，把他列爲不歡迎人物；然後他去大陸，發了一個願；這個人眞的很奇怪，他發願要流通大陸版的《禪－悟前與悟後》十萬本，聽說他現在流通了七、八萬本，因爲大陸的出版社也沒有跟我回報說他們印了幾刷，似乎永遠都在第一刷。他一直宣示是第幾地的菩薩，封他的太太是第幾地的菩薩，還封他的女兒也是幾地菩薩，現在他自己已經變成妙覺菩薩了；現在大陸有人看到他這樣子，實在是沒辦法接受，寫信來告狀了。

問題是他那個女兒被他封第五地菩薩，上禪三時連第一關中的第一題都過不了；我是故意讓她上山去考驗的，我知道她是盜法的心態，還是故意讓她上去，第一題就考不過去；但他還繼續封她為五地菩薩，談到菩薩們的九種現觀卻是連一個也沒有，不斷地膨脹證量。如果凡夫的他是妙覺菩薩，那彌勒菩薩要擺到哪裡去？現在就不談那些，就說十住菩薩的境界眼見佛性他們有沒有誰看見了？一個也沒有。那明心這一關，顯然他們同樣都還有淆訛，都是自以為是；卻是自我膨脹，到前兩個月，人家寫信來告狀說他已經自稱是妙覺菩薩了，我見卻依舊沒有斷除，這就是增上慢。

可是他為什麼會有增上慢？因為他的我見與我所見都存在，才會有增上慢的舉動，如果沒有我見時就不會有增上慢了，這道理是鐵定不會改變的（註）。因為我都是假的，幹嘛要起慢？增上慢的人一定是沒有斷我見，不管他口中說的斷我見內容說得多麼棒，但他心中其實只是把斷我見的內容當作一種學問，拿來炫耀別人，自稱是斷我見的人，其實五陰我還是活蹦亂跳地沒死，談不上法身慧命。永遠不會有未死掉五陰我的證悟者，更何況有未斷我見而自稱爲妙覺、等覺、如來的聖者，這都叫作增上慢；所以有增上慢的人全部都是凡夫。（註：法華會上聲聞羅漢的增上慢，是不信有十方佛世界與諸佛及聖弟子們，也不信釋迦佛的不可思議境界，並非未斷我見。）

另外一種人叫作「**隨外道論**」；比丘有這三種：破戒的比丘、增上慢的比丘、隨外道論的比丘。「**隨外道論**」的比丘，現在放眼海峽兩岸的佛教界比比皆是、到處都有；有好多道場標新立異譁眾取寵，希望召募更多的信徒；我們正覺教育基金會在臺灣作了二十年的佛法教育，現在臺灣情況沒那麼嚴重了。以前電視一打開，那宗教臺好多是密宗假藏傳佛教的節目，甚至也有正統佛教的法師在講密宗假藏傳佛教的法，也有所謂年高德劭的正統佛教法師戴起五方佛帽（五方鬼帽）來，也有道場對外洋洋得意宣稱「**我們是禪淨密三修**」，現在已經很少有道場在宣示學密法、教密法的了。可是在大陸，正統佛教也都被滲透得差不多了；除了淨土的道場以外，大致上都被密宗假藏傳佛教滲透了。

淨空法師以前是不是淨土的道場？但現在已經不是了，他已經背棄淨土宗，和密宗假藏傳佛教沆瀣一氣了。大陸百分之九十的正統佛教被密宗假藏傳佛教滲透了，暗地裡修學雙身法貪樂淫觸的出家人多的是，從中央佛協到地方佛協都一樣。那密宗假藏傳佛教是什麼論？正是外道論！他們講的法從生起次第到圓滿次第的內容，修到最後所謂的證果全部都是外道法，所以他們講的那些異論全部都叫作「**外道論**」。「**破戒比丘、增上慢人、隨外道論**」等三種比丘全部都一樣，跟「**生盲人**」一樣只喜歡黑暗，你跟他們講「**第一義諦**」境界如何光明、如何美麗、如何優雅、如何究竟，他們都不想聽，因為他們完全看不見，聽了反而生起煩惱；你如果講多了，他們往往會說：「**你看得見，就笑我看不見的人。**」反而起煩惱。

這一些人愛樂於外道法，對眞正勝妙的佛法、深奧廣大的佛法，心中不信也不愛樂；你只要一談到「**第一義諦**」、談到實證解脫，他們就生起煩惱，不但不想聽，還會抵制你。這樣的人連聽都不想聽，如何能夠通達呢？所以這種人「**聞諸法空，無所有，不信不樂，不能通達**」，他們聽到佛法實證的了義境界是「一切法空」，心中都不喜歡。有的人還好，剛聽的時候覺得恐怖，可是他會試著去理解；但這三種人都不是，才一聽就討厭，根本不相信。你說「一切法空」，他們就說：「既然一切法空，我為什麼要學佛？」他們只從表面上來確定就不接受你說的法。

我們弘法二十幾年，說無餘涅槃的境界中無一法可得——無六根、無六塵、無六識。至今有沒有看見哪個佛教道場出來說：「原來這就是涅槃，說得好！」沒有啊！我們說意識是生滅法，入無餘涅槃以後是永遠斷滅而不再有意識存在，佛教界至今也沒有人接受，這表示他們繼續執著我見，對「第一義諦」和眞正的聲聞解脫道，心中都「不信不樂」；我們說如來藏的境界中無一法可得，說如來藏離六塵、不了知六塵，絕對寂靜，他們也不接受，眞的「不信不樂」。如果他們信受而且愛樂的話，應該要努力修學；縱使不好意思來正覺修學，不然也來個電話或者來一封信件說：「拜託你們正覺，派個親教師到我們某某山來教導。」也沒有。如果說這樣的學習方式讓人家知道了就不好意思，不然的話，正智出版社一出書我們就去買，大家一起來研讀，但是也沒有；只有一些小的道場特地買去作教學用，那些中大型的道場都沒有這樣子。如何證明這一點？因為正智出版社的書一直沒有洛陽紙貴；只有一本《心經密意》賣得最好，但也還沒有到洛陽紙貴的地步。

這表示他們對於「第一義諦」的境界之中諸法皆空的境界，全都不想要實證；甚至有很多人根本就不信，私下質問說：「第一義的境界裡竟然一切法都無，那我學第一義、證第一義，到底要幹什麼？」他們這樣想。所以這些人「聞諸法空，無所有，不信不樂」。「不信不樂」就不可能通達，因為通達之前一定先要實證，實證之後繼續聞熏、繼續現觀而實修，最後才能通達；但他們連讀都不想讀、聽都不想聽，如何期待他們能通達？

那麼如來作了一個結論說：「舍利弗！如是諸人畏於汝等，入邪際中不得正法。」像這樣的人對善知識都是覺得很恐怖、很畏懼的，假使我哪一天寫了名刺寄到某個道場去，約定某一天要去拜訪某某大師，他們會如何回應？一定回個信說：「我們某某大師那一天有很重要的約會，沒有辦法接見你。」一定是這樣的。這事情不是現在才如此，以前我們臺南道場剛成立時，我那時心存善意，我想：「來到臺南設立講堂，那臺南有什麼法師在弘法比較有名的人，我也去拜個碼頭吧。」那時記得是悟圓法師當理事長，我請他帶領幾位法師和居士跟我同去，我記得當時還有兩、三位法師同去，還有師兄姊陪我一同去；我是很恭敬法師的，當時還向他頂禮三拜，然後奉上一個紅包供養。

可是坐下來談話時，我發覺那位法師講話時嘴角一直抖。他跟我講話嘴角會抖，我看在眼裡就知道：「原來我現在來得不對，臺南講堂設立就設立，不必前來拜訪，害人家驚恐，何苦來哉。」這是我親自的體驗。同樣的道理，如果你在正覺學法，有一天去了某一個道場說：「我是從正覺來的，我被平實導師印證開悟了。」那你要求見某某大師時，他會見你嗎？一定不會，因為他們心中的壓力很大。如果是在正法時期，你說自己從正覺來的，已經開悟了，想要求見某某人，他一定趕快具足威儀出來見你；如果是正法時代，住持一定具足威儀出來見你，絕對是穿著海青搭縵衣出來見你。可是現在是末法時代，不管你去到哪裡人家都害怕，這正是末法時代該有的現象。

所以像舍利弗智慧第一的證量，他不管走到哪裡，只要有「破戒比丘、增上慢人、隨外道論比丘」，他們都會對舍利弗感到很恐怖，因為生怕舍利弗一問，結果自己開不了口。不論舍利弗問什麼法，他們全都沒辦法開口答覆。既然無法對話，乾脆就不要相見吧！假使不小心撞見了，一定要設法趕快離開。所以我去臺南拜望那位法師談話，他一樣是急著要離開；他眞的急著要離開，但是匆匆忙忙離開時又沒有向我交代清楚，我以爲他是要在某個房間私下跟我談話，我就跟了過去，我還跟進電梯中，結果他是直接回他的寮房去，我才知道我會錯意了。你看我被人家害怕到這個地步——急著要擺脫我；這位法師也有在電視上講佛法，是什麼人咱們就不講了。

所以像舍利弗智慧第一這樣的人，對於那三種人而言是很恐怖的，根本就不想看見，遠遠望見他來了就會趕快避道而行。那今天我是像這樣被那三種人覺得恐怖的人，諸位增上班的同修們也是一樣，你們只要說到是從正覺來的，且不說你是禪淨班或增上班的同修，他們聽到正覺兩個字他就先害怕了；他們會畏懼、會覺得恐怖，因爲跟你對話時生怕不小心馬腳會露出來，在大眾之中可就下不了臺。像這種人對正法不想親近，對善知識避而遠之，這類人喜歡的是不正確的表相佛法，乃至喜歡外道法。

所以還有許多人號稱是學佛人，但一天到晚在學練拙火、寶瓶氣……等外道法；那跟佛法有什麼相干？但他們樂此不疲。你爲他們說明他們所修的都不是佛法，他們會覺得很沒面子，乾脆不跟你來往。這種人永遠都不會跟正法親近，就無法學到正確的知見和應該有的定力；於是他們都「入邪際中」，在錯誤的外道法中自以爲是在學佛，然後津津樂道洋洋得意，每天覺得自己活得很快樂，這樣的人永遠都不可能得到正法的，連聞熏都不可能，就別提實證，世尊就說他們「不得正法」。接下來再聆聽 世尊的開示：

經文：【「以是正法，名爲眞實沙門；汝所得法是人不信，猶如盲人謂無白黑等色。舍利弗！是人如是入於邪際，求外道論，樂衆閙語，增長煩惱惡性惡法；是人不能信諸法空，何況通達？舍利弗！於意云何？野干作師子吼，爲能已吼、今吼、當吼？作師子行，今行、當行、已行不？」「不也，世尊！何以故？野干色力音聲不及師子，野干但能作野干聲。若欲作聲，但有野干聲出，非師子聲。」「如是，舍利弗！破戒比丘、增上慢比丘，自以此事爲上；不淨說法者受尼揵子論，若執一事堅持不捨，貪貴世利，樂讀經書，不能通曉諸法實相，若能信受無相法者無有是處。」】

語譯：【世尊又開示說：「由於這一個正法的實修或實證，才能稱之爲眞實的出家人；你所證得的法這些人並不信受，就好像生而眼盲的人堅持沒有白色黑色紅紫青等顏色一樣。舍利弗！這些人就像這樣子進入邪際之中，追求的是外道的論議，他們也喜歡在大眾之中說各種笑鬧的言語，這樣來增長煩惱以及邪惡的心性和各種惡劣的法義；這樣的人不能信受諸法都是空性，何況能夠通達？舍利弗！你的意下怎麼樣呢？那些野狐出聲作師子吼時，牠們是能夠已經師子吼、現在師子吼或未來師子吼嗎？至於作師子行，牠們是現在能作師子行、未來當作師子行、過去已經師子行嗎？」舍利弗答覆說：「不能的，世尊！爲什麼呢？野狐的色身力氣音聲都遠遠及不上師子，那些野狐就只能作出野狐的聲音。如果想要出聲，只能有野狐的聲音，沒辦法有師子的聲音出聲。」如來就說：「就像是這個樣子，舍利弗！破戒比丘、增上慢比丘，他們自身都是以這樣的事情作爲至高無上的法；而那些不淨說法的人接受外道尼犍子的言論，如果執著一個事情而且堅持永遠都不捨棄，或是貪貴於世間的利益，樂讀經書，卻不能通曉諸法的實相，這樣的人如果能信受無相法的話，其實是沒有道理的。」】

講義：如來宣說而定義什麼叫作正法。正法有一定的定義，不可能是每一個人講的都叫作正法。如來說的正法就是《佛藏經》說的這個「無名相法、無所得法」，這才是正法。所有佛教中的出家人，都是由於這個正法的實修或者實證，才能稱爲眞正的出家人。換句話說，如果在佛門中出家，但修學的不是這樣的正法，那他就不是眞正的出家人。不能叫作眞正的出家人，意思是什麼？就是說他們是佛門中的假出家人。依照 如來的定義就是這樣，必須是以這個「無名相法、無所得法」來實修，不管他有沒有親證，都以這個「無名相法、無所得法」爲主旨來修行，至少要以這個法來求證，才叫作正法中的修行人；依於這樣的正法來修行、或是來實證的人，才能叫作眞正的「沙門」——出家人。所以 如來在這一部經中把出家人定義得很清楚：「以是正法，名爲眞實沙門；」即使沒有實證第八識，也要依於這第八識「無名相法、無所得法」來修行、來求實證，這才叫作眞正的出家人——「眞實沙門」；乃至於已經親證的人，當然更是眞實的出家人。

所以佛門中的「出家人」有嚴格的定義，因此你們不能隨便看見外面的出家人就供養，因爲他們固然穿著僧衣，但你知道他們是在學外道法還是學眞正的佛法；因爲會外有的出家人是依循他們的師父教導而是在修學密法的。密法有兩個部分：一種是在修什麼大樂光明無上瑜伽雙身法的，純屬外道；另一種是學《廣論》的前半部，而《菩提道次第廣論》的前半部沒有修學雙身法，是因為日常法師不教他們後半部；日常法師的雙身法只教給出家弟子中的一部分人，不全教給所有出家弟子，更不教給在家人，所以在家人就被他們稱為「一壺永遠燒不開的水」。他們所謂燒開的水，是指精修雙身法而成就報（抱）身佛果，就說是水燒開了，他不傳給在家人的，所以說在家人那壺水永遠燒不開。但追隨他的一大半出家人只學《廣論》的前半部，也只是修學了常見外道法，與第八識「無名相法、無分別法」全然無關，仍然是修學常見外道法和一些世間法。

有一些出家人是在修學密宗雙身法的，那你供養了他們，到底是種福田還是成就共業呢？這事情你就要好好思考了。我在講解前面《佛藏經》內容時，解說如來已經開示過的經文，你得要先思考；如果他們穿著紅色的袈裟，你一看就知道是密宗假藏傳佛教的人，就不要去供養他們造下破法的共業。假使大家都不供養他們，讓他們無以為繼，讓他們不得不還俗去，那反而是好事，要懂這個道理。所以你們要供養出家人時，我覺得不如去供養那些年紀七老八十只會持名唸佛的老比丘、老比丘尼，都還比供養那些喇嘛們好，因爲你至少眞正供養了一個老老實實守本分求生極樂世界的修行人；那你如果供養到聰明伶俐卻在暗中修無上瑜伽的假出家人，你不但沒有福德，還成就了破法的共業。

就好像有個專門在幹壞事的團體，你每一個月捐錢去支持它，當那個團體被抓到以後查出來：原來是你在支持的，那你就有罪；這是什麼罪，得要問法官。對啊！你就是同一個團體的人，要分擔罪業的；這也是有罪的，因爲是你在支持它，而且你是固定每個月都支持的人。若不知道它的本質，偶爾支持一次，可能法律不會跟你追究；但若是定期在支持它造惡，法律就要追究你，因爲你是那個團體的一分子，這道理大家要知道。如果一個道場很大，但它是在否定如來藏的破法者，你去支持了就得負破法的共業。如果一個道場很大，它的主持人自稱成佛了，顯然是大妄語業，而你每一個月支持他，那你就得跟他共負誤導眾生的共業。所以想要捐款護持某道場時，其實眞的應該要好好思考一下。

所以早期有一位師兄總是誇口說（那是二十年前的事），他老是跟我誇口：「我以前在盧勝彥那邊，護持了三百多萬元，我種了好大的福田。」我說：「你都是在種毒田，那沒有福德。」他每次一提—因爲他是要跟我顯示他很護持正法—我都跟他說：「你是在種毒田，你沒有福德。」他跟我講過好幾次，我每次都跟他這樣回；結果呢？現在還不是退轉了；這類人眞的沒辦法與正法相契。所以說，這類人對於什麼叫作「眞實沙門」，他們是不懂的，他們也不會思考這個問題。以前我都不講這些話，因爲不方便講；我如果講了，人家會想：「你怕人家去別的道場捐錢。」所以從來不講。事實上眞的也有人這樣想，但是我既然講《佛藏經》，如來這麼說了，這道理我就得如實宣講。

如果講了《佛藏經》，我還不能把 世尊開示的這個道理講清楚，那我就有過失，因此我以前都是用比較婉轉的說法講這道理。例如有的人從慈濟過來、從法鼓山或從哪個道場轉過來學法時，往往都會跟我提：「我以前在那裡很護持，每個月都捐上十五萬元。」那我只能隨喜讚歎，不能潑冷水。可是我講經或上課時，就得提一提，都不當面講，只能作通案性的說明：「假使你在華南銀行存款，一年到期要領本息時，不可以到臺灣銀行來領，還要到華南銀行去領本息，臺灣銀行不會給你的。」也就是說，以前在外道法中種了福田，將來收取的只會是外道法的福德，假使有功德，那也是收取外道法中的功德；以前在外道法中種的福田，不能來正法的福田中要收割。我一向說明的道理都是這樣。那麼今天諸位看《佛藏經》中 如來這樣的開示有沒有道理？（有人答話，聽不清楚。）這麼小聲！（大眾答：有！）

眞的是這樣啊！因爲他支持外道法；而他支持的那些佛門外道是在破壞如來藏正法的，他卻支持了好多年、捐了好幾百萬臺幣；然後來到正覺說他以前支持正法、捐了好幾百萬元臺幣，到正覺時他卻不肯捐錢支持正法，卻以支持破壞正法捐給外道的所謂「福德」，而想在正覺求得開悟，我怎能幫他開悟？我又不是老到很糊塗了。我還沒有變成老糊塗，就告訴他說：「那你就回到原來親近的那個佛門外道的道場求開悟吧，因爲你是在那邊護持的啊！他說可以幫你開悟，那你就在那邊求開悟吧。」道理是一樣的；你不能跑去華南銀行存款，然後要來臺灣銀行領本息，這不可以啊！你得要另外到臺灣銀行去存款，時間到了你來領本息才有道理。所以說，不能以護持抵制正法的佛門外道的福德，卻來正覺想要求開悟，這眞的沒道理。

所以什麼叫作「眞實沙門」？當你要供養出家人時，先要瞭解他到底應不應該受你供養，或者你應不應供養於他。假使你要供養他，當你錢快要放入他的缽盂時，他開口跟你說：「感恩。」那你就不要供養了（大眾爆笑…）；如果他開口說：「阿彌陀佛！」那你可以供養他，因爲這表示是老老實實在念佛的出家人，那你供養就沒有錯。可是如果他說「感恩」，表示他跟隨一個大妄語的「宇宙大覺者」，她不是支持正法的人，我們供養她就變成負共業的人。所以說，什麼人才是世尊所說的「眞實沙門」，這個定義一定要弄清楚，以後千萬別亂供養。今天講到這裡。

《佛藏經》希望能再二十五講圓滿，大概是講到年底。今天要從七十五頁第三行最後兩個字開始講，這兩句跟後面兩句是連在一起的：「以是正法，名爲眞實沙門；汝所得法是人不信，猶如盲人謂無白黑等色。」這個是延續上一段所說；上一段說的是「生盲人不見諸色」，他以爲別人都跟他一樣也是不見諸色。這是譬喻那些破戒比丘和追逐名聞利養的凡夫比丘們，他們因爲無法實證，就認爲別人跟他一樣是沒有實證的人；所以對這個非常深妙廣大難證難解卻又極爲平實的「無名相法、無分別法」不能信受。但是在這一段經文中如來提出一個很明確的昭示：什麼樣的人才是「眞實沙門」。

換句話說，佛的意思很明白：佛門中的「沙門」有眞沙門以及假沙門。眞沙門分為兩個部分，一種是實證的人，另一種是信受的人而正在修學或求證之中，都叫作眞沙門；因為他們是眞求出三界家宅之法，所以稱為眞沙門。假沙門則是盡學表相佛法，對於了義而眞實的佛法「心不信受」，所講出來的所謂佛法都跟外道法相通，或者至少也是相似於外道法的。至於等而下之、不入流的出家人，就是用佛法的名相而內涵完全是外道法，就比如密宗假藏傳佛教，根本就是附佛法外道，一點兒都談不上沙門法，因為他們追求的都是欲界中最粗重的法；追求欲界最粗重的法，結果是將來要往生三惡道中，出離無期；所以「眞實沙門」跟假名沙門，「眞實沙門」跟附佛法外道，大家一定要弄清楚。

如果遇到名義沙門，還可以護持，因為他們至少還持守戒律不犯。但若是附佛外道，希望諸位要分清楚，可別想著說：「我現在遇到了三寶，我要護持三寶。」結果你護持的是假三寶，而他們背地裡都是在破壞佛法的，那就不是種福田，而叫作種毒田。我上週講過這個部分，譬如有的法師講經說法時或者寫書時，不信有第七識、也不信有第八識；把七、八兩個識否定了，說那是如來的方便說，主張 如來沒有說眞實有這兩個識，他是堅決主張六識論的破法者；六識論的法同於常見外道沒有差別，所以他們是外道法而不是佛法。甚至不相信 佛所說的佛菩提道修行成就是三大阿僧祇劫修成的，世尊說成佛是要歷經一定的時程以及一定的內涵之後才能成就，他們都不相信。他們認爲：不論是什麼人修行，只要一個機緣湊巧，他就可以成佛了。他們認爲釋迦如來的成佛只是一個偶然。有沒有人這樣講？有！是哪一位？諸位都知道是釋印順。諸位都是他的反面知音，釋印順在書中就是這樣講的。

釋印順說 釋迦如來在人間成佛只是一個偶然，就只是剛好機緣湊巧，祂就成佛了；那就是說，我們機緣不湊巧，所以還沒成佛。如果這樣的話，他所說的佛法也是自語相違，因爲他不相信有過去佛是經由五十二個位階修行而成就的，認爲只要是機緣湊巧便可以成佛；那麼過去幾千年的人們難道都沒有機緣湊巧可以成佛的嗎？這也是有個矛盾存在的。釋印順說法時常常前言不對後語，自己掌嘴了還不知道，竟沒有感覺！「沒有感覺」還有一句成語可以形容（有人答話，聽不清楚），講大聲一點吧！對呀，就是「麻木不仁」；自己掌了嘴還不知道痛，那他當然就不是「眞實沙門」，而他說自己所講的那些歪理也是佛法，那就是謗佛了。因爲所謂佛法一定是 釋迦如來說的才是佛法，如果是阿羅漢講的解脫道的法，只能叫作阿羅漢法；如果是世俗人講的法，要叫作世俗法，不能說爲佛法。

那他講的既非阿羅漢法、也不是佛法，卻說那是佛法，意味著說 佛就是這樣講的；如果 佛陀還在世，我一定要去向 佛陀告狀，佛陀一定會找他來問，他一定會像嗏帝比丘說：「對啊！如來您是這樣講的。」那 如來一定會問我：「你有沒有聽到我這麼講？」我一定說沒有，然後 佛陀就要罵他：「汝愚癡人。」就會解說他的錯誤所在，會說這個人是愚癡人，根本連表相的沙門都算不上，因爲他所說法專門跟 如來打對臺；套一句大陸以前的話，叫作「打著紅旗反紅旗」，這個人當然不是「眞實沙門」；因爲他不但沒有實證，連求證眞實義的心都沒有，卻堅決認爲自己的看法是正確的，還誣賴說那就是 世尊所說的法。釋印順對 如來說的三大阿僧祇劫歷經五十二個階位的修行而成佛的事，他心中全然不信，所以敢在他的書中說「釋迦如來成佛只是一個偶然」；這種人連表相沙門都算不上，他還能被認定是「眞實沙門」嗎？絕對沒有這個道理。

如果有人拿著經文依文解義，講到後來自認爲成佛了，所以浴佛時就沐浴她自己的雕像，卻有好多政治人物都被騙去爲她浴佛，但在那邊浴佛時所浴的只是所謂「宇宙大覺者」，正是後山那個比丘尼。等到佛教界出來論證與質疑時，她又不敢承認那雕像就是她，就說：「那是如來的像。」問題是雕出來的像都不一樣，如來一定有肉髻，那尊像沒有肉髻；佛面猶如淨滿月，她那尊像的臉卻瘦瘦削削的，就是沒有福德的法相。福德圓滿者不是這樣的面貌，例如佛門中很多人懂的標準：佛面猶如淨滿月，菩薩雞子臉。雞子就是雞蛋；因爲菩薩的面貌不可以跟如來一樣，即使你將來成佛之後倒駕慈航來釋迦如來座下當個菩薩，也不可以說：「我已經成佛了，我要示現跟您一樣。」這也不成！既然來示現當如來座下的菩薩，就得像個菩薩。但菩薩的臉有沒有凹陷進去的？都沒有啊！可是你看那雕像的臉有凹陷的地方，還眞像那個人（大眾笑…）。但是又敢作不敢當，扭扭捏捏地，那你說她到底是「眞實沙門」還是假沙門呢？（大眾答：假沙門！）這是諸位講的：

是假沙門；但我認同諸位的看法，沒有異議。

但凡比丘、比丘尼出世弘法，所說的法必須一一符合 如來的聖教；在佛法中沒有創見可言的，創見是學術界搞的事情，是因為前人所說的不夠圓滿，後來他又另有所見而說出來補充，才叫作創見——言前人所未曾言；但在佛法中不可以這樣。中國佛教界這兩百年來出了我這個蕭平實，算是言前人所未曾言；可是我說的都是 如來已經講過的，因為我是從 如來那裡繼承下來的，我所說的都不是自己的創見。我是吃 如來的口水長大的，每一尊菩薩都如是；但如今竟然有人敢提出創見，甚至有時還膽大到敢於月旦 如來，那不是膽大包天，要叫膽大包佛；那眞是無知，是無明深重的人。只有無知的人才敢這樣作，但凡有所實證的人，沒有一個人敢這樣作的，除非他的智慧不夠而退轉了。

因此，所謂「眞實沙門」有明確的定義，一定要看前提，看你學的是二乘菩提或大乘菩提。如果你學的是二乘菩提，那麼你只要證初果，或者認同初果所證和講出來的見地，不否定初果人的所說，就是佛門中的「眞實沙門」——現前尚未實證，但是願意求證。如果口口聲聲主張說：「粗意識、細意識、現意識、遠意識、未來意識都是眞實的。」那他在二乘菩提中連初果人都算不上，連一個表相沙門都還算不上，只成個佛門外道。所以在二乘菩提裡的「眞實沙門」也有它的定義。

如果是在大乘法中，就算你證得了阿羅漢果，假使還沒有證眞如之前，卻不信有眞如，那麼善知識一定會站出來說：「原來你是一個假阿羅漢。」因爲他所謂的阿羅漢果，其實連通教阿羅漢都算不上；因爲大乘法中的通教阿羅漢，全都不敢否定第八識眞如；一定要信受有個第八識是眞實的、是常住不壞的、是清涼寂滅的心，認定祂就是無餘涅槃的本際，才有可能斷我見、斷我執，所以在大乘法中沒有否定第八識的阿羅漢。那他證阿羅漢果，「確信有第八識而我尚未實證」，這樣也可以說是「眞實沙門」。如果在大乘法中還沒有證得阿羅漢果，努力在求證中，我見、三縛結也努力在求斷，也信受有一個無餘涅槃中的本際第八識，祂是常住不變的，雖然仍非證悟的賢聖、雖非證果的賢聖，可是他有正知正見，努力在求證中，可以說是「眞實沙門」。若是要從最狹義、最嚴格的定義來講，就是他必須要證得二乘菩提中的局部或全部之後，接著再求證眞如，或者接著實證了眞如，這樣的出家人可以說是狹義的「眞實沙門」，因為他是出家的勝義菩薩摩訶薩了。

這樣的定義，諸位可以自我衡量一下；你們有很多人都可以自認為是「眞實沙門」，因為沙門果不限定只有出家人才有；你只要修的是出世間或者出三界家宅之法，有所實證時就叫作「眞實沙門」。「沙門」二字的定義和比丘不同，比丘一定是出世俗家而住到寺院中的人，所以比丘、比丘尼都是出家人；但比丘、比丘尼不一定是「沙門」，譬如釋印順、釋證嚴……一類的人都不是「沙門」，雖然他們身體出家了，但只是換個家住，不是眞正的「沙門」——因為沒有證得沙門果。所以在家人例如摩羅迦舅，以及牧牛的阿支羅迦葉，他們在佛世都證得阿羅漢果，如來就說他們是「沙門」。因此當阿支羅迦葉成阿羅漢那天的下午就被母牛觸死時，如來要求舍利弗等阿羅漢去供養阿支羅迦葉的屍身，再為他闍維；是由比丘相的舍利弗等阿羅漢們，去為那個現在家相的牧牛人阿支羅迦葉的屍身供養，然後為他火化。

因為證得沙門果時就是沙門，是出三界家的出家人，遠超過色身出家努力修行而未證果的出家人。既然三乘菩提所證的果位都叫作「沙門果」，那麼只要證得「沙門果」的人就是「沙門」。這是從是否出三界家宅來定義，不從身相是否出家的示現而說。從這樣的聖教來看，「眞實沙門」（特別是狹義的定義），在大乘法中的「眞實沙門」是一定要證得「無名相法、無分別法」的，才能現觀眞如。如來在這裡講得很白：「以是正法，名爲眞實沙門；」「以是正法」到底指什麼正法？就是指「無名相法、無分別法」第八識如來藏。得要由於「是正法」的修學或實證，才能在大乘法中叫作「眞實沙門」，這是「沙門」的正確定義。如果對這個「正法」不信受，就談不上是「沙門」，即使身出家了也都是假沙門，欺世盜名的假出家人。所以要依於「是正法」第八識眞如的求證或者信受，有努力修行或者實證了，才叫作「眞實沙門」；外於「是正法」而說他有佛法，都不是「眞實沙門」，如來在這裡定義得非常清楚。

所以密宗假藏傳佛教說五蘊都是眞實的，色、受、想、行、識—特別是意識與身識—是眞實的，《廣論》中就是這麼說的，所以《廣論》中進一步說俱喜大樂也是常住不滅的；這跟如來說的正是唱反調，而且從來不受佛戒，根本就是外道，更別談什麼「沙門」了，因爲那完全是世間法。因此什麼是「眞實沙門」，我們在這裡一定要定義清楚，以後路上別看到穿紅衣服的出家人就供養，小心造成破法的共業；因爲他們是專門破壞佛教正法的人，你若支持他們就是支持破壞佛教正法的惡業，一定要負擔共業。如果你支持了他們，他們就多一分力量繼續破壞正法；如果都沒有人支持，他們就還俗去了，不再破壞正法，所以你支持他們時就有共業。

這倒讓我想起來，以前陳履安先生在臺灣募集十億元臺幣，說要去認養小喇嘛，不曉得諸位有沒有參加？都沒有啊？我希望是都沒有，最好是沒有參加，否則也是共業。後來聽說他並沒有全部拿出去供養小喇嘛，好像有一大部分移作投資而失敗了，報導說有許多人去法院告他，不知道準確不準確？那我想，這樣倒也還好，比去供養小喇嘛的業要輕一點，最多是欠了大家的債，未來世好好去償還便是，但他就沒有更大的造作支持破壞正法的惡業；因爲認養小喇嘛的結果是小喇嘛長大後繼續破壞正法，成爲破壞正法的生力軍。他那件事情，我從另外一個層面來看，不是從那一些債權人想要實現供養小喇嘛的立場來看；我寧可他眞的倒帳，而不是大部分拿去供養小喇嘛，這惡業反而輕。

也許有人對我這個說法不以爲然，但我告訴諸位，從了義正法來看，一個看來小小的惡業會產生未來長劫的極重苦果；所以寧可在世間法中違逆無量無邊的眾生，也不要輕易一句話月旦 如來，也不要輕易去認養小喇嘛或支持破法者；這是我的看法。因爲佛菩提不但是了義法，而且 如來是三界至尊；要是誹謗初禪天主、二禪天主……等，那罪就已經不輕了，如果誹謗阿羅漢，那罪又更重；誹謗菩薩時又更重，誹謗 如來的罪可就無法想像，這樣想一想就知道了。有些道理就是要比較一下，大家比較容易懂。所以支持沙門是很大的福德，但是支持之前首先要認清楚什麼樣的沙門才是「眞實沙門」，不要落在表相沙門上面去作。

如來把「眞實沙門」的定義說完了，回頭說：「汝所得法是人不信，猶如盲人謂無白黑等色。」盲人看不見白色、看不見黑色，你怎麼樣爲他說明他都不懂；你說白色就像棉花的顏色，然後他找了棉花來摸一摸：「啊！原來白色就是軟軟的。」你說：「不！它雖然像棉花一樣白，可是它並沒有軟軟的，就只是顏色的一種，白色就像白雪那樣的顏色。」他找了人家弄了雪來摸一摸：「喔！原來白色就是冰冰的。」你怎麼形容他就怎麼誤會。黑色或其他顏色都是如此，因爲他沒有眼睛可以看，不論你怎麼說他始終都是誤會。

既然他弄不清楚，講到最後就會說：「你都是強詞奪理，我明明摸到這個軟軟的就對了，這就是白色。」你說不是，他就不相信，反而指責你說：「原來你也沒有看見，跟我一樣。」他會推己及人。如果是善法而推己及人，多麼好！但若是惡法而想要推己及人，硬要說別人跟他一樣沒看見，也沒辦法，應該說他是以己例彼。所以世尊說「汝所得法是人不信」，因爲大家都沒有辦法實證，單單只有你實證了；當他們不能實證時就無法像你那樣現觀，那你再怎麼說明他們都不會相信。所以我剛出來弘法時人家都不相信，我那時弘法，也有對面大樓道場曉雲法師的徒弟，也有聖嚴法師的徒弟，從各道場來的都有，他們都不信。

有些聖嚴法師的徒弟跟我學法，我幫他們實證以後，他們星期天回去參加農禪寺的般若禪坐會，就去報告說：「師父！人家蕭居士說我們人都有兩個心：有個眞心，還有個妄心。這眞心眞的可以實證。」沒想到大法師回說：「人哪有兩個心？人就只有一個心。」當場就罵了下來。後來這一對師兄師姊到了週三（因爲我以前是週三在他們那邊主持共修）就和我談起這一件事，我當場說：「他還眞的不信，但我告訴你們：人豈止兩個心？人人都有八個心欸！」因爲那時我才剛開始弘法，不到半年就幫他們悟了，就這樣子幫助他們。當時他們還沒聽我講過八識論正法，就驚訝地說：「啊？有八個心？不是只有眞心與妄心嗎？」我說：「妄心就有七個識了啊！」然後講給他們聽，這才恍然大悟，原來人類眞的有八個心！你們看，這還是名聞四海走遍地球五大洲、專門講禪的大法師，都還不懂，都還不相信人類有眞心與妄心和合並存。所以跟他們講如來藏法時他們不信受。

教禪聞名走遍五大洲講禪的大法師也不信，那你們看這是什麼時代？很簡單啊！就是末法時代，不然哪會這樣？正法、像法時代，大家都知道禪宗祖師證悟的內涵——那個本來面目就是第八識如來藏，但是到末法時代時連大師們都不知道了。可是咱們以前在西藏講「他空見」如來藏妙法時，也是末法時代，所以被附佛外道密宗消滅了，因爲他們不信受。

那麼什麼人是「眞實沙門」？就是要信受有第八識恆存不滅，這眞實心與七轉識和合運轉如似一心，這樣眞實信受了才能叫作「眞實沙門」。如果進一步親證了，當然更有資格說是「眞實沙門」，可是 如來說：「舍利弗！

你所證得的這個法，這些愚癡的人們、這些破戒比丘們都不相信，就好像生而眼盲的那些人，他們堅決主張說：『沒有白色、沒有黑色也沒有紅紫黃縹等色。』」然後 如來就說：「舍利弗！是人如是入於邪際，求外道論，樂眾鬧語，增長煩惱惡性惡法；是人不能信諸法空，何況通達？」

世尊所說眞是至理名言，我們弘法二十幾年所見正是如此！末法時代的破戒比丘們所思所想、他們所以爲的佛法，其實都是從邪見中說出來、想出來的邪法，所以 世尊說：「是人如是入於邪際，」眞的是進入「邪際」中，他們對三乘菩提的聖教並不愛樂，他們愛的是外道論，所以喜歡「求外道論」。因爲「外道論」談玄說異，聽起來好勝妙，不像 如來講的佛菩提見道內涵一點都不勝妙，就只是個平凡與實在，卻又無法勝解。也許有人想說：「你講錯了吧？我看禪宗的祖師講出來的都是很玄很妙啊！你怎麼說不勝妙？」我就說：「等你哪天實證了，就會覺得不勝妙，只是一個平凡與實在。」這就是禪師講的「不會如金，會得如屎」；就是因爲不會，聽禪師兩個人那邊講來講去、高來高去，根本聽不懂，所以覺得眞的勝妙，太玄了！可是等你證悟了以後卻說：「原來只如此喔？好像沒什麼吧。」因爲證悟之後既不能飛也不能變化神通，走路也不會離地三寸，然後就說：「太平凡了！」

可是平凡之中卻又很實在，因爲祂眞的存在。一時之間想不通就說：「我悟了這個無名相法，到底要幹啥？」不知道要作什麼了。他覺得說：「我悟了這個也沒什麼，那到底我爲什麼要悟這個？」等到解三回家，《般若經》請出來一讀：「欸！我懂了！」不信，再翻到後面繼續讀，還是懂啊！然後供回佛龕時再請下另一本經，再一讀：「我又懂了！以前老是讀不懂《維摩詰所說不可思議解脫經》，總認爲他說得太玄，可是我現在懂了。」這時智慧生起了，終於知道說：「我爲什麼要悟得這個心。」就在無比平凡與實在之中，你的智慧漸漸開始滋生了，所以我說的沒錯：「祂眞的叫平凡實在啊！」這是非常深刻的感觸。所以我剛開始寫書時就取個筆名，叫作蕭平實，因爲眞的很平凡很實在，從此以後腳跟再也不會虛虛的，眞的腳踏實地。

這時換別人覺得：「你說法好玄、好妙喔！」你自己卻是覺得沒有什麼玄。這就是說，當他不懂時，如果沒有五蓋，他的性障很輕微，那他就會相信你所說的，會自己思惟說：「因爲我的福德因緣不夠，我的智慧不夠，所以我無法理解、無法實證，我將來一定要實證祂。」可要是個性障深重、自我主觀非常強的人，譬如釋印順那一類人，他們就乾脆跟你推翻掉；就像「生盲人」一樣「謂無白黑等色」，乾脆說：「沒有如來藏可證，那是假名施設的。」因此他在書中主張說：「如來藏是如來的方便施設，如來藏其實是緣起性空的異名。」說如來藏就是緣起性空的另外一個名稱；他的意思是告訴你說：你只要瞭解什麼是緣起性空，就是證如來藏了。這就是性障深重、自我的觀念很強，主見非常之強，就乾脆把正法的根本否定了。

所以釋印順，我們可以說他就是《佛藏經》講的「生盲人」，不信白黑等色。這種人都是「入於邪際」，所以你看釋印順寫的《妙雲集》、《華雨集》，他講的東西總是前言不對後語。若不是如此，《霧峰無霧》寫出來連載那麼久，然後又結集出書了，他的信徒、門徒們，有哪個敢寫文章或出書來回應的？包括「宇宙大覺者」都不敢出來回應；自己的師父被人家糟蹋到那個地步，當徒弟的人竟然連出來講一句話都不敢，還當什麼「宇宙大覺者」？當「花蓮小覺者」的本分都還不夠。

接著你們看《正覺電子報》連載那麼久的〈救護佛子向正道〉，每一期都刊登那麼長篇，等於每一個月都把釋印順找出來鞭屍，結果他的門徒們都可以安忍，顯然他們忍辱功夫一流；這要是換了我，我可接受不了。就像荷澤禪師為六祖出頭一樣，如果我師父是眞正的證悟者，被人家羞辱到無以復加，那我這個徒弟得他的法，怎麼能不站出來講一句話，怎能不誓死抵抗到底。至少她們要站出來講一句話、寫一篇文章吧？偏不！她們連一個人也沒有出來，連辯白一個字也沒有，這還眞是怪事。一個已經成佛的釋印順，他座下總有個妙覺、等覺菩薩吧，何況還有個「宇宙大覺者」，她們總得站出來為「印順佛」說說話吧，竟然連一句話也沒有。這表示他們都「入於邪際」，不懂佛菩提，否則不會這樣。

他們求的是「外道論」，所以他們講的都是境界法，對於如來藏這個「無所得法」、無境界法不信受。但是有境界的法一定是生滅無常，只有「無所得法」才是究竟了義常住不變。但他們都要境界法，所以他們所講的那些法的境界都跟世俗境界一般；因此「宇宙大覺者」講的《心靈十境》，她從初地到十地的境界都是人間意識善法的境界，全都是有為有漏之境界。如果那樣可以叫作初地、叫作十地，基督教救世軍的行善團也都可以是初地到十地的菩薩了，可是為什麼我們絕不承認？因為沒有解脫道與佛菩提道的本質。

所以說，這一些人所求的，從表面看起來都是佛法，因爲他們都是佛門中人，說的也都是佛法中的名詞，但他們對佛法解釋出來的內容都是外道境界，與外道沒有不同。因爲他們講的那些跟十幾世紀的救世軍—天主教或基督教的救世軍—看來沒什麼不同，因爲他們也專門去行善，他們對窮人也都很願意救濟，也都不生氣，那不就是釋證嚴講的初地菩薩、二地菩薩……等，那麼佛教跟外道有何差別？所以他們顯然是要把佛教跟外道統一，乾脆改名爲韓國那個統一教算了！

他們「**求外道論**」之外一定也是「**樂眾鬧語**」，因爲落在意識境界中，都在識陰六識的境界裡面轉；那識陰六識有個特性就是不守本分，一定不斷地追逐六塵境界；當他們追逐六塵境界時，就不會喜歡安靜入定。所以你們看釋印順那一派人有幾個禪定修得好的？想要找到一、二個有未到地定的都難，因爲六識論的境界喜歡的就是「**眾鬧語**」求世間名，住在這樣的境界中和外道沒有兩樣，結果就是「**增長煩惱惡性惡法**」，所以動不動就興訟，沒有道理也要出來爭個道理。

前兩年諸位都看見有個比丘尼，明明自己錯了還要告人家；我已經是她所告的第幾個人了，不是第一個被她誣告的。另外，她們自己作錯了事還要諍論到贏，所以一塊不應該開發的地，她們偏要開發；那本來就應該屬於洩洪道、屬於滯洪池的地，硬要開發成建地；偏偏有一個六識論的比丘尼出來為她們打抱不平，也許是被人授意而出來講道理的；可是她講的都沒道理，最後講輸了竟然口出惡言「祝福臺北無災無難」，這是什麼樣的心行？世俗人都不至於如此，但一個出家的比丘尼可以這樣在公開的場合針對電視觀眾講：「祝福臺北無災無難。」也許有人說她「祝福臺北無災無難」是好話呀！但你為什麼會這樣想、這樣講？得要想一想她的言外之意是什麼？一般人都聽得懂的意涵，你難道聽不懂？對啊！言外之意就是：你們臺北一定會有災有難的，因為你們抵制了「宇宙大覺者」。沒有道理硬要爭到有道理，這不就是「惡性惡法」嗎？

這樣的人都沒有辦法信受「諸法空」——諸法一切都空。但什麼叫空？就是空性與空相。一切諸法緣生性空，也就是所生諸法全部緣生性空，但是這個空相的背後有個空性心——空而有性；祂能生萬法，諸法空相是依祂而有；如果不是這個空性心，就不會有諸法的出生，當然就不會有諸法的空相，所以一切法都是空。可是這樣的人不相信，她們會主張說：「一切法都是意識所生，由意識來貫通前後三世。」也許怕人家說：「你講的是意識，但這意識如來早就說了，都是生滅法。」那他就另外立一個「細意識常住不滅，細意識可以生一切法」。可沒想到 如來早就把這個邪見也給斷了，早就講在前面，先舉出「粗意識、細意識、遠意識、近意識、現意識」，然後開示說：「諸所有意識，彼一切皆意、法因緣生故。」早就釘死了，她們經典都不讀嗎？還虧她們宣稱自己最懂解脫道。

所以說，這些人眞的沒辦法信受「諸法空」，永遠都不相信，所以你說一切法的本際是如來藏這個「無名相法」，她們根本就不信；不信受就不會求證如來藏，不求證就永遠無法實證「無名相法」；既不能實證，何況能夠通達，這是很顯然的道理。就好像一個人連七個月嬰兒的坐都不會，竟宣稱他能跑步，沒有人能信的。一定是先能證、然後繼續進修才能通達，所以那些人絕對不可能通達；當她們我見還在時就對外宣稱自己是初地、五地、十地菩薩，乃至宣稱成佛了，你們聽過笑笑轉身就走了，因爲這種人連我見都斷不了，你們能爲她們解說什麼道理呢？聽都不想聽你的，又如何能實證如來藏呢？

然而這種人偏偏不甘寂寞。凡是實證如來藏、安於如來藏、忍於如來藏、住於如來藏的人，都能安於寂寞；但那些不信受如來藏妙法的人，不可能甘於寂寞，她們依意識的心想，就會不斷出來世間喧喧嚷嚷，讓人家誤以爲她們的證量很高，因此顯示於外的就是「野干作師子吼」。野干是什麼？正是狐狸。狐狸的等級是很低的，前面還有胡狼；胡狼比牠大一點，胡狼的上面還有野狼，再上面則是豹、熊、虎、獅，所以狐狸是排在最後面的。當牠出來大聲嚷嚷：「我是獅王！我是獅王！」誰信牠？怪的是在末法時代也有人信，好多狐狸在那邊呼叫說牠是獅王時，有一大群人都信牠眞的是獅王。

因爲大眾心目中所了知的獅王就是那個模樣，以前大家都看見過他們那種獅王；等到有一天出了個蕭平實，大家就說：「這根本不是獅王。」但這個「不是獅王」的人卻使那些狐狸本質的獅王們都怕死了，那應該叫作什麼？叫龍王嗎？又沒有長角；這就是末法時代的怪象。到了末法時代，這種怪象卻是平常的現象，因爲普遍就變平常了；所以如來說：「舍利弗！於意云何？野干作師子吼，爲能已吼、今吼、當吼？」狐狸出來模仿獅子的吼聲，牠能夠是已經像獅王那樣吼過了，或者像獅王正在吼，或者像獅王未來會吼出來？舍利弗當然說：「不可能啊！」

如來又問：「野干能夠作師子行，今行、當行、已行嗎？」獅子走路時有牠的步伐，有牠的身態，牠的威儀是特定而不同於其他動物的；獅王不會動不動就輕飄地跑幾步再跑幾步，狐狸才會這樣。獅王除非追逐獵物的時候，牠不跑步的，永遠都是用走的，除非為了驅逐狐、狼等競爭者。可是狐狸有時走著走著輕快地、就像跳舞那樣慢慢地跑；但獅王一定不會慢跑，牠有一定的威儀；那麼獅王那樣的行走模式，如果狐狸學著牠那樣走，所有的動物都會說這隻狐狸有精神病。正是這樣啊！如果牠永遠都學獅王那樣走，牠永遠也抓不到獵物。

所以舍利弗聽了如來這麼一問，當然回答說：「不也，世尊！」然後舍利弗就解釋說：「這是什麼道理呢？因為野干的色身、力氣、音聲都遠遠不及獅子，野干只能夠發出野干的聲音。」是說那狐狸的色身以及牠的聲音都不及獅王，牠跟獅子沒得比，所以狐狸就只能鳴叫出狐狸的聲音。舍利弗再從另一反面來說：「若欲作聲，但有野干聲出，非師子聲。」所以狐狸不管再怎麼學獅王的聲音，牠叫出來的終究只是狐狸的聲音，不會有獅王的聲音，嚇不了內行人的。那麼舍利弗答了，如來就作結論說：「如是，舍利弗！破戒比丘、增上慢比丘，自以此事爲上；」這是說那些破戒比丘、增上慢比丘們在末法時代都是把狐狸的叫聲當作獅王的吼聲，他們認爲這樣就是世間最高的妙法，當作是獅子吼。所以他們講出來所謂的佛法，例如離念靈知就是眞如，或者密宗假藏傳佛教講大樂光明的成佛境界，還各個自稱法王、自稱作佛了，其實都是未斷我見的凡夫境界，成爲大妄語人；但他們卻自認爲這是佛法中最高的境界——「自以此事爲上」；這都是末法時代才會出現的狀態，所以 如來說這些人是破戒比丘、增上慢比丘。

如來又說出一個事實：「不淨說法者受尼犍子論，若執一事堅持不捨，貪貴世利，樂讀經書，不能通曉諸法實相，若能信受無相法者無有是處。」「不淨說法者受尼犍子論」，尼犍子是什麼樣的人？尼犍子也是一種修行的人，不過他們是外道。尼犍子外道是什麼人？他們又名離繫外道，因爲他們自稱是離開繫縛、不受繫縛的人，自認是已經解脫出三界的人，他們自己是這樣想的。那離繫外道是怎麼修行的？你們如果讀過《阿含經》，就會讀過好幾種，其中有拔髮外道，專拔自己的頭髮，用拔的不是用剪的、剃的、理的，而是用拔的；他們修行到最後要把頭髮全部拔光，都是自己拔，不是叫人拔，就是拔髮外道。

有的是綁起頭髮，把頭髮綁在梁上、懸著睡覺，頭就不會垂下去了。也有的是拿錐子刺自己的臀部，這樣很痛就不會睡著，因爲覺得很痛苦。也有五熱炙身的，用四面火聚加上頭上烈日引生很熱的溫度，讓自己在那邊受熱痛苦。有的是常立不坐，有的是單腳而立，有的常坐不臥，總之就是以種種方法自苦其身。他們認爲不求好的享受，用種種方法自苦其身，正當受苦時業就一分一分報償而消滅了，執著也就滅了，死後就可以出三界得解脫，這樣叫作離繫。

可是得解脫的取證並不在於受苦，離開生死繫縛的證得也不在於受苦。要滅掉往昔所造的罪業，並不是用受苦的方法能滅除的，但他們不懂，他們認爲會輪迴生死就是因爲欠了眾生的業，是過去世造了惡業；既有這些業，要用種種方法自苦其身，受了苦以後就是還了業報。問題是他受了苦，並不是還給債主，所以他們那個邏輯是有問題的。例如你若欠了某甲一百萬元，加上利息也許一百一十萬，那麼你應該把錢還給某甲，而不是把一百一十萬元扔到水裡就還清了，不可能是這樣的，所以離繫外道的理論是荒唐的。據說以前西藏也有投巖外道，從巖石上唱誦了咒語之後，就往懸崖下面跳下去死，認爲這樣死了就可以得解脫；後來好像是被大陸政府禁了以後就消失了，也許是國民政府的時代就把它禁了。那麼這些都是邪見，而尼犍子正是類似這樣的邪見者，叫作離繫外道。

那些不淨說法的人往往接受尼犍子論，所以臺灣早期出家人被堂頭和尚操到一塌糊塗，比當兵操得還嚴重：四點打板，四點半以前就得在大殿集合完成開始課誦，課誦以後就是出坡，出坡完過堂，過堂回來再出坡，不能像現在有的寺院到十點時就說大家都去睡一下；但他們沒有，還是繼續出坡；出坡完了中午過堂，中午過堂完了去大殿裡打坐，不許睡覺；如果坐到打瞌睡，香板就侍候你——用香板打你。打香板時，如果那監香法師的技術是好的，他打得很清脆、很響亮，可是你不會受傷；可是如果那香板像我們禪三用的那種香板，鐵定會受傷，因爲有稜有角（編案：後來換用沒稜角的杉木板）。眞香板是不應有稜角的，監香法師打起來時斜斜的，是從背後斜斜的打在瞌睡者的肩頭上；從那一邊打向這一邊，從這一邊就打向那一邊，很清脆、很響亮，把整個大殿的人都驚醒了！你覺得肌肉有一點痛，但可以接受，不會受傷。假使遇到一個功夫不好的監香法師，活該你倒楣，他的香板打得不響，可是痛死人——受傷了。

他們認爲說：「你們出家就是要修苦行。」所以打坐還規定你要雙盤，至少得要單盤；若沒有敲引磬就不許放腿，如果一炷香是一個小時，一般人就會覺得慘了；除非腿功好，像我這樣上座說法兩個小時下座，中間不換腿。可是有多少人能這樣？我以前很喜歡打坐，一上座三個小時就過去了；可是後來沒時間坐，因爲忙，那就是另一回事。可是大部分人都是過了二十分鐘就在想：「該敲引磬了吧？」就這樣一直在苦苦著、苦著、苦著，挨到後來忍受不了時就想：「算了！挨香板就挨香板，實在太痛了，我先放腿再講。」沒想到腿剛一放下，引磬剛好敲了，下一念就是：「早知道就不要放腿。」大部分人都是這樣的。

然後下午坐香結束還讓你出坡，齋堂辦事的人去齋堂，但是有限定少數人才能去，去齋堂是爲什麼人準備的？爲某一些有病的出家人準備，譬如有胃病……等一類的出家人；其他的出家人都不許吃晚餐，每天除了早餐以外，就是到午餐爲止；晚上最多喝果汁或米漿，最多只能這樣；然後又一直忙，忙到晚上十點安板才可以回寮房上床。所以早期臺灣很多出家人弄到後來精神耗弱，有胃病的人多得不得了；白白胖胖的出家，到最後受不了回家還俗了，那時大約是瘦巴巴的一個人。

以前是這樣的，但爲什麼堂頭和尚會這樣作？因爲受持「離繫外道論」！他們認爲這樣自苦其身就是在還業，其實那是「尼犍子論」，佛法中沒有這樣的事。如來告訴我們說像琴弦一樣不鬆不緊，例如《四十二章經》講的彈琴的弦，或者拉琴的弦，要不鬆不緊，所以要修不苦不樂行；但他們專修苦行，結果人家辛苦養大好好的兒子、女兒，那些人在家中都是萬金千金，送到他們座下，結果弄成一副病懨懨的模樣才還俗，那眞的沒道理。不是自己自苦其身就可以消業，而是要依於法，要懺悔及修善業迴向，若是遇到債主了就直接償還。如來說的法是什麼？你要依於如來說的法去實修，要常常懺悔使自己將來遇到惡緣時，能歡喜地去還業；當債權人現前了，就歡喜地還業，要這樣才能還業。

至於修集正見等，那是要依靠多聞熏習了義的正法來建立的，不是靠修苦行可以成立。以往佛教界打禪七都規定你前五天至少要單盤，不可以散盤。你們若有參加過各山頭的禪七，都是這樣規定的。結果前五天都在跟腿痛對抗，那要修什麼道、參什麼禪？我們打禪三時不規定你，隨便你坐，你只要不妨礙左鄰右舍就行，所以你要單盤、雙盤、散盤，或者你要跨鶴坐、天神坐都行，想要日本坐也行，都沒有限制；重要的是你怎樣好好參禪，就在不苦不樂的狀態中參究「無名相法」究竟何在。而且平常修行要你修定，要把定力修起來，同時要把五蓋伏除，要多聞熏習正知正見，將來到禪三道場時可以用得著，不要你一味的受苦。

所以「尼犍子論」就是「邪際」，都是邪思惟產生的錯誤見解，但不淨說法者就受到這個影響；所以我們將來如果有了正覺寺，也不會規定你們每天要怎麼樣幹活、一直作，不會這樣要求；出坡的工作可以留給大家來種福田，為什麼常住要在那邊作得半死半活的，沒有那個必要吧？反而應該留給同修們當作福田來種，多作一些，福德漸漸圓滿了，證悟的因緣就成熟了；至於常住菩薩們，可以在法上用功以及照看寺院的各項寺務。如果堂頭和尚沒有正知正見的教授，單要出家弟子們一天到晚在那邊幹活，自苦其身的結果是成爲一個愚癡的出家人，如何回報施主的信施？所以「不淨說法者」被外道論滲透了，自己還沒有警覺，因此他們受持了離繫外道的邪論，就堅持著那一件事情永不捨棄。

所以有的寺院過午不食，不管寺裡的出家人是否大家都受得了；後來他們過午不食的堅持，到最後依舊受不了，終於還是開放；所以到了黃昏六點鐘時還是得吃晚餐，但是吃晚餐呼喚同修們「大家來吃晚餐了」，行不行？不行啊！因爲鬼神會說：「你們有晚餐吃，爲什麼沒布施給我們？」所以就騙鬼神：「藥石了，藥石了！」說是要進藥石，進藥石就是吃藥。可是出家人騙鬼神好不好？（大眾笑…）有時想想，這道理眞的不通；這是犯菩薩十重戒裡的哪一個？（大眾答：妄語。）對了！可是每天妄語騙鬼神，眞沒道理。所以寺院也不必堅持說「我們要怎麼樣受持苦行」等。

聲聞人想要出三界生死，怕對飲食生貪，也因爲僧眾多時，托缽不易，怕引生護法居士們厭惡，因此過午不食；但菩薩們是否過午不食並不重要，重要的是你對飲食無貪，粗茶淡飯都過得去，這樣就好，把道器照顧好來爲眾生作更多的事情，別爲了一個表相說：「你看！我是過午不食的。」然後把胃給弄壞了，一天到晚沒力氣爲眾生作事，那樣子博得一個過午不食的美名，於道何益？這就是說，他很堅持那個過午不食，但那只是博得一個虛名而已，徒然讓人家恭敬，於道無益。何不晚餐隨隨便便吃一下把肚子給塡飽有力氣辦道，然後來爲眾生作事；該教導的教導，該爲眾生作什麼就去作。把道器照顧好，有力氣、有健康的身體可以爲眾生作事，這才是重要的事。

又例如有人堅持不倒單。不倒單應該是人家禪定修得好，因此他可以這麼一坐五、六個鐘頭就過去了；然後到了中午，睡一覺就放身好好睡一覺，晚上都沒有人來吵時正好入定，不倒單的原理在這裡。結果有些道場都跟人家宣稱他們不倒單，臥房裡都沒有床，但是有個大椅子就坐在那邊打瞌睡；其實那要叫作心倒身不倒，那只是個表相，不是眞正的不倒單。所以對那些表相，不管是哪一件事，他堅持不捨時就是「邪見」。譬如出家了信徒很多，信徒常常會供養僧衣或其他物品，他好好的僧衣不穿，故意挖洞再作補丁就這樣來穿，這其實也是邪見。

如果是一個人在深山茅棚裡修行，迴無人煙，沒有人會來供養，那麼穿到舊了，自己把補丁補一補後就繼續穿，那是大眾應該欽佩的修行人。可是如果一件好好的衣服，那布料也算是非常好的，卻故意把它剪個洞然後再來補丁，這是錯誤的知見。可是他們往往會堅持某一件事情終生不捨，這就成為如來講的：「若執一事堅持不捨，」他們的目的是為了什麼？就是「貪貴世利」，就是為了讓人家佩服，讓人家一看就想：「欸！這個人眞是清淨的修行人！」然後就佩服他，佩服的結果是名聞與利養源源而來，這就是他們的目的；所以白天看來他們是那個模樣，可是到了安板以後，他們的生活卻是很豪奢的，你都想像不到。這就是他們堅持某一件苦行永不捨棄的原因，知道那個原因以後你就不會再欽佩他們了。

另外有一種比丘是「樂讀經書」，這時一定有人想：「樂讀經書是好事啊！為什麼說是壞事？」原因就在於他喜歡讀，讀得越多越好，可是不求正解，對經書中的眞實義都不想求證，根本不想求如實的勝解，只想要多聞而讓人敬佩。當他遇到有實證的人就問：「你讀過哪一部經？那一部經有說某一法你懂嗎？」如果人家懂，他就拿另外一部經出來問：「你讀過那一部嗎？」如果那實證者沒有讀過那幾部經，不就被他問倒了嗎？他就是「樂讀經書」，可是如果有個人實證後繼續進修而通達了，我告訴你，「樂讀經書」也沒用了；所以我剛出來弘法時，遇到個元覽居士，他讀的經論太多了，我卻沒讀幾部；我讀過的是什麼經？我講完的就是我讀過的。

所以《瑜伽師地論》我以前也沒讀過，但我現在快講完了，大概再三、五年就會講完，我講完時就是讀完了，就是這樣。人家說：「您不也是讀過《中論》嗎？」我說：「《中論》我只讀過其中的一首偈，以外的我也沒讀過，但是我可以為人講解。」所以這時那些「樂讀經書」的人遇到我也沒轍。所以元覽居士讀的經論非常多，遇到我就沒轍了；那位黃墩岩以及自在居士等人，他們說大乘精舍整個壁櫥五千多冊佛書他們都讀過了，但是遇到我時也沒轍，這就是「樂讀經書」而不肯求證者的下場。

假使世間只有個釋印順跟他的門徒，沒有蕭平實出世，他們是可以猖狂很久的，因為他們「樂讀經書」而讀很多，可以拿來籠罩人，可遇到我就沒轍了。如來這裡的意思是說：單單「樂讀經書」並不是好事，應該要先實證，然後少而精；要從某一些法中先去求實證，實證以後才來旁通諸經。佛門老宿也有流傳一句話，叫作「一門深入」；應該要一門深入，那一門通了，其他門你就可以觸類旁通。我們正覺同修會教你先念佛，念佛門要一門深入而成就無相念佛的功夫，然後教你看話頭、修禪宗時，也都是一門深入、次第轉進；正當修這一門時，其他的你都別學；這樣一門深入而次第轉進、次第進修，等到你破參了，其他的法你就觸類旁通，這不是「樂讀經書」得來的。

經論我讀過的不多，最多就是十幾部吧？你要說論，我到底讀過哪一部？有的，例如《成唯識論》，因爲我講過一遍，所以我讀完了；沒講完以前就是還沒讀完。我總是今天預計講到哪裡，就讀到那裡，斷句就到那裡。《瑜伽師地論》也是這樣，《瑜伽師地論》有五巨冊，每一冊這麼厚，所以你們破參的人第一次來增上班上課時發給你們一箱；這麼一箱五巨冊，我從二〇〇三年講到現在是第四冊快要講完了，上週末剩下兩頁或三頁吧？下一週才開始要講第五冊，希望後面三年可以把它講完，我就開始重講《成唯識論》。目前預計三年後假使講完《根本論》，那《瑜伽師地論》我就讀完了，但我之前並沒有讀過。

我不是像一般法師們先讀了再來決定可不可以講，我不管它可不可以講，我決定要講時拿來就講了。我今晚準備要講到哪裡，我就先斷句到那裡，表示那裡我已經讀完了，因爲有用鉛筆斷句過，我就是讀完了。說到我讀完的論，就是一部《成唯識論》；還有什麼論呢？對了，《起信論》，以外好像就沒有讀過別的論。有的論我是一千多年前、將近兩千多年前讀過的，是因爲我寫完了，所以我讀過了；但是現在也忘光光了，我還想：哪一天有機會我要再把它拿出來講解，那內容跟我這一世講的幾乎是一模一樣的。拿來講時可以增長大家的正知正見，以及智慧可以增上，也是很棒的事。

我讀過的經典倒是比較多，因爲我講過的經典多，從《楞伽經》第一部開始，現在講《佛藏經》，接著要講《大法鼓經》。《大法鼓經》我讀完了，因爲我得要先斷句才能印製，斷完時我就讀完了，所以我讀的其實不多。但他們讀過五千多冊佛書，遇到我也沒轍。那時我對這些經典都還沒有讀完，我講過的十幾部經典那時還沒讀完，倒是四大部《阿含經》，我全都讀過了，這一點我承認；所以我讀經還算讀得多，四大部《阿含經》有兩千多部，我全都讀過了，因爲我全部都斷句過了。

所以「樂讀經書」不是好事，應該說「樂讀經書」只能作爲實證之前的一個過程，這也是必要的；但若只想讀而不想求證，那就不是好事。所以到後面末法時代，他們為了要顯示精通經論，所以喜歡讀經，認為經典讀得越多越好；也認為祖師寫的那一些著作讀得越多越好，表示他們的學識非常淵博。就是學識淵博，他們要顯示這個。因此，以前佛教界剛出現第一個博士時，大家都好尊重。可是佛法大學讀來的碩士、佛法的博士，遠遠及不上我們增上班中剛剛破參的同修們。

所以我們臺中講堂有一對姊妹同修，他們以前讀佛學院的同學們，有時打電話來找她們，聽到老菩薩—就是那兩位同修的媽媽—的聲音，就不敢講話，直接掛掉。老菩薩認不了幾個字，但因為她破參了，就會跟她們論法，她們想：「我們是佛學院畢業的，那老菩薩斗大的字認不了幾個，沒想到我們佛法說不贏她。」所以聽到接電話者是老菩薩的聲音就掛掉，那麼這樣看來「樂讀經書」是沒有用的。如果有用，我也來開佛學院；可是我不開的，因為沒用，不如禪三多辦幾回。所以到末法時代不想求解、不想求證經典中的眞實義而只是樂讀，那是不對的。但如來說這一種人都會「樂讀經書」，他們晚上也會不倒單，或者過午不食……等，「樂讀經書」往往是其中的一項而已。「樂讀經書」的結果最多就是依文解義，普遍的現象是誤會經典中的眞義，釋印順和他的門徒們正是如此，後山那個比丘尼也是如此，否則她就不敢自認爲是「宇宙大覺者」。

這樣的人不求勝解，所以「**不能通曉諸法實相**」；「**不能通曉諸法實相**」時，他們一定會落在識陰的境界中。諸位可以去檢查看看，不但臺灣，包括大陸也包括南洋都算進來，有哪個不是落到識陰裡去的？這樣的人而說他們能信受「**無名相法**」，沒這個道理！所以他們都在有相有爲的事相上面用心。廣收供養時如果人家供養的金額小，他們總是不屑一顧的，那個施主再怎麼樣服侍他們都沒用，因爲他們愛的是錢財，落在世間法中。錢財可以拿來作什麼？可以拿來營造名聲的；佛教界有幾個是像我們這種幹傻事的？沒地方找啦！所以末法時代「**破戒比丘、增上慢比丘**」比比皆是，這句「**比丘**」當然包含比丘尼在內，要不然哪來後山那個「宇宙大覺者」；她們是同樣的一類人。這一些人都不可能信受無相法，更不可能實證無相法，當然絕對不可能通達無相法；無相法就是實相。接著 如來又開示說：

經文：【「舍利弗！若有比丘耆年有德，比丘中龍，有深智慧，是人能信

無所有自相空法，無我無人法。何以故？是人不樂眾鬧雜語，不樂讀經、睡眠、多事。不爲白衣營執事務，不爲使命持送文書，不行醫術、不讀醫方，不爲販賣；不樂論說世間語言，但樂欲說出世間語。是人能信一切法空，於一切法不起不壞，是人則能證眞實際，則能如實正師子吼，非野干吼。舍利弗！若有比丘著外經義，是人爲捨微妙佛法，誦持外道語言，爲大眾說，但作野干吼。舍利弗！如是惡人名爲朽壞沙門，何以故？是外道義非佛法故。舍利弗！著外道法比丘，不應自稱是佛弟子，何以故？沙門釋子不說尼犍子語，於大眾中但說佛語。舍利弗！若人著不淨語，欲作師子吼，但作野干鳴，是人不能解佛法第一義。」】

語譯：【世尊又開示說：「舍利弗！如果有比丘年歲已長而有德行，那就是比丘中之龍，他有深厚的智慧，這樣的人能信受無所有法、自相空法，他心中沒有我、沒有人、也沒有法。爲什麼呢？這樣的人不愛樂在大眾之中喧鬧地訴說種種雜亂之語，不樂於誦經、睡眠以及很多的事情。他不爲世俗人經營執持各種事務，也不會爲世俗人作爲使者去達成任務或持送文書等，他也不會用醫術或者醫方來謀取道糧，也不會造作販賣營生的事情；他不樂於論說世間法中的各種語言，只愛樂爲大眾宣說出世間法的語言。這樣的人能信受一切法空，對於一切法不起也不壞，這樣的人就能實證眞實的本際，就能如實而正確地作出師子吼，而不是像野狐在那邊吼叫一樣。舍利弗！如果有比丘執著於外道的經法和議論，這樣的人就是捨棄了微妙的佛法，讀誦受持外道的語言，來爲大眾演說，所說出來的就只是作野狐的吼叫一般。舍利弗！像這樣的惡人我說他們是已經朽壞的出家人，爲什麼這樣說呢？是因爲那一些外道的義理並不是佛法的緣故。舍利弗！執著外道法的比丘們，不應該自稱是佛弟子，這是爲什麼呢？修行出世間法的釋迦如來子弟，不說離繫外道的種種語言，在大眾之中只應當演說佛所說的各種語言。舍利弗！如果有人執著那些不清淨的語言，而想要作師子吼的話，當他嘶吼出來時就只能是狐狸的鳴聲，這樣的人不可能勝解佛法的第一義諦。」】

講義：如來又說：「如果有比丘雖然年紀稍長，但是他有德行，就是比丘中龍。」「耆年」是有一些年紀了，因爲有實證的人大多經過幾年的努力修行，年紀稍微大了一些。有德行是要怎麼解釋的？至少得要有基本的定力，降伏了五蓋才能叫作有德行；如果沒有基本定力，心地一定非常浮躁，動不動就發怒，常常像小孩子一般輕笑起來，那不是有德行的人。如果再要說好一點，他至少得要斷了三縛結，而且有未到地定相應，就是有實證上的德行了；假使他斷了三縛結之後，還能進而證眞如，在證眞如之後轉依不退，所以有實相智慧，這顯示他更有德行；如果他在眞見道之後能進入相見道位繼續努力修學，那就更有德行了，像這樣具有三類實證的比丘都可以說是「**比丘中龍**」。只要有實證了，在末法時代就算是「**比丘中龍**」，因爲不同於凡俗比丘。今天只能講到這裡。

《佛藏經》我們上週講到七十五頁倒數第二行，最後一句是說：「**若有比丘耆年有德，比丘中龍。**」正好講到「**比丘中龍**」，比丘中的龍，這顯示這位比丘和一般的比丘不同，所以稱之爲龍。就像永嘉的〈證道歌〉講「**龍象蹴踏潤無邊**」；龍與象不論用前腳後腳來踏，或者說連踏都不用，用腳這麼一蹴，威力都很大。就好像一隻小螞蟻，你用手指輕輕把牠撥一下，對牠來講那動作都是太大。龍象有很大的威力，這麼一蹴；還不說一踏，一踏就踩扁了；這麼一蹴爲什麼會「**潤無邊**」？這一定有道理。一蹴一踏若不是重傷就是死掉，怎麼會潤無邊？永嘉大師這個說法還眞有點奇怪，但事實必然如此。

當你實證以後自己認為並不怎麼樣，所以一個法、一句話講了出去，對凡夫眾生而言那都是「蹴」，而且是龍或者象的蹴，甚至是踏，這一蹴一踏威力是那麼大。那到底會死掉什麼？死掉什麼以後又應當會有什麼活過來，諸位是應該要理解到這一點。如果懂了就一定說：「**死掉那個五陰的假我，活過來的是法身慧命。**」既然如此，當然龍或象的蹴踏一定「**潤無邊**」。因為在世間的比丘中難得有人能蹴能踏，不管怎麼蹴怎麼踏，凡夫眾生終究死不了，法身慧命始終活不過來；但龍象的蹴踏就不同，所以五陰假我一定死掉，法身慧命必然活轉，永嘉大師才敢誇大口說：「**龍象蹴踏潤無邊。**」因為滋潤了眾生的法身慧命。

這位比丘就像是這樣，上了年紀所以叫作耆年，而又有德，也就是說他有三乘菩提的實證；有德在身一定先有功，功是自受用，德是他受用，就是他自己的功德作用可以使出來讓別的有情受用。可是有時「**比丘中龍**」不一定耆年，假使我這一世學校畢業就出家，五、六年後我證悟出來弘法，沒有在世間法打滾過幾十年，那時可不叫作「**耆年有德**」，可能要叫作年少有德。

但是年少而有德不一定讓人服氣，「耆年有德」就容易使人心生恭敬。世尊說「耆年有德」的比丘是出家眾中之龍，表示他有三乘菩提的實證，所以有深智慧；這還不是淺的智慧，聞思修慧都不算數，即使實證了都還有深有淺之別，差別很大，並不是實證之後大家都一樣。

那麼這位「比丘中龍，有深智慧」，他能全然地信受「無所有自相空」的法。一般學佛人都以為學佛就是要得到很多，獲得更多更多的法，而這些法可以使他在世間法中產生很大的作用，所以實際上他們不太相信「無所有自相空法」；即使追隨善知識修學之後，聽聞到「無所有自相空法」，他們心中想著的其實依舊是「有所有自相不空法」。不說一般人，你看北傳中國佛教、南傳那幾國的南洋佛教，不也都是這樣嗎？打從五世紀覺音論師寫了《清淨道論》流傳下來到如今，南洋多數所謂佛教僧人或者居士，都依覺音這部《清淨道論》在修行，但這部論中的法全都落在有之中，不外於五陰的範圍，他們南傳佛法又怎能斷我見、證初果呢？

這五陰修得再怎麼清淨，終究還是五陰啊！再怎麼清淨的五陰，依舊不離我見，寶惜這個清淨的五陰就是執著於五陰我，正是我見；五世紀以來的南傳佛法就是這樣，要談到解脫道的深智慧就別提了。也許諸位想：「來到正覺斷我見，三縛結斷除後，接著又證悟明心了，這可算是深智慧了吧？」其實不然，因爲就算是證悟明心，即使咱們現在禪三的勘驗標準那麼高，學到那麼微細的法，回到家裡來讀《公案拈提》仍然還是有些不懂的；至於深妙的法，那可就怎麼想都想不通了，所以證悟以後仍然不是「深智慧」。有好多人證悟以後到了增上班，前三個月都學得很辛苦，因爲還有很多聽不懂的，等到學過三、五年終於懂了很多、很多，自己卻不覺得怎麼樣，可是遇到十年前一起學佛的人，大家都說：「你智慧這麼深妙，爲什麼我都聽不懂？是怎麼學來的？」這才覺得自己是有「深智慧」了。

這表示智慧的深與淺差異非常大，能到達實證的階段時，這智慧已經不簡單了，但要談到「深智慧」還是不容易的。那麼，「有深智慧」的「比丘中能」，如來說他「能信無所有自相空法」，這個信就已經不是迷信、仰信、正信的階段，也不是在聞思修的階段，而是實證之後又進修了一個階段，才能產生很深入的勝解；因這個很深入的勝解，然後才有了非常深厚的證信，是經由實證後進修的深刻廣大勝解來產生的信，那他對於「無所有自相空法」

是絕對信受的。

那我們剛才說北傳中國佛教、南傳佛教的法，口中說的是「無所有自相空法」，實際上都落在「有所有自相不空」之中。怎麼說呢？例如他們自認爲已證涅槃，然而他們所謂的涅槃是意識這個覺知心的境界，是將來死後常住不斷而一念不生的境界；但這樣的意識只是人間之有，還及不上色界、無色界之有。這是欲界人間的有，表示他們修證的是有所得法，就是生滅法。當意識存在時就算不接觸五塵，住在定境法塵中也還是有定境法塵被意識領受，這意識只是定境中的有，不離定境中的法塵。他們所謂的離念靈知定境，不過就是欲界定中的法塵，也還是人間欲界中的有，還不是「無所有法」；所以他們自認爲證得涅槃了，其實還沒有斷我見，因爲還認定人間境界中的粗意識是眞實法。當他們認定意識的自我是眞實的，就必然與六塵相應，不是眞的「無所有法」。

那麼當他們認定意識是常住法時，人間的意識想要常住就必須有五色根、意根以及六塵作爲所依，那就十八界都具足了，全都是生滅法；饒他定力很好進入很深的未到地定中不觸五塵，五識俱滅，也還是要依於意根以及定境法塵，連同他的意識我存在，才能自認爲是涅槃。但是那樣的涅槃不正是人間之有嗎？假使給他修得非想非非想定，也還是無色界有，仍然有自相，不是「**自相空**」；所以他們的五蘊我必須存在，不是證得「**自相空**」，而是自相有；所以口中說的是「**無所有自相空法**」，實際上的落處以及他的知見卻是有諸法而自相不空。四百年來南北傳佛教莫不如是，除了西藏的覺囊派以外。

所以他們誤會了佛法，這時可就有我、有人、有法了，不是 如來所說這位「**比丘中龍**」的「**無我無人法**」。當你們斷了我見又證悟明心之後，再來看心眞如的境界中沒有五蘊我，也沒有一切有情，更沒有一法存在，這才眞是「**無我無人法**」。可是時屆末法，自認爲解脫、自認爲證悟之後，他們說出來的法和他們所住的境界都是有我、有人法。但這其實都是正常的，否則怎麼稱之爲末法時代？

那麼想要像這位「**比丘中龍**」一樣「**有深智慧**」，能依深廣的勝解而信「**無所有自相空法**」和「**無我無人法**」，這一定也有他的前提；也就是說他必須先有一段時間的修行，在這修行的過程之中，他對世間法、世間相以及學佛的表相必定開始遠離，到了能遠離之後才可能進入實證的階段，所以如來說：「何以故？是人不樂眾鬧雜語，不樂讀經、睡眠、多事。不為白衣營執事務，不為使命持送文書，不行醫術、不讀醫方，不為販賣；不樂論說世間語言，但樂欲說出世間語。」這就是他實證之前所應該有的現象。換句話說，他在實證之前先要修正身口意行，把身口意都修行改正了，然後才能實證；實證之後再經過進修，才可以「有深智慧」，才算是「比丘中龍」。

如此瞭解以後，諸位也許看見會外別的道場，其中有些信徒非常努力精進，但始終都無法實證；我相信諸位都有觀察到，那些人就像佛講的「是人不樂眾鬧雜語，不樂讀經、睡眠、多事」。大眾群聚在那邊泡茶、吃水果、聊天，他沒興趣；有的人喜愛課誦他也沒興趣，不作課誦，他努力在研究經中的義理。懈怠的人沒事睡個午覺，晚上安板才剛剛敲完，他早已就寢完畢了，白天東摸摸西摸摸、東市西市玩個沒了；但是他不同，沒事要作的時候就安靜下來，靜下心來思惟法義，不然就是靜坐讓心整個沉靜下來，好好把定力鍛鍊起來。諸位往往看見會外有這樣的人，很努力很用功修行，而你會為他們很惋惜，但這是一個必經的過程。這過程可能再修一世、兩世，可能他還要這樣修上一劫、兩劫都不一定；他必須要經歷這個過程，等他把這個過程經歷完了，應該修的修完了、應該完成的改變他也完成了，才會去思惟：「爲什麼我這樣努力精進還不能實證呢？」他才會想到這一點。

如果這一些改變心性的工作他都還沒有作完，即使他已作到九十九分，都還要繼續作。要作到滿分了才想到這一點：「爲什麼我這樣努力精進還是無法實證？」之後假使有正覺住世，他就會打電話來問，然後才會進入實證的正法中來。所以比諸位晚進正覺的人都有他們的原因，當然，如果你覺得他這部分的修行應該滿分了，也許你遞上一本正覺的書給他，他讀了當晚就會跑來報名；如果他修得還不夠，那他就會繼續在原來的修行方法上努力，也就是繼續在修行的表相上努力。所以有的在家人你看他很精進，每天一大早比照寺院的規矩四點半起板，五點一定到佛前課誦，他確實是很精進的，白天他也會努力研讀經典，但始終就是沒有辦法契會，這都是有原因的，就是這一些過程還沒有完成。

剛剛講的是已經接近實證的人，假使等而下之，那就是下面這一段話，是把它顚倒過來：樂爲白衣營執事務，樂爲使命持送文書，專行醫術、研讀醫方，樂爲販賣。並且是：樂於論說世間語言，樂欲宣說世間諸法。這就是等而下之。所以想要成爲剛才所講的「耆年有德」之前先要懂得自處，就是如來說的：「不爲白衣營執事務，」不會去爲世俗人經營事業，或者爲世俗人執行各種事務。出家人本來就不應該爲世間人經營事務，出家人是專業修行者。信眾布施供養他出家的生活，不是爲了供養讓他去作生意、作世間事；而是要他專心修行，有所實證以後可以回饋信眾的信施，這才是重要的事。

所以出家之人在努力精進修行之前，先應該有的就是「不爲白衣營執事務」；還有一項必然會跟著作的事情：「不爲使命持送文書，」接受某一個任務而去爲世俗人送達文件、想要達到某種目的，那是應該給世俗人作的事，不應該比丘去作，因爲這裡還牽涉到造因、造業的問題。使命文書通常是指國與國之間或者城市與城市之間，他們的首長互相有交易等事情，才需要有那一些文書，才需要有使者來親自送達；那他送達時也要附帶解說，全都是造業。政治人物之間有文書互相送達，哪一封文書不是業？諸位想想看，這都是政治利害關係的交易，出家人不能涉入這個部分。

另外一種狀況你們也會看見的：有一些出家人遂行醫術，研讀醫方，他專門爲別人看病。有很多人遇見這情況：有時上了寺院禮拜供養之後，師父說：「來來來，我看你面色有一點不對，坐下來，手伸出來！」他就爲你把脈，也許他很精通，也許他只是稍通表相，不一定。醫術，以中國的醫術來講，主要是兩個部分：第一是把脈斷症；之後就是處方。有的人把脈斷症很行，但是處方不行；有的人處方很行，可是把脈斷症不太正確，所以良醫不容易遇到。

關於把脈牽涉的就有很多了，單說表相，所謂寸脈、關脈、尺脈，寸脈、關脈之外還有細脈，或者叫作餘脈；那些代表著什麼病，它們的強與弱、是洪大還是遲緩，甚至有人說還有弦脈，脈細如弦；而且左右手的斷症的部位又不太一樣，例如細脈或叫作餘脈，所顯現的部位就不一樣，這裡面學問可深了。可是就算你醫術很好，但是處方不一定對；假使處方很行，但是斷脈錯了，也會造成大患。所以處方雖然很利，但斷症若是錯了後果就嚴重了。所以醫術好的人必須要研讀各種處方，對每一味藥物的君臣佐使、寒燥溫涼等藥性都得弄清楚，眞的不容易。

如果出家人專精於醫術也精通處方，不以之作爲攝受信眾的工具倒是好的，例如某位弟子很有菩薩性，這弟子將來證悟後必然有利於廣大的佛弟子眾，那就私下為他斷症處方，讓他住世久一點，對學人更有利，對佛教的住世也更有利，那倒也無妨；但不能以此作為攝受眾生的經常性工具，就是說應該是以佛法來攝受眾生。也就是說佛法中有開有遮，開遮之間必須把握得很好。如果出家人三乘菩提俱無實證那倒也罷了，偏偏又無所用心，一天到晚專精於醫術處方，都在這上面用心，那是不對的，失去了出家的本意。若是一天到晚都在為信眾看病，名聲廣傳之後信眾還會帶世俗人來，都說：「**我們師父醫術好厲害！**」於是帶了世俗人來，世俗人來時會把他當作醫生看待，不是把他當作師父來看；所以依照世俗看病的規矩，看一次該多少錢他就付多少錢，差別只是加個紅包袋子，但這不是比丘之所應為。

比丘並且不只應該「**不行醫術**」，而且「**不為販賣**」，不可以作販賣的事。可是你們看現在新竹鳳山寺，他們經營里仁商店、經營世俗事業，臺灣各鄉鎮大部分都有，聽說在臺灣就有六、七十家，去大陸開的更多，有幾百家了。聽說他們還開了一家好像叫作「**悅意坊**」或什麼名字，也是作生意的。那麼諸位想：「**哇！出家人這樣作，那怎麼行？**」真的不行嗎？諸位再想想看，後山那個「宇宙大覺者」她有上百家公司呢！這就是「販賣」啊！這是非常嚴重的犯戒行爲。商場上逐什一之利，是正當的商人行爲；賣十塊錢賺一塊錢，正當合法；如果五塊錢的成本賣十塊錢，那就是暴利；如果是新發明有專利，專利期間該他賺錢沒話講，如果發明一個東西出來，本錢一塊錢賣一百塊錢，即使有專利也還算是暴利，應當這樣看。那麼出家人本來就不應該經商，他作買賣就不對了。

如果想要精進修行之前，這些棄捨世俗法的過程是先要經過的，那他們會顯示出來一個現象就是：「不樂論說世間語言，但樂欲說出世間語。」所以在精進修行之前，他的心行先有這樣的現象出現：某一種人去找他，他不歡迎；另一種人去找他，他又很歡迎。差別在哪裡？因爲一個專要談世間法，另一個人專要跟他論佛法，不談世間法，那他就喜歡。所以學佛之後，以前世間法中的酒肉朋友都遠離了；以前常常在一起閒來沒事喝兩杯，上幾個小菜就哈拉半天，然後很歡喜回家。可是如果聽說某位朋友很精進學佛，可是他其實一天到晚在喝酒，那你想想看：他到底是說眞話還是說謊？對啊！但他爲什麼喜歡找朋友喝兩杯，叫幾碟小菜在那邊度過一個晚上？就是「樂論說世間語言」，沒事閒聊。

假使一心想要求法時，就不會「樂論說世間語言」了。如果再有誰找你說：「今晚我請客，咱們來幾碟小菜，喝兩杯小酒吧！」你一定敬謝不敏，你說：「我現在沒時間了，現在要努力學法了。」一次邀約，你拒絕了；兩次邀約你也拒絕，就不會有第三次邀請了，酒肉朋友自然遠離。這就是你們來正覺學法的悲哀吧？不會喔？不會悲哀！所以進入正覺學法以後時間不夠用，當然幾次婉拒之後人家再也不邀請你了，於是那些喝酒吃肉的朋友都不來了，倒是多了一大群同修道友，開口閉口一定是佛法，那你就不會樂說世間法了。

可是如果有人證悟之後，繼續抽菸喝酒，或者吃檳榔、翹起二郎腿還抖著抖著，竟說他已經證悟了；或許他有證悟吧？可是一定沒有轉依成功，就不是眞正的證悟者。這類人通常不會是證悟者，如果轉依成功的話才算是眞正的證悟；不是知道如來藏的密意便叫作證悟，得要轉依如來藏，凡有所說但有所行，都依如來藏爲中心而說而作，這樣才叫作眞正的證悟；而不是知道如來藏在哪裡，知道那個密意就叫證悟，佛法中沒這樣的證悟。所以假使哪一天我背後開方便門不斷地收紅包，你就知道這蕭老師一定沒有開悟，不然就是轉依失敗，應作如是觀。

所以證悟與否必須有他的實質，也就是說他的見地到不到，見地如果到位了還要看他轉依有沒有成功；假使轉依沒有成功，他的所知就不叫作見地，只能說是知見。說得頭頭是道，都符合經論也沒用。這才是眞正深智慧的人所應當顯現於外的一個現象，就是不愛樂世間法，而這個現象是從他轉依的實質而來，所以這有階段性，後面說的不愛樂世間法的階段，就是前面證悟轉依那個階段的基礎。所以當一個人有了這一些修行的過程，這些過程完成了，從此以後「不樂眾鬧雜語」，「不樂讀經、睡眠、多事」，他很精進在修行，那你就知道他這一世縱使沒有機會悟入，未來世也不必多世，可能兩世、三世就悟入了，因爲他把前面的基礎完成了。

假使看見以前別的道場的同修很努力精進修行，那你送他一本《心經密意》或者《邪見與佛法》或者《念佛三昧修學次第》，他竟然還沒想要進正覺來，那你就清楚他的時節因緣了，可以心裡告訴自己說：「他在證悟之前應當修學的過程還沒有完成，我再等幾年看他吧；也許五年、也許十年後，再送另一本書去。」幾年後送書去給他時，也許他猛然想起來：「以前還有送我另一本書。」於是你離開以後，他連夜把兩本、三本書都讀完了，也會看到我們的修學內容與次第，再讀到菩薩五十二個階位以及解脫道的配置，有了正確的觀念；也許他這時後腦勺一拍，拍得很響亮：「唉呀！我這麼笨！以前都沒有好好讀，現在才懂得什麼叫佛法。」於是隔天一早你都還沒有起床他就來電了，把你從床上挖了起來說他要報名；你就知道他這個部分的修行算是完成了。

只要證悟的因緣還差百分之零點一，進正覺來再好好磨磨他；所以進了正覺週二聽經，然後還有另一天晚上要來正覺上課，接著努力拜佛作功夫；上過一年課要開始作義工了，他也忙得不亦樂乎！到那時你就知道這個人就像 佛說的：「不樂眾鬧雜語」，「不樂讀經、睡眠、多事」，再要叫他繼續課誦經文時，他再也不課誦了，拿起經典就是在那邊思惟。所以這都有個不同的過程；這時他經由努力思惟參究之後，從仰信以及聞思修慧，讓他生起了很大的信心，對於「一切法空」全然信受了。信受之後對於善知識或者經論所說的「於一切法不起不壞」也能接受，他讀懂、聽懂了，就差個實證。

在咱們正覺弘法之前，所有道場都在講緣起性空是吧？你們聽來聽去都這樣，講來講去就是四聖諦、八正道、十二因緣，說一切佛法就只是如此，佛法就是這樣，沒有別的了。何曾聽過眞如、阿賴耶識？從來不曾聽聞。假使要談起「於一切法不起不壞」，乾脆誹謗說那是外道講的，因爲他們的認知是一切法有生有滅、緣起性空。可他們不懂的是：在二乘菩提中說一切法緣起性空，那是針對現象界諸法來講的。什麼是現象界？就是三界中法；五陰十八界，全都是三界中法。可是大乘菩提中般若所說的是實相法界之事，實相法界講的是第八識如來藏的事，眞實而如如；以這個眞如含攝一切法，一切法都在眞如中生滅不斷：生也在眞如中生，滅也在眞如中滅，不外於眞如，不等於眞如；而眞如永遠不生不滅，所以眞如中一切法的起滅就等於沒有起、沒有滅，所以說「一切法不起不壞」。

假使一切法起了就壞，請問你還能有一切法嗎？譬如說，一臺最新的個人電腦，它的功能夠偉大了；電腦中有許許多多程式，每一個程式一現起使用後，到了晚上你就關機，那些程式等於是壞了；那程式能維持多久？不必多久，通常是一天時間。可是電腦依舊存在，明天開機了，那些程式又重新出生而可以使用了，相對於程式而言，顯然電腦是常住的。同理，有情的如來藏含藏一切法，從無始劫以來，來到現在沒有減少過；因爲在如來藏中生起以後，生住異滅之後看來有壞，但種子還是留在如來藏中，因緣際會時它又生起來；當因緣過去了，看起來它滅失了，其實又落謝而成爲種子，又存在如來藏中。所以從如來藏來看時，其實一切法都沒有起壞；表相上有起有壞，實際上沒有起沒有壞。

但證悟之前很多人都沒有辦法信受這一點，聽了就覺得：「這跟佛在《阿含經》中講的好像不一樣；佛說一切法緣起性空，你現在爲什麼講『一切法不起不壞』，這好像是跟如來打對臺戲，你是不是外道？」一頂帽子就扣給你了！這是以前常常看見的現象，咱家出來弘法早年也被人罵是外道，而且罵我外道的大部分是大山頭的大法師們；可是他們現在不罵了，因爲讀我的書也有二十來年，終於知道原來這才是佛法。

他們大山頭都設有研究小組，專門研究正覺的書，我們現在已經證實了。那他們研究小組一定會分配工作，這個部分給你查證，那個部分我來查證，得要查證經論，看蕭平實講的是不是有曲解經論的意旨。結果查了以後發覺沒有曲解，所以二十年後知道說：「原來蕭平實講的才對！」當然後面十年他們開始轉型經營觀光事業一類的，不談佛法了，雖然不是眞正的好事，但總比抵制正法好。因爲當他們確定正覺弘揚的法，是究竟、了義的正法時，他們一定要作衡量：抵制的結果、誹謗的結果是造作了什麼業。自己心知肚明，當然趕快就終止了。

所以現在臺灣只剩下密宗假藏傳佛教喇嘛們在誹謗，甚至有的喇嘛都已經聲明我們正覺才是正法，他們也瞭解了；所以前些時候有喇嘛來拜訪，認定我們才是正法。可是大陸還差得遠呢，大陸現在的大法師們幾乎是全國聯合抵制正覺，因爲他們還不曉得什麼才是正法，還不曉得或者根本還沒思考到抵制正法未來世的果報，所以他們的抵制是現在進行式，後面要加上英文的「ing」。

這就是說，「於一切法不起不壞」，這是個很勝妙的法，因爲這是從實相法界來看待現象法界的一切法，才說「於一切法不起不壞」。但如果他們只信受二乘菩提，對這個法就不能信受，更別說是理解了。假使他慢心深重、性障深重，就會指責正覺是外道；但其實不是，這第八識如來藏才是了義究竟的佛法。如果能夠信 如來說的「於一切法不起不壞」，這個人不久就會證悟，所以 如來說：「是人則能證眞實際，」眞實的本際就是如來藏、就是眞如境界。我們剛開始弘法當然要選擇一個比較簡要、能使大眾快速生起智慧的法先傳、先講，所以我們一開始弘法時，就是直接幫助同修們證悟如來藏、眼見佛性，別的都不作；可是教學的過程中發覺大家想要實證很困難，對我來講這好像是順水推舟很輕鬆的事，可是傳授時很不容易，最後我只好暫停下來，先教大家作功夫。

所以往昔我在中信局講課時最多曾經到六十幾人，然後次第減少，最後剩下六個人。他們跟我反應：「老師！您講的這些我們都聽不懂。」我想：「喔！原來你們都沒有功夫。」他們以前參加禪坐會，學打坐很多年了，我把他們的定力高估了，那時只好停下來不講禪，因為講禪是越講大家聽得越慘，全都面無表情，人數一直減少到最後剩下六個人。其他兩個地方也是一樣，所以我開始講無相念佛；大家學會無相念佛以後，教大家把無相念佛之淨念轉為看話頭，於是大眾學會了，定力開始增長；風聲傳出去了，於是人數又增長回來，到最後坐不下，不斷增加椅子。你們看我弘法過程就是這樣，等到大家學會看話頭功夫了，再一個一個幫他們悟出來，後來要求得寫見道報告，然後我在書後附載出來。

剛開始附上見道報告時，佛教界還是半信半疑；應該說是九疑一信，或者一信九疑。所以那時也有人罵：「什麼證眞如，什麼證如來藏，那是自性見外道。」當時六識論的印順系統僧團罵我們是外道神我，於是我們漸漸把一些書寫出來，剛開始時一年一本《公案拈提》，然後唯識學辨正的書籍、辨正密宗假藏傳佛教非佛法的書籍。其中最重要的一本、很嗆辣的書，叫作《邪見與佛法》；然後《宗通與說通》、《阿含正義》……等書漸漸印出來流通，佛教界才終於知道什麼叫作佛法：原來正覺這個法才是正法。但臺灣佛教界對正覺正確認知的轉捩點是什麼時候，就是二〇〇三年那一次法難，我們寫了好多書，有的同修告訴我說：「夠了！夠了！」我說：「還不夠！」一直到那本《燈影》出版時我說「夠了」，果然眞的就夠了！

從那時開始才有一個故事出現，只要有弟子跟師父請教說：「師父！我想求開悟，怎麼辦？」師父說：「你去正覺，別說是我講的。」這個故事到那時才跑出來。也就是說我們那時講的佛法層面夠廣，也夠深奧、夠深入，打從那時「一切法不起不壞」才開始被臺灣佛教界信受，但已經是正覺弘法將近二十年後他們才開始信受。假使不是有二〇〇三年法難的因緣出了那些書，他們也還是不太相信的。所以想要證得眞實際，也就是說想要實證一切諸法的本源、想要現觀一切諸法從哪裡來的，得要先信「於一切法不起不壞」這個正見。

有時我跟諸位講禪宗、講了脫生死，但古來到底有幾個禪師知道什麼叫作了脫生死？了脫生死講白了就是說：生從何處來、死往何處去。一般禪師的想法是說：「生，知道上一世從哪裡來；我死時，也知道下一世要生到哪裡去，這樣叫了脫生死。」其實不然，那只是表相，有第四禪與神通的人都辦得到。所以有時我跟諸位講：「生也從如來藏生，死也回到如來藏去，始終不離如來藏。」所以你這個五陰死了以後，還是回歸你的如來藏；然後來世再出生時，依舊是從你的如來藏出生，整整一世都活在自己的如來藏中；能如是現觀，才眞的叫作了生脫死。

如果想要知道前世從哪兒來，下一世要生到哪裡去，只要有世俗法神通就夠了；依那個標準，那外道也可以說是了脫生死了，那麼禪宗跟外道有何不同？所以了脫生死不是那個道理，而是要能現前觀察生是從何處生，不是往世姓甚名誰；要能現觀死後歸向哪裡，而不是來世要投生到哪裡去。當你能如實現觀時，就是你「證眞實際」的時候；當你證得如來藏時，就應該能現觀這一世是怎麼樣從如來藏中出生的，當然臨命終時你也知道死的過程應當是怎麼回事；到了中陰的境界，看到未來世父母就入胎去，無懼於生死，因爲你的現觀中實際上沒有生沒有死，生死只是一個表相罷了。這就是你證得「眞實際」之後應該要有的現觀。

當你有這個現觀以後，再加以思惟整理，再研讀經論，好好深入擴大你的智慧，讓你的智慧廣面與深度兩者皆具足，這時你就像 如來說的「則能如實正師子吼」。宗喀巴弘揚應成派中觀時，說他自己是「師子吼」破邪顯正；那麼今天他還在人間嗎？不可能的，他還沒回到人間來；不是我詛咒他，而是說事實他必然如此。因爲以佛法來講，因果律就是這樣；他認定五陰是眞實的，這是跟 如來打對臺，證明是個凡夫妄語；他所謂的「師子吼」是自以爲是，其實根本是在破壞佛法。

所以他的兩部最主要著作——兩部《廣論》，如今我們把它評論完了，顯示他所謂的師子吼正是野干鳴；我們評論之後，連達賴身爲密宗假藏傳佛教的法王，都不敢回應一個字兒，那他所率領的那些所謂的黑帽法王、紅帽法王……等還敢說話嗎？反而紅教出了個談錫永，很努力在講如來藏；對與錯暫且不論，我們還是要讚歎他，因爲依文解義即使錯了，都比反對如來藏好，而達賴也不敢對他吭聲。因爲如來藏第八識妙法，是現在佛教界的顯學。

所以我有一天吃飯時打開宗教電視臺一看，以前專門在講密宗假藏傳佛教的人，現在不穿密宗喇嘛們的服裝了，他也在講眞如，我心裡想：「好極了！」所以現在也有密宗假藏傳佛教的喇嘛跟進，同樣在講如來藏；就算他亂講，我也接受；我接受是接受這個現象，不是接受他講的內容。因爲這表示如來藏正義在臺灣已經風行草偃，難的是這股風要怎麼樣吹向大陸，現在眞的很難；因爲大陸弄個銅牆鐵壁在那邊，現在吹不進去，這才是我的苦惱；我沒有別的煩惱，就只有這個煩惱；還得要再想辦法，總得要想辦法，有一天一定要把大陸那些愚癡大法師們，藉官方單位的勢力建立的銅牆鐵壁吹倒。

但是「正師子吼」一定有它的實質，不是自己宣稱是「師子吼」就算數了。「師子吼」的內涵一定要再三再四經得起考驗，並且垂之於後世而不易。所以我有空閒時，偶爾把過去世寫的論從《大藏經》中翻出來讀上兩三段，也覺得很好；當然沒時間全部讀完，讀個兩三段，也發覺往世寫得不錯，跟我現在講的一樣。這表示什麼？表示它經得起考驗。假使過去世寫的論，這一世自己去把它推翻，就好像昨天晚上政論節目上名嘴說：前年的蔡英文打了現在的蔡英文巴掌。不就像這樣子？那能經得起考驗嗎？

假使你的所證眞的是實相，你再依著現觀實相而講出來的內容，不管那內容有多少或是多廣、多深入，永遠都不會改變的，因爲那是實相。而實相永遠不變易，才能在不變易中容許有無量百千萬的現象界諸法不斷生住異滅，那麼這樣子說法才能說是「師子吼」！一切邪見來到這樣的正見面前，都不得不冰消瓦解，那你依於實相的現觀而說出來的法就可以垂之久遠，不畏懼人家的挑戰或者論辯，這樣就是 如來說的：「如實正師子吼，非野干吼。」

如來接著開示說：「舍利弗！若有比丘著外經義，是人爲捨微妙佛法，誦持外道語言，爲大眾說，但作野干吼。」所以廣論團體日常法師講的那麼多、那麼久，有二、三十年了，他對《廣論》永遠都在講前半部；還不談《密宗道次第廣論》，光是《菩提道次第廣論》他永遠都只講前半部，後半部的止觀他不敢講解的。廣論團體的弘法者有個女性教師，當眾哭著說：《廣論》的後半部止觀她不敢講。為什麼她要當眾哭？因為她身為一個教師，應當從頭講到最後而全部講完，結果她不敢講，表示她知道《廣論》後半部的止觀講的就是雙身法，那她一個女眾當眾來講，好意思嗎？又有幾個人願意接受？如果她公開講，明知在造業；如果不講解，就是自認那止觀的內容是荒誕的；沒法子解決這問題，只能哭著表示弘揚《廣論》是錯誤的行為。

這表示兩部《廣論》全部都是「野干吼」，因為書中即使只是二乘菩提也都講錯了。例如世尊講的斷我見，是把五陰十八界一一現觀為生滅無我之法，才叫作斷我見。但宗喀巴不是，他另外建立一個五陰「我見」的名詞，解釋說執著有個我是有自性的，叫作我見，只要把「我見」這一些自性與名詞都否定了，就叫作斷我見，證初果。這正好是遍計所執性；是依於五陰自性、我見等依他起性上面，生起了遍計所執性，何曾斷我見？所以他所謂的「師子吼」其實就是「野干吼」。那宗喀巴如果可以說之為比丘、日常法師如果可以說之為比丘，正好落在　如來責備之數中；如來說「若有比丘著外經義」，他們正好是「著外經義」的比丘；他們執著外道法、外道經的那些義理，這些人就是捨棄了微妙的佛法——「是人爲捨微妙佛法，誦持外道語言，爲大眾說」。

那麼佛法爲什麼叫作「微妙」？當然有其道理。「微」就是細微而不容易看清楚，「妙」就是深妙，所以佛法不容易理解。在正覺弘法之前，臺灣佛教界都說：「佛法我都懂了。」只要學個一年半載就說他們全都懂了。事實上眞的如此，因爲各大山頭所講的佛法他們都懂了，因爲各大山頭講來講去同樣是五陰十八界的內容不講，只講苦、空、無我、無常，就只講四聖諦、八正道、十二因緣。那能讓他們講多久？兩、三個月全都講完了，就說全部的佛法就是這樣；下了這麼一個結論之後，信徒心裡當然想說：「那麼全部佛法我都懂了。」直到正覺出來講出這些佛法，大家就說：「正覺的法怎麼講個沒完沒了，要講到什麼時候？」到最後終於知道：原來佛法這麼微妙、這麼廣大！所以說佛法眞的「微妙」。

單單那二乘菩提，《阿含經》中已經具載分明，寫得很清楚。什麼叫作無餘涅槃，什麼叫作阿羅漢的證境，分明記載著，只是他們讀不懂。這二乘菩提就夠微妙了，所以比丘們經過一夜觀行之後成阿羅漢，早上不都來如來面前稟報自稱是阿羅漢嗎？他們是怎麼自稱的？他們都說：「我生已盡，梵行已立，所作已辦，不受後有。」有時候加上一句「知如眞」。這就已經把阿羅漢的證境講清楚了，可是佛教界全都不理會。「所作已辦」是說所有的觀行他已經完成了，「梵行已立」是說他已經離開欲界法；離開欲界法是什麼道理？就是發起初禪了，以初禪爲驗。那麼「我生已盡」講的是什麼？死後最多七次人天往返後就不再有中陰了；「不受後有」就是不會有未來世的五陰十八界了；那又怎麼會有未來世的意識繼續存在？這已經講得夠白了，可他們全都視而不見。

所以末法時代的大師們想的都是：「我證涅槃了，我死後就是這個覺知心一念不生，永遠不再受生。」但問題是覺知心一念不生能永遠存在嗎？不可能啊！覺知心到底是什麼心？意識喔？不只意識，還要加上前五識，才是一般人所知道的覺知心。即使他們說的離念靈知，也還六識具足，不外於識陰。這道理是很明白的，可是他們讀不懂。二乘菩提都讀不懂了，何況是實相般若乃至一切種智的聖教？無怪乎這些人捨棄了微妙的佛法，去「誦持外道語言」。如今兩岸佛教界不都是這樣嗎？所以都在流行讀《廣論》。臺灣現在《廣論》的信徒大幅度減少，是因爲我們努力破《廣論》，把《廣論》所有內容的本質告訴他們。以前《廣論》好風行，幾乎所有中學老師都在學《廣論》，現在教育部還有好多官員還在學《廣論》。你看他們連二乘菩提都沒辦法懂，所以《廣論》那個外道法他們才會喜歡；假使他們眞懂二乘菩提了，對《廣論》就不會接受，因爲它完全違背二乘菩提。

他們讀《廣論》的人很有趣，也是很悲哀的事，就是《廣論》的前半部讀完，後半部不讀，又從頭開始讀，永遠不讀後半部，他們的一生就這樣學習。因爲日常法師說：「在家人都是一壺永遠燒不開的水。」他所謂的燒開是什麼意思？就是會雙身法了，就算是燒開了；但他不傳給在家人雙身法，所以學《廣論》的在家人都是永遠燒不開的一壺水，眞悲哀！但是悲哀之際應該慶幸：「好在我沒有學《廣論》的止觀，頂多是被三士道誤導而已，還沒造下惡業。」要慶幸說：「好在我沒有學《廣論》的止觀。」因爲《廣論》的止觀是雙身法，學了以後自以爲成佛了，來世就不在人間了；所以說這是不幸中有大幸。

那麼他們就這樣一生都讀《廣論》的前半部，這就是「誦持外道語言」。比較惡劣的就是那些教授師為大眾演說《廣論》上半部的內容，自以為作「師子吼」，其實「但作野干吼」。所以在廣論團體中被指派為教授師，他們一生就是教《廣論》的前半部；學的人、教的人都是整整一生不斷增長他們的我見，會使他們對於五陰更加執著，將來要與二乘菩提相應就很難。所以他們學「師子吼」的結果「但作野干吼」。

如來接著就說：「舍利弗！如是惡人名為朽壞沙門，何以故？是外道義非佛法故。」所以日常法師正是個「惡人」，佛說這樣的人就是「惡人」。不是我罵他「惡人」，這是依 如來的定義說這樣的人叫作「惡人」。那麼釋印順是不是惡人？（大眾答：是！）是喔！對啊！印順法師《成佛之道》是怎麼寫的，他只是根據《菩提道次第廣論》前半部整理出來，寫成自己的書便叫作《成佛之道》，無怪乎他斷不了我見；所以他是臺灣第一個沒有斷我見的「如來」！對啊，他的傳記是《看見佛陀在人間》，他那部傳記的書名是他同意的，表示他自認為已經成佛了；那他依據什麼標準自認成佛？是依據《廣論》的前半部。他也知道《廣論》的後半部止觀講的是雙身法，那麼這樣的人叫作「惡人」——如來說他們那種出家人叫作「惡人」，又叫作「朽壞沙門」，說這樣的出家修行人已經朽壞了。朽壞就不能用了，要作棟、要作梁，一定不朽壞的才能用；如果著了白蟻，裡面蛀空了，就是朽壞而不能用。

那麼如來定義說：爲什麼這種人叫作「惡人」？爲什麼又叫作「朽壞沙門」？因爲那些都是外道的義理，不是佛法的緣故。所以我再三講：《廣論》前半部所講的那些佛法都在主張五陰常住，而它後半部的止觀是說雙身法的樂觸是常住的、永遠不壞的，說是永遠本有的。宗喀巴就是這麼糊塗！如今是說的人糊塗，學的人也跟著糊塗，而釋印順也跟著信受，相信五陰是常住的，所以他才會主張細意識是常住的。但那些都是「外道義」，都不是佛法。他們把「外道義」當作佛法來告訴佛弟子們，來教導佛弟子們隨從修學，那種人是誤導眾生走上邪路，當然要叫作惡人，世尊就說那樣的沙門是「朽壞沙門」！我現在想起來又要說：「糟了！這經文的講解將來整理出來流通出去，他們到底是要罵蕭平實、還是要罵如來？」對他們而言，這又是一個難題；對我卻不是難題，我儘管把它發行出去就是。

如來接著又說：「舍利弗！著外道法比丘，不應自稱是佛弟子，何以故？沙門釋子不說尼犍子語，於大眾中但說佛語。」如來又呼喚舍利弗說：「那些執著外道法的比丘們，不應該自稱是佛弟子，」這句話很嚴重！既然是這樣，諸位看釋印順以及他的門徒們可不可以自稱佛弟子？（大眾答：不可以！）眞的不可以；因爲 如來就是這樣講的，如來也把這個道理解釋出來，是因爲出家修行的 釋迦牟尼佛的弟子們不說那些離繫外道的言語，在大眾中純粹只說 佛所講的正法言語。

尼犍子上週解釋過了，叫作離繫外道或者叫作無繫外道，我們不再解釋。那些貪著外道法的比丘們自以爲離開繫縛、自以爲得解脫了，其實跟離繫外道講的解脫、離開繫縛都一樣，根本都還在三界諸法的繫縛中，特別是喇嘛教的行者全都在欲界法的繫縛中。如果是自稱佛弟子，所講的就應該是如來所說的言語，應該要轉述 如來的聖教，講出來自稱是 如來所說時，不應該是與 如來所說相違背。那些跟 如來所說相違背的言語都是離繫外道所說的，所以眞正的佛弟子只要有所說，都應該說 如來所開示的那些言語。換句話說，不管說什麼，都不可以違背 如來的聖教。

如來接著又說：「舍利弗！若人著不淨語，欲作師子吼，但作野干鳴，是人不能解佛法第一義。」所以如果有人執著外道的那些不清淨言語，他想要作「師子吼」時，吼出來的都只是野干鳴，這樣的人不可能勝解佛法「第一義」，乃至於連理解佛法「第一義」都作不到，所以不清淨語的定義到這裡就很分明了。什麼叫作「不淨語」？凡是所說自認爲是佛法的內涵卻違背了聖教，與如來的聖教相違背，那他所謂的佛法都叫作「不淨語」，就是貪著不淨語。不必說什麼綺語，只要違背如來的所說就是不淨；那麼這樣的人與佛法的「第一義」實證就絕緣了。因爲他在佛法中跟如來唱對臺戲，他等於跟如來競爭，而且還是否定如來、汙衊如來，他是謗佛。

那麼佛法說法應該這樣，結果他說法時解釋成應該那樣，說那樣就是如來所講的，那不是謗佛嗎？他所解釋的佛法並不是如來所說的，但他誣謗是如來講的，就是謗佛；所以謗法之語或違背聖教而說是如來說的，就是謗佛也是謗法。這種人沒有機會證悟「第一義」，他沒有機會勝解佛法「第一義」；他連理解都沒有，就別談勝解了。接下來如來又怎開示呢：

經文：【「舍利弗！我今明瞭告汝，若人具足持戒、禪定、智慧，不慳不貪，不染恚癡，不懷諂曲，有厭惡心；言必眞實，常樂獨處，不樂睡眠，樂空、無相、無願無生無滅行；生離欲心，求解佛法第一義；不好世語，樂出世語；盡持諸戒，一切惡事及惡知識悉皆遠離，住如是法，則能解空無所有法。何以故？舍利弗！是行名爲大人所行，非是貪樂利養所行，非是愚癡常人所行，非是敗壞沙門所行，非是糠糟沙門所行，非是假名沙門所行。舍利弗！諸法實相畢竟空寂，即是佛道；好世財利貪，說不淨法者，所不能及；舍利弗！是地名爲大智者地，非是貪樂外道者地，非說我見人見者地。」】

語譯：【世尊開示說：「舍利弗！我如今明白瞭解而告訴你，如果有人具足持戒、禪定、智慧，不慳也不貪，不染著瞋恚與愚癡，心中也不懷著諂曲，對世間法有厭惡之心；所說必定是眞實的，永遠都樂於獨處，不愛樂睡眠，他喜歡的是空、無相、無願這個無生無滅之行；出生了離欲之心，志求理解佛法第一義；不喜好世間的言語，愛樂出世間的言語；受持所有種種戒法，一切惡事以及惡知識全部都遠離，住在這樣的法之中，就能勝解空無所有法。爲什麼這樣說呢？舍利弗！這樣的修行名爲大人之所修行，不是貪樂於世間利養的人所行，也不是愚癡的世間人之所行，也不是敗壞沙門之所行，不是糠糟沙門之所行，不是假名沙門之所行。舍利弗！諸法實相畢竟空寂，這才是佛道；喜好世間財物利養的貪著，而爲人宣說不清淨法的人，他們永遠都不能到達這個境界；舍利弗！這個境界名爲大智慧者所住的境界，不是貪樂於外道法的人所住的境界，不是宣說有我、有人等見解的人們所住的境界。」

講義：世尊說：「我如今明明白白的告訴你，如果有人具足持戒、禪定、智慧，才會有後面的不染……等法。」這是說明前提。假使沒有具足持戒、禪定與智慧，後面的善法就不用講了；假使有人宣稱證悟了，但他證悟之後，今天晚上去東雲閣；你們聽不懂啊？那是酒家，以前延平北路上的酒家，不曉得現在還在不在？我以前在世間法行走時很有名的，還有黑美人，另外一家叫作五月花，我幾乎都要忘掉了，因爲五月花我沒去過。當年比較有名的日本料理叫玉屋（導師用日語說），還有一家我忘了名稱。因爲以前作生意時要應酬，陪人家去喝兩杯；那他們儘管喝，我都是淺嚐即止，不曾醉過，這是應酬，就不提它。

但假使宣稱證悟之後，今天晚上去東雲閣，明天晚上去黑美人，後天晚上去五月花，那麼請問他破不破酒戒？（大眾答：破！）破喔！有根本、有方便、有成已，三者具足就是破重戒了。假使今天東雲閣喝了，打個電話：「張三哪！你快來！快來幫我付帳，我今天晚上沒人供養。」很可笑吧？世間有這樣證悟的人嗎？沒有啦！不會有這樣證悟的人。但有的附佛外道宣稱證悟成佛了，卻是這個德性，專幹這種事；表示他根本沒有證得如來藏，就算他有找到如來藏也不能叫作證悟，因為他沒有轉依如來藏。如果說：「不去東雲閣，那太張揚了，不然我晚餐以後在家裡喝三杯小酒總行吧？」那麼請問：他起了念頭，有沒有根本罪？（大眾答：有）他回家的路上繞去便利商店買了瓶酒，也有方便罪；回到家裡只是備著欣賞嗎？買都買回來了當然要喝，喝了就成已罪。三罪具足了也是犯重戒。如果去五月花喝了叫人家來付帳，那罪就重了，喝花酒還找人來付帳，可就是罪加三級。這就是說，身為一個證悟者，你知道凡有所作不外於如來藏，都在自己如來藏中造作，那麼這業難道還會外露於太空嗎？不會啊！當然業的種子—也就是業的功能差別—還是在自己如來藏中，要由未來世的自己繼續領受的。

所以證悟的人不會故意犯戒，假使要犯戒，一定是爲利樂眾生或者爲了廣大的佛法考量，結果若是大利，那我寧可去承擔那個罪業；可以對眾生有廣大利益，我犧牲一己犯戒又有何妨。一定是這樣考慮的，不會爲了世間法的享樂而去犯戒的，才符合實相的境界——無私無我，所以持戒是證悟的首要條件。那持戒的人當然不會違背如來藏現行的眞如境界，當然不會故意去犯戒。先要持戒之後才能有所實證，如果實證之後還會故意犯戒，表示他的犯戒是具足根本、方便、成已，表示他的證悟一定是假的，那就是善知識老糊塗送給他(爲他明講)，結果送錯人了，才會有這個現象；就像我們早期都是明講奉送的，就會出問題。所以說，依正常的修行過程，持戒是首要的條件。時間到了，下回再講。

《佛藏經》上週講到七十六頁第二段第一行，我們講到「若人具足持戒」，接下來就是尚未講完的部分：「若人具足禪定、智慧，不慳不貪，不染恚癡……」等。上週講「具足持戒」，接下來要講「禪定」。禪定，以前我剛弘法早期，爲了尋找禪三道場的用地，曾經去到南投縣國姓鄉；當時國姓鄉的山中有好多小磚屋，應該等於茅棚的意思，大部分都是出家人；當然那時他們都不懂什麼叫學佛修禪，認為學禪就是要打坐，要坐到一念不生，所以那邊很多出家人都是自己開伙，一個人住個五、六公尺見方的小磚房，算是非常小。不過比起方丈室來還算大，因為方丈室一丈四方，但是方丈室不必放伙房、盥沐用具等，所以方丈室還是算寬敞；他們住的算是很狹隘。那樣精進修行，但為什麼他們無法證得禪定？就是不懂禪定修證的原理。所以禪宗的禪修不好，通世間法的禪定一樣修不好，這是當年臺灣佛教的正常現象。

以前佛教界也有人號稱證得初禪、二禪，有的外道更猖狂，說他們有三禪、四禪，以前也有人宣稱已經證得無想定，直到我們出世弘法之後，發覺他們原來都是誤會一場。他們所謂的四禪只是一念不生而已，欲界定都還談不上，因為他們連欲界定的持身法都沒有發起，談不上證得欲界定；他們只是誤會而把第四禪的「捨、念清淨定」當作捨離一切念而沒有妄想，當作是第四禪。其實第四禪是捨清淨、念清淨，他們全都誤會了；而且第四禪中息脈俱斷，不是他們所能想像的，他們連未到地定都沒有。

以前還有一位國學、佛學大師，在臺北市信義路有一間講堂，名為十方禪林；後來他以大陸為主要的發展地方，他的書我看了第一頁就不想看了，因爲知道不必再看了。他在第一頁講〈修證解脫道〉時說：「什麼是無想定？就是心裡沒有語言文字妄想，那就是無想定。」我一看就說：「哇！這是大師歟！竟然誤會到這麼嚴重，那就跟外道講的誤會四禪一樣了。」心裡沒有妄想時就當作是證得無想定，卻不知道無想定是四禪後息脈俱斷之中、再滅掉意識的境界，連他都不懂。臺灣後來有一個修行團體，他們的宗旨是禪宗的禪，很現代，創始人自稱有二禪，但是實際上看起來他也是沒有，只不過是一念不生的境界誤會是第二禪，那仍然不是二禪。至於後來我們《阿含正義》出版以後，臺南有個名氣不算小的法師，曾在電視上講經說法，有可能是讀了我們的書，於是開始說他有證得初禪；因爲我們書中特別用顏楷字型在那一章的開始處標明：「有證得初禪的凡夫，沒有不證初禪的三果人與慧解脫阿羅漢。」由於他以前都在講如何快速證得三果，現在完了，知道三果人至少要有初禪的證量，而他從來沒有講過初禪，現在得要宣稱他有初禪才行，否則就顯示他也是未證謂證的大妄語人。可是初禪的內涵以及初禪之所以發起的原因和應該有的條件，他都沒有講解，而初禪平常所住是什麼境界也沒聽他講解，顯然也是自欺欺人；後來好像宗教臺的節目中就沒看見過他說法了，我想這還是好事。

我也說過，我們早期有的同修喜好禪定，有一天找了會裡某些同修說他們要去法鼓山修學禪定，說我們正覺修慧不修定；有人來告訴我，因此有一次講經時我就公開講：「我們不是修慧不修定，我們修的是動中定；而且我們最早講的還是禪定、童蒙止觀；我也將初禪、二禪的原理、修行方法、實證的境界都講清楚了。後來因為有人愛好禪定，不好好修智慧而出了紕漏，我得要每天去榮總的精神科病院裡為他開示，才終於救了回來；我怕惹這個麻煩，所以暫時不講禪定，等大家都把心性降伏了，智慧修好了，咱們再來講禪定。」講禪定得要等正覺寺蓋好了才有地方。但將來正覺寺是附屬在玄奘文化中心裡，這要順便說明一下。

當時我也說明，法鼓山的堂頭和尚連看話頭都不會，顯然他是沒有未到地定的；沒有未到地定而不能看話頭的人，你們跟他學什麼禪定？那不是像外道講的一樣嗎：我們是先證得第四禪，然後再回來證三禪、二禪、初禪。那不是顛倒了嗎？我這一公開說明，這位當親教師的老兄，心中老大不高興，沒多久就在二〇〇三年跟著楊先生一起退轉了。所以我可以宣稱是臺灣佛教界、大陸佛教界站在檯面上有名有姓的人—不論法師或居士—之中唯一證得禪定者。現在佛教界還沒有誰能證明是眞正修得禪定的人，別說初禪，他們連未到地定都沒修好；未到地定修好的人一定能看話頭，可是他們爲什麼不會看話頭？

就如聖嚴法師，有一天，他要我把看話頭的功夫怎樣練成的道理和方法寫下來給他，說他想要登在《人生雜誌》來利益大眾。可是我寫好給他之後一直都沒有登，爲什麼呢？因爲只是他自己想要讀而已，不是眞的想要利益大眾；所以我後來跟他要了回來，他不刊登我就要了回來。這是有憑有據的，我從來不打誑語；所以他回給我時用個便條寫上四個字：交某某某。我就從知客處領了回來。我這個人有保存檔案的習慣，當然還保存著。我這些話表示什麼道理？一個尚不會看話頭的人，他有可能發起初禪、二禪嗎？不可能！除非他能一出生就是五歲，然後再從一歲開始吃奶長大，如果這理不通，那他的所謂禪定也是講不通的。所以說，我們其實不是不教禪定，是因緣還沒有到。

因此說，禪定是該怎麼修的，這個道理應該要懂；否則再怎麼修，永遠都只到未到地定而發不起初禪，想要進修二禪、三禪就別提了，因爲這是禪定的修證道理。可是佛法中爲什麼要修禪定？這道理得要說明，總不能說我沒有法可以教你，當你來跟隨我學法時，我就教你磨洋工；不可以是這樣的，總得要有個道理。又如六度之所以爲六度，也都各有道理，爲什麼要布施、爲什麼要持戒、爲何要修禪定，這都要有道理的。

這就是說，禪定是個基礎條件，如果沒有這個基礎而說他有解脫或者有般若，都是空口白話。又例如證初果的人最少要有未到地定來作支持，證三果或四果的人最少要有初禪，而且是不退的初禪來作支持；那麼開悟明心轉依能否成功，至少要有未到地定來作支持，才有可能成功轉依，否則所謂的證悟全都是假的，那就只是知見而已。爲什麼證果或者證悟都必須有禪定來支持呢？這就是說，人心是浮動的，因爲攀緣於五塵六法，所以面對五塵或者第六個法塵時，沒有辦法終止攀緣，就會不斷生起妄想；心中就算遇到或者實證了三乘菩提之一也無法心得決定，因爲心性沒有經過調伏，修得禪定的目的就表示降伏了他的身心到某一個程度了。

譬如說未到地定修得很好，這表示他對欲界法經過一段時間修練之後已經調伏了，所以不會被欲界法所搖動；因此未到地定修得很好的人，如果貪著世間的異熟果報，他死後會生到哪裡去？未到地定修得非常好，但還沒有達到初禪，所以叫作未到地，那他死後到不了初禪天，要生到哪裡去？對！正是欲界天的第六天——生到他化自在天去。娑婆世界有百億他化自在天，這他化自在天大部分是什麼人住的境界？什麼人當天主？大聲一點！（大眾答：天魔！）是天魔；正好去那裡當魔子魔孫。所以未到地定修得很好的人若沒有發起初禪，他下座以後通常是用下巴看人，就這樣看！懂嗎？也就是很傲慢，慢心深重，表示他自傲於不受五欲的引誘，但是他並沒有眞的斷除五欲。

也就是說，他心中還沒有眞正的斷五欲，只是降伏罷了；直到他眞的把五欲給捨了，是從身心之中確實捨了，他的初禪才會發起。所以初禪的發起不能說是初禪的證得，從實證的原理和過程來講，要叫作「初禪的發起」。是因爲初禪的發起所以證得初禪，因此初禪不是修得，但不修也不會發起，是要把未到地定修得很好，然後調伏其心而遠離欲界的貪愛，初禪就會自己發起，不是想要發起就能發起的。那麼這樣的修行才是初禪眞正的實證者。

至於證初果、二果時，爲什麼一定要有很好的未到地定來作輔助呢？因爲證得初果的人不能再像世俗人一樣，他必須要有證初果的內涵，要有那個本質，他就得有不受欲界法所引誘的功德在身，才能以他斷三縛結的見地互相呼應、互相配合，這就必須依賴深厚的未到地定來支持他的見地，才能使他的身心眞的成爲初果人。那麼證得三果的人，爲什麼一定要有初禪？證三果的人死後會生到哪裡去？他叫作不還者，三果人是證得不還果；不還果是不還什麼境界？（有人答：不還來人間。）不是不還人間，是不還來欲界。所以他死後要往生到哪裡去？生到初禪天去。如果他有四禪定境，就會生到五不還天去。（有人答話，聽不清楚。）色究竟天是入地的四禪人才去，他只能生到五不還天中的下四天中。這表示什麼？表示三果人一定要有離開欲界的實證境界，那麼離開欲界的實證境界是什麼禪？是初禪。所以我說：「沒有不證初禪的三果人。」

至於慧解脫當然更要有初禪以上的證量，而這個道理竟然沒有人提出來，當初我也覺得很納悶；因爲《阿含經》明擺著寫在那裡：所有的佛弟子經過一夜的思惟，證得慧解脫或俱解脫之後，次日天明都來向 世尊報告說：

「我某某某蒙如來准許出家，一夜思惟，如今我生已盡，梵行已立，所作已辦，不受後有，」並且說是自己檢查過了，所以叫作「知如眞」，說出自己的解脫。那麼請問「梵行已立」到底是什麼？梵行已立就是已經離開欲界了，說：「我已經進入初禪的境界，我到達色界天的境界來了。」接著說：「我是所作已辦，不受後有。」所以說「我生已盡」必須先證得，「不受後有」則表示死後不會再有中陰身生起了。那這個「梵行已立」講得夠白了，可是大家都不懂，爲了救大眾別再犯大妄語戒，我只好把它強調出來，不然他們又要說我蕭平實創造佛法。

我沒有創造過佛法，我所講的都是 如來講過的，因爲我是吃 如來口水長大的；我沒有自己的東西，都是 如來給的。所以我們主張說：佛法中不許有創見，都必須依於三量，特別是面對聖教量時不能絲毫遠離。這就是說，之所以成爲初果、二果人，必須要有未到地定的修證過程，在那個修證過程中可以把心降伏，斷三縛結時才能有初果、二果人的實質。那麼證得三果與四果的人，同樣要有超越欲界的實證境界，具體代表就叫作初禪，而且必須是不退的初禪，因爲初禪的修證也是會有退失的。那有了這個初禪，表示他已經滅掉了五蓋；欲界五蓋全部滅除了，他才能跟慧解脫、俱解脫相應，這個過程就是已降伏其心的過程。假使心沒有降伏下來而說他的見地多麼好，他對五下分結如何深入觀行、如何周至，那都是空口白話；等於沒有打好地基，直接在泥巴上砌起二樓、三樓、四樓的牆，假使有一條老牛拖著一大車貨物過去，泥巴稍微鬆一鬆、動一動，它整個就垮了，因爲沒有打基礎。

話說回來，明心時爲什麼至少要有未到地定作支持？道理也是一樣；證悟者要有證悟者所應有的內涵，如果證悟之後老是利用如來藏妙法到處騙財騙色，把弄世間法的名聲財利等，他就沒有那個本質了；也就是說他應該有的證悟本質不存在，不存在的原因是他沒有降伏其心的過程。所以這個過程是一定要的，而且明心之前先要斷三縛結；既然明心之前斷三縛結證初果，當然就先要有未到地定。可是現代佛教界荒唐事還眞多，有好多人宣稱他們開悟明心了，可是三縛結俱在，未曾斷過任何一結。但佛法中沒有這樣的證悟者，現代佛教界卻一直存在著這樣的人；還有人自稱證得四地、五地、八地，結果還在喝酒抽菸，跟人家講話時還翹著二郎腿抖動著，有這樣的入地菩薩喔？這在如來住世時根本就不可想像，可是到末法時代已經司空見慣了，很平常。

那麼我講了這席話目的在幹什麼？在顯示禪定的重要。如果沒有禪定作基礎，就算有善知識幫忙，專門作思惟研究，弄清楚了初果是什麼智慧境界，明心是什麼智慧境界，全都弄清楚了，那也只是知識，不是實證！所以爲什麼六度非得要把禪定這一度放在般若之前，有其必然之道理。若沒有先把定修好就直接學般若，然後說他證悟了，就好像全身都是毛，沒有具足一個人的本質，卻穿起人的衣裳，戴起人戴的寶冠，有一句成語四個字，叫作沐什麼而冠？（有人答：沐猴而冠。）對了！就是猴子，你把猴子洗乾淨、幫牠灑了香水，然後把牠穿起人的衣服還戴了寶冠，但看起來還是一隻猴子，因爲牠沒有人的本質；禪定之所以重要就在這裡。

也因這個緣故，所以經中說眾生煩惱深重。不管是哪一種煩惱，見惑或者思惑或者無始無明住地煩惱，全都一樣，這些煩惱牢不可破；就像一根很長、很粗重的木樁很深地扎在硬土中，時日淹久以後，你要把它拔出來絕不可能。所以 如來教導說：「先以定動，後以智拔。」修禪定就等於每天把它搖動又搖動，時間久了就會搖鬆；搖鬆了以後再用智慧把它拔掉，這才有可能成功，否則你要拔掉眾生的煩惱邪見是不可能的事。因此修學般若之前要在禪定上先有所修證，至少得要很好的未到地定；那麼如果想要證果：證三果、四果或者想要入地，至少得要有不退轉的初禪。不但經中如此說，《根本論》中也是這麼說的。

所以眞正用功修行的比丘，是應該具備禪定的修證；這個具備就看他想要證得什麼樣的果位或者什麼樣的智慧來說；如果他想證三果、四果，必須要有初禪；如果他想證初果、二果或者證悟明心，必須要有很好的未到地定。必須是這樣子才能說他的禪定具備了，禪定具備了才可以追求智慧。那麼以往佛教界把智慧跟禪定弄混了，所以大家說的修智慧、學智慧，結果都是怎麼修的？都是在打坐求一念不生。可他們都沒有想到的一點是，一念不生時智慧在哪兒？爲什麼打坐這麼久、每天入未到地定中一住就是半晌，這麼一晌就過去，肚子又餓了；不然就是該午餐，不然就是該晚餐了；可是吃過飯後把經典請了出來，翻了開來每一個字都認得，就是意思不懂，這是什麼道理？不是說一念不生就是在修智慧嗎？他們腦袋都像漿糊。

所以說，禪定歸禪定，般若歸般若。證禪定時要有一個過程，目的在降伏其心；先降伏了自心然後來求智慧，才能跟他所求的智慧相應；相應以後就有如實的本質顯示出來，表示禪定的修學與後面階段的智慧，他是相應的，是息息相關的。那麼接下來就是智慧了，那看他是求什麼智慧——求二乘菩提的智慧，或者求佛菩提的智慧。求佛菩提的智慧就深了，求二乘菩提的解脫智慧還容易一些。可是末法時代的大師們把二乘菩提也誤會到很嚴重了，因此以前那些自稱證得阿羅漢果的大師們，到了《阿含正義》出版以後，他們讀過都不再自稱是阿羅漢了，也就是說他們以前所謂二乘菩提的解脫智慧虛有其名。

但他們都不敢公開承認，所以我們《邪見與佛法》出版十幾年，至今沒有看過哪個道場出來說：「**意識是生滅的，入無餘涅槃以後是十八界俱滅。**」沒有哪個道場出來支持這一點，但這明明是聖教，他們卻是在《阿含正義》出版後才肯丟掉阿羅漢的令名；這表示他們讀過《阿含正義》以後，知道這個道理，但是嘴上依舊不肯接受。想想看，在知見上面接受都這麼難，如果要求他意識與意根眞的接受，來實證阿羅漢們放捨一切自我的境界，他們一定不肯，這表示我見我執全都牢牢抱著不放；連二乘菩提都如是爲難，無法生起順忍，大乘菩提就別提了。所以末法時代修解脫道、修因緣觀的人固然很多，卻沒有人能實證，原因就在基礎不具備；然後善知識把正知正見告訴他們以後，他們心中也無法接受，因爲他們都沒有降伏其心的過程，所以這個智慧眞的難學。

想當年我們開始弘法時，說證悟是證得如來藏，結果很多道場都罵我們是自性見外道，或者罵我們是外道神我，甚至還有密宗假藏傳佛教罵我們是阿賴耶外道；可是從第七住位到第七地爲止，所證的都是阿賴耶識；「阿梨耶識者名如來藏，而與無明七識共俱」，這是《入楞伽經》明文講的，我們就這樣一路走過來，不斷地舉證聖教量，也不斷從理上說明這個理由，臺灣佛教界才算不得不被動接受。

但是大陸佛教界現在還不接受，因爲大陸佛教界有它的時空背景差異，由於文革以後大家不信因果，但不會因爲不信因果就使因果不存在，這一點我得要先說明。那麼後來開放宗教以後，因爲正統佛教寺廟毀的毀，僧人被打、被殺的都打殺了，只有西藏沒有被破壞；所以佛教開始恢復以後，大家以爲西藏弘揚的也是佛教，就跟喇嘛們修學，所以現在大陸約有九成（我是保守估計九成以上）都接受密宗假藏傳佛教的教義；那就更難度了，要他們離開密宗假藏傳佛教跳到如來藏正法裡，要忽略掉中間學習表相佛法的過程，想想看，那等於是三級跳，多麼難啊！跳一步就很難了，大陸佛教一次就得跳三步，很不容易的。

所以諸位還有得拚，復興佛教不是容易的事；但是不要灰心，應當要想：「越難復興，困難度越大，不就代表這一方福田更大嗎？這是一個天下最大的福田！」咱們眞要能復興起來，足夠諸位將來五億七千六百萬年後在彌勒佛座下入地，要知道這個福德有多大！所以雖然困難重重，咱們還是要勇往直前。不要跟我抱怨說：「導師！您開的路都是那麼難走，您造出來的福田都是那麼難種。」可是我要問你們：「誰叫你是菩薩！」對吧？你既然要當菩薩，就是要這樣幹；菩薩是難行能行、難忍能忍，才叫作菩薩！不然就去當表相菩薩好了，每天早上眼皮張開就開始一天三餐的過程然後睡覺。每天三餐以外就是睡覺，那還當什麼菩薩？種這個福田的機會不多，到彌勒佛的時代，你想要復興佛教都沒門兒，因爲那時的佛教不會衰敗，你要怎麼復興它？人壽八萬四千歲時人們都很相信正理，邪見不會流行。正是五濁惡世的佛教很容易被外道滲透，所以佛教衰敗了，你才有機會來振興，你的大福德才能快速修得起來；所以說雖然困難重重，但是我也要說這是機會難逢。

這就是說，將來在彌勒佛座下入地時，你證悟之標的依舊是如來藏，就是《佛藏經》講的這個「無名相法、無分別法」第八識心，可是釋迦如來末法時代的現在，你所證的依舊是如來藏，是同一個法；乃至將來修到第七地、第八地進入第三大阿僧祇劫時，繼續進修到十地、等覺、妙覺乃至成佛了，你證悟的內涵依舊是這個第八識如來藏，差別只是佛法內涵有所增廣而已，同樣是這個第八識心。那麼要建立這樣的正知正見，依於這個正見心不搖動，實證之後得能具足轉依而不退轉，成佛之道才能次第前進而無遮難，否則將是非常曲折的。

所以智慧的內容一定要弄清楚，換句話說，三乘菩提的實證，不是因禪定而得解脫，是因爲智慧而得解脫；但生起智慧時能否得解脫，還得要看禪定的修證——降伏其心的過程有沒有完成。二乘解脫道不論初果，不論三果、四果都一樣，是因解脫的智慧而得解脫，而禪定只是個基礎，禪定不能使人得解脫。假使禪定可以使人解脫，證得初禪的人也應該解脫生死了，證得二禪乃至非非想定的人也應該都解脫生死了，可他們還是不曾解脫生死。

但如證得非想非非想定的人，以 如來的最後一個弟子須跋陀羅來說，他證得非想非非想定已經幾十年了，自以爲解脫；後來 佛陀說證得非想非非想定時，那是什麼樣的境界，說明那依舊是三界中法，不離生死輪迴；這話傳到他耳裡，他對於自己是否解脫心中動搖了；可是他不願來見 佛陀，直到 佛陀對外宣布三個月後入涅槃，他知道 佛陀某一天要入涅槃了，還是每天捱著、捱著不肯來見，到了最後一天，還是捱著早上想：「**我下午再去吧。**」下午想：「**我晚上再去吧。**」晚上再想說：「**還沒有到半夜，也許佛陀還沒有入涅槃，我晚一點再去。**」就這樣捱著，一直到 佛陀諸事都吩咐完了，準備入涅槃時他才來(他知道自己還不是出三界的境界，知道以前是誤會涅槃)，但阿難尊者不讓他見 佛陀，因爲 佛陀準備要入涅槃時就不要再打擾佛陀；須跋陀羅急了，所以講話就有一點大聲，佛陀天耳清澈當然早聽見了，吩咐阿難讓他進來，說這是最後弟子。他進來禮拜之後 佛陀爲他說法，讓他把意識細心的自我執著捨了，再教導他把捨心也捨了，他這時就知道這才是眞正的出三界，所以就開口向 佛請求說：「**我須跋陀羅我生已盡，所作已**

辦，不受後有；但我不忍見如來涅槃，所以我想要先入涅槃。」如來早知道這個人，當然就說：「善哉！汝自知時。」不然怎麼辦？

可是由這個典故，我們知道須跋陀羅聽聞如來開示而得解脫，證得俱解脫果，並不是因爲禪定而得解脫的。也許有人對此有疑，不然我們講慧解脫好了；慧解脫就是時解脫，因爲要待時解脫；慧解脫者他沒有能力隨時捨壽，不能隨時入無餘涅槃，但他成爲慧解脫之前，至少已經有不退的初禪，超越欲界境界了；當他聽聞 如來說法之後當下斷除了我執，立刻就向 如來稟報說：「我生已盡，梵行已立，所作已辦，不受後有。」如來應可他，可是他沒有非想非非想定，連第四禪都沒有，所以不能入滅盡定，但他也是得解脫的人，只是必須待時而入涅槃。等待何時？等到他捨壽的時間到來，他還是可以不起中陰直接入無餘涅槃；這表示他是因智慧而得解脫，不是因禪定而得解脫。這個道理很淺顯，無可爭議。所以智慧才是解脫的眞實憑據，定只是一種幫助的工具。但禪定是智慧的基礎，沒有定而空有智慧，那叫作乾慧，《楞嚴經》中說的乾慧就是這個道理。乾慧不足爲憑，境界一來就被轉了。

那麼回到經文來，世尊說：「若人具足持戒、禪定、智慧，」這三個具足了，這樣的人會慳貪嗎？他連自我都可以捨了，當然不會慳貪，所以該布施的時候布施，他心中不會想說：「我布施這一百萬元出去，那可以買一輛好車子欸！」他不會這樣想，該布施就布施出去了。我們最早期有一位師兄姓郭，名字我就不談，他有時說：「布施一百塊錢出去，可以在圓環吃兩碗滷肉飯了。」你們想想看那是什麼心態，所以他來到正覺學法，那時候還沒有成立正覺同修會，他來學法時只是當作知識而已，因此第二次法難時就退轉了；這就是說，他跟我學法，心也明了、三縛結說是也斷了，可是沒有降伏其心的過程，他的轉依是失敗的。雖然他讀了很多的經典、論典，但沒有斷結和明心的實質，所以沒有轉依的本質，導致後來還會去信受日本一向宗的念佛法門。

一向宗那個法門叫作本願念佛，你們很多人不知道一向宗是幹什麼的；日本在幕府時代民不聊生，很多土豪仕紳剝削百姓，還有許多盜匪，日子眞的很難過。這一向宗就利用這個環境，推廣本願念佛法門，告訴大家：「這娑婆世界是這麼的苦，要趕快死，死了就能去極樂世界享福，去那邊不生不死，什麼享受都有。」所以他們組成的軍隊上戰場時，幡上寫著很大的字：南無阿彌陀佛。然後他們拿著刀上戰場，每砍一刀就大喊：「阿彌陀佛！」他們認為勇往直前可以早死，死了就可以即刻去極樂世界，所以戰場上都一直在大喊著：「阿彌陀佛！阿彌陀佛！」你遠遠聽見而沒看見的話，可能會想：「是什麼人這麼努力唸佛。」但你看見時的景像竟然是這樣慘烈求死。

他們一心求死，所以勢不可擋；那麼織田軍（就是織田信長的軍隊，他們的根據地是岐阜）就去傳播天主教來對抗，說死了就能生天堂，但沒有很成功；然後他就引進洋槍，以前洋槍用的子彈都是圓的，一次只能打一發，因為打出去以後立刻要塡火藥，把火藥倒進槍管，然後用一根細細的鐵桿把它夯實了，再把小鐵球（就是子彈）放進去，再用通條把它通緊，然後拿起來瞄準了，打出一發就沒了，這當然跟不上對方刀子不斷地砍來，士兵就被殺了；所以他後來大量進口槍枝，把士兵分成三排，第一排打出去就退到最後面去成為第三排，再裝火藥；第二排的人走上來再擊發，又退到第三排繼續充塡彈藥與子彈，而最後的第三排就走上一步去當第二排，最早的第一排士兵又退下來到第三排繼續裝火藥；就有點像機關槍的道理，可以一發又一發連續不斷，才終於打贏了一向宗，本願念佛的一向宗才漸漸被消滅。

那你們想想看，他們發明一向宗，利用愚民政策來達到想要的政治目的，而愚癡的百姓被瞞、被欺又喪生捨命；他們一心求死上戰場，果然死了，假使眞能往生極樂世界，應該是哪一品哪一品生？下品下生；很悲慘的。也許有人想：「蕭老師爲何這麼講，人家可以往生極樂是多麼好，你怎麼說悲慘？」我說明給諸位聽吧，也有可能誰是今天第一次來聽經的，我得要說清楚、講明白：下品下生是凡聖同居土，他生到蓮苞中，得要聞聽苦、空、無我、無常、十二因緣、六波羅蜜，要聽多久？要聽十二個大劫，蓮苞才會打開，才能聽聞二位大士爲他們演說佛法的聲音，還見不到菩薩。哇！請注意！十二個大劫！那裡的一天是我們的這裡一個大劫，請注意這一點。那裡的十二個大劫等於這裡多久呢？那時才終於蓮花開敷，還見不到佛，也見不到菩薩。那時兩尊大菩薩只是化個音聲給他聽聞而已，不會給他看到的。然後他就追隨菩薩的音聲聽聞佛法、修學佛法，什麼時候可以證果？不知道！明心就更別提了，那你說慘不慘？

也許有人想說：「在那裡要吃什麼、喝什麼都有，無憂無慮，哪裡會慘？」

我告訴你，可能人家留在娑婆世界，以前修行比他差的同修們都已經成佛了，他還沒有證悟，你說他們慘不慘？（大眾答：慘！）這一聲夠大聲了。所以去信受一向宗的人，表示他們的智慧沒開，所以轉依 彌陀的願不正確，才會信受本願念佛法門。後來我請孫老師寫了一本書叫作《淨土聖道》，把它破了，那本書的由來就是這樣，看能救得多少本願念佛門的念佛人可以成爲中品上生，乃至上品中生。

話說回來，想要那位同修布施很不容易，因爲他說布施的一百塊錢可以去圓環吃兩碗滷肉飯，這表示我當初接引眾生時不擇根器，統統有獎是有過失的。應該要像孔子有教無類，可是實證的部分當觀根器，應該這樣才對。這表示他有慳也有貪，所以眞正的法傾囊相授之後，他沒有學進去，因爲我以前沒有要求六度的每一度都要實修；以前因爲我是客座講習的心態，所以他們來共修，我就設法讓他們開悟了；來共修的人全部都開悟，結果就悟出問題來，就變成耽誤，無可奈何。

這就是說，證悟者要有證悟的本質，一定要先修次法；而那個本質要從他的身口意行上顯示出來，如果解行不一，那有什麼菩薩行？那就是只有解而沒有行，所以解行不一這句話是有語病的。所理解與所行必須相符，才叫作實證。對實證的人來講，沒有解行不一這回事，只有在資糧位的人才會解行不一，因為他沒有勝解，只能說他有理解；而他所理解跟他所修行不一致，因此可以由果推因，這個人宣稱他入地了，你就從他的身口意行來看他有沒有入地的本質，都可以推究出來；如果他顯現出來的果是這樣，那你就知道他的因是怎麼樣。譬如一顆芒果長在樹上，那樹枝還生得很高而沒有垂下來，顯示它果實還小小的、還很青澀，青到發黑而且摸起來硬梆梆的，你就知道這還沒有成熟；如果有人告訴你說這顆芒果熟了，可以吃，很甜，你就不必相信。

所以你要從它的實質來推斷他所說的是否事實，不要盲從；對人有信是很好，但也要有智慧加以檢查。以前我都不檢查，同修來跟我說某某人是幾地菩薩，某某人又是第幾地的證量，我都說：「好！好！好！是第幾地，很好，太好了。」可是我不加以檢查的結果，反而害他們退轉，所以還不能輕易隨喜，要隨喜時還得要觀察他的本質。所以後來再有人跟我說誰是第幾地等，我都不信，先要從他有沒有斷三縛結開始檢查。由於太相信會中的同修推薦，然後就產生了過失。因此信固然要深厚，可是也要用智慧加以抉擇，不能一味相信。那麼這個「不慳不貪」他是一個表相，要由這個表相來推知他的因地是如何，或者推知他所證的果位是如何。「不慳不貪」是由於智慧而表顯出來的一個現象，假使違背了，你就知道他的智慧是虛假的，或者說他即使有智慧，他的智慧也是不高的。

有著「不慳不貪」的人，接下來就是「不染恚癡」，他不太有什麼雜染，你想要看見他有雜染的心行很不容易。沒有雜染就不會瞋恚，也不會顯示他的愚癡。人之所以有雜染是因為愚癡，人之所以有貪欲、深厚的貪欲也來自愚癡，看不破；世間人都懂得看破，所以有些人還年輕，對世間的錢財就不太貪；他認為：「生不帶來死不帶去，夠用就好了，幹嘛活得那麼辛苦。人家是朝九晚五，他是朝五晚九，結果每天弄到非常疲累，臨死兩腿一蹬什麼也帶不走，何苦來哉！這就是因為沒有世間智慧而看不破。」這便是聰明人，如果有出世間智慧那更應該看破。

所以世間人往往因為貪不成功就起瞋，例如想要賺得一筆橫財，結果被人破壞了就起瞋去殺害對方，而殺害對方是因為愚癡；起瞋是因為貪心不遂，但是他起貪心也是一種愚癡的表現，所以貪瞋癡三毒還眞的形影不離。但最難斷的是愚癡，愚癡斷了就是明，便叫作智慧。最容易斷的是貪，爲什麼呢？因爲貪是最粗重的煩惱、最表顯的煩惱。瞋心相對於貪心，是比較深層的部分，所以有時別人起瞋時，你發覺不到；有時那人當面跟你熱乎熱乎，但是他已經起瞋了，哪天背後給你一刀，你還不知道是他指使的；他派人殺了你，你重傷了他還來看你，好關心你，這樣的瞋心很恐怖。所以看見有人大發雷霆氣呼呼的樣子，我說那個人不可怕，因爲他不陰沉，所以說瞋很難斷。

貪很容易表顯於外，瞋往往不容易表顯。所以有的人自認爲成佛了，當座下弟子不如她的意時，她就會瞪人，這一瞪之後，整整七天中都不跟你講話。天下有這樣的佛，就在臺灣。你們有沒有誰被我瞪過？請舉手、請舉手！這很難得欸！但我告訴你們，找不到一個；可是我還沒有成佛，離成佛還遠著。這表示什麼？「不染恚癡」得要有它的實質，這個實質是從哪裡來的呢？是從智慧來。因爲智慧發起了所以「不慳不貪，不染恚癡」。所以要教導人家三乘菩提時，你自己得先有實證；至於要怎麼樣檢驗自己的實證，要依於三量，其中以聖教量最重要，然後要有現量也要有比量，透過比量來類推，來證明事實就是如此，這是證得智慧的人應該要有的本質。

「不懷諂曲」。這樣「不慳不貪，不染恚癡」的人，不會懷著諂曲之心。他對諂曲心有厭惡，所以我們同修會沒有「請上座」這種好東西，也沒有「泡好茶」這種好東西，來者都是同樣喝白開水，坐也是請坐，永遠不會有請上座。如果是很親近的弟子，我都是說「坐、坐、坐、坐」，連續說幾個坐，也沒有請字，這就是我們正覺的門風。假使有哪個大富翁來了，我也不會準備個高座給他坐，還是一樣小參室裡坐蒲團；而我自己也坐蒲團，我也不算虧待人，因爲我這個實證三乘菩提的人坐蒲團，若是請他高坐，那有可能是害他吧！爲了保護他，就讓他跟我一樣坐蒲團，這也很平等。那我也不需要諂媚，因爲我們同修會也沒缺錢；假使他把支票簿拿出來大筆一揮——一億元，那我只好麻煩大家辛苦一點，寒冬送暖時把規模再擴大。就是說，我們對於這些世間法沒有興趣，求名求利都沒有興趣。

那麼「不懷諂曲」這個心意，也是從智慧來。假使你有如夢觀，看見往昔當過轉輪聖王；當轉輪聖王時，不論去到哪裡都是被人家巴結的，你再來看看對面這個大富翁；那是誰最有錢？微軟的比爾蓋茲或是蘋果的賈伯斯？賈伯斯死了，可是他們在轉輪聖王面前算什麼？你們能入地的人，之前都會當過轉輪聖王的，不要懷疑。你們有許多人往世也當過轉輪聖王，這個都不用懷疑；如果沒有經歷過類似那種過程，這種甚深了義之法，你接觸了反而會生起煩惱，不會深心愛樂。所以假使哪一天、哪一世你當了法主，在弘揚三乘菩提具足圓滿時，有一個大富長者來了，算他廣有一天下好了，你也不會看在眼裡，該怎麼樣就怎麼樣，沒什麼好商量的。

他如果要布施行善，那你可以幫他；他想要種你這個大福田，你可以給他種，你承擔得起；那你給他種了這個大福田，他未來世更加有福德，他想要當轉輪聖王都沒問題，你就把他在你身上種的福田——那些大把大把錢財，移過來送給貧窮田，廣增自己的福德。不要懷疑，你要種貧窮田來攝受更多的有情。但是你攝受這些有情時，對他們布施時是三輪體空，你這樣種貧窮田時也是福德無量無邊；你與他兩邊都好，各得其樂，何樂不爲。所以這時不用畏懼也不用有所諂曲，隨緣盡分，該怎麼作就怎麼作，無妨給人家種福田，別害怕。

而你們有的人害怕被人家種福田，但我告訴你們，那是錯誤的觀念。我不接受你們諸位送紅包、送錢財來供養，是因爲我自己無貪；那你們如果每天要送五十萬元來供養我，我也收，只是我依舊會堅持條件：就是不可以拒絕我轉施。所以你們供養了我，我就當場轉手請財務組入庫，錢越來越多我也不煩惱，就請諸位年終歲末辛苦一點多發一點。所以我不怕被種福田，只要我立刻轉施就沒事了。假使有同修去到某處遊玩有什麼土產好吃的東西，買回來供養你，你就應該歡喜接受，成就他種福田的功德，然後你再來轉施給其他的同修。有的人不曉得怎麼學的，都想：「我接受了某甲師兄一顆蘋果，那我未來世不是欠他幾萬顆嗎？」誰告訴你說受施以後未來世會欠他幾萬顆？沒有那個道理。如果眞是這樣，我們歲末年終寒冬送暖，那些被我們種福田的貧窮人家，是不是未來世永不翻身？沒這個道理！那觀念是錯誤的，要改過來。

所以當別人的福田，自己也努力去廣種福田，這是一種心所成就的功德，不在五蘊身。那麼大家互相種福田，大家的福德都迅速增長，這有什麼不好？如來有說被種福田以後要還人家很多嗎？如來沒有這樣講啊！如果被種福田時有所恐懼，因此一概不受；人家送你一顆糖果你也不接受，心想：「我未來世要欠他好多顆糖果。」這就是心有恐懼，而這恐懼從邪見來，因為聖教中沒有這樣講，就沒有那回事；所以你也可以下一次回送他幾顆糖果，或是下一次見面時回送他一顆水果；如果他有事情需要幫忙，你就主動幫忙，這才是菩薩。

應該多與眾生結下好緣，結緣很重要，不要怕結緣。即使是定性聲聞的阿羅漢，他們捨壽之前還繼續在跟眾生結緣；何況身為菩薩，卻不斷想要跟眾生拒絕往來，這是不對的。菩薩固然不應該有諂曲心，對諂曲心要有厭惡，但也不應該恐懼被種福田；藉著被種福田的機會跟對方結上了緣，未來世也是攝受對方或是被對方攝受的一種，不論誰攝受誰，未來世的法緣都更容易成熟。即使你一生都不回送他糖果、水果什麼的，也無所謂，因為表示他跟你結上這個緣，你未來世還會繼續跟他接觸，這也是攝受佛土。所以被布施時無妨是攝受佛土，這個觀念大家也要建立起來。

還有一點我聯想到的是當義工，會裡有很多種類的義工，一起在作事時你可別說：「我是環保義工，你這是搬木頭、搬砂石等，不要找我去作。」

不能這樣想，這不像菩薩了。大家都是同修，在同一個處所當義工時，雖然你主要是作環保義工，但其他方面的義工有困難而需要支援時，你正好閒著，就去支援，這才是菩薩的心態；見難不救就不是菩薩，更何況都是同修之間竟然袖手旁觀？這個觀念也要建立起來。可別說我是木工類的義工，我才不管泥作的義工，所以泥作的事情都別來找我；有人會這樣子不肯支援其他種類的工作，雖然是很少數人，我還是要把這個觀念說一下，這不符合菩薩的四攝法：布施、愛語、利行、同事。同事就是一起工作，不能說：「那是木工的工作，不是我泥作義工的工作，我不能作或不想作，我不跟他同事。」不可以這樣，全部都要同事才對，這樣才是眞正的利行；這對自已的福德有利，於對方的工作也有利，大家要把正確的觀念建立起來，否則我就說他枉修菩薩行，減損了福德；那是當面可得的福德，不肯去收集，卻損失掉了，多可惜。

我們也說到：如果有人具足持戒、禪定、智慧，他一定是「不慳不貪」，他也一定「不染恚癡」，不但不懷諂曲而且對有諂曲的人是有厭惡心的，那麼這樣的人「言必眞實，常樂獨處」；他沒有諂曲心就不用說謊，該怎麼樣就怎麼樣，對就說對，錯就講錯，不需要因為那是很好的朋友，而他作錯了也說他對。心直言直，那他所說人家就會信受，因為大家知道他所說的話一定是真實的；像這樣的人，心不攀緣，就不會一天到晚要找誰泡茶聊天，所以 如來說他「常樂獨處」。

當他獨處時是在忙什麼？忙著睡覺、忙著好吃的東西？不會！「不樂睡眠」而在三乘菩提上用功，不會一天到晚睡覺的，他心中愛樂的是「空、無相、無願」三三昧。但這空、無相、無願三三昧有二乘法中的三三昧，也有大乘法中的三三昧，我們以前講過了，這裡就不再重複。如來說這樣的人樂於「空、無相、無願」的「無生無滅行」。

以前佛教界只要講到空、無相、無願，都變成虛相法，所以他們講的三三昧就變成：「一切法無常、空，空所以無相，既然最後歸於空、歸於無相，心中就不需要去追求要什麼、不要什麼，都不必起願啊！」如果這空、無相、無願三三昧是這樣，那麼跟街里巷弄的老人家講的豈不是一樣了？對啊！街里巷弄的老人家也是常常講：「生不帶來，死不帶去，何必計較呢！」這樣看起來世俗老人家也是有三三昧的，對吧？因為他們講的也沒錯啊！老人家說：「唉！一切都空，最後都空，只是一場夢。」那你們佛教界說的跟老人家講的一樣了。那麼世俗老人說：「人生在世，貴為王侯宰相，死了什麼相也都沒有了；雖然人家是個窮人，死了還不是跟王侯將相一樣，也是無相；既然最後同樣是無相，就不必求什麼，就不必起願。」所以有的老人家也討厭求神問卜，認為命中是這樣，再怎麼求也沒用的，都不用求了，那這樣看來他們也有無願三昧，也是三三昧具足。

可笑的是法師們講的跟街里巷弄中的老人家講的一樣，可笑啊可笑！佛法就因為如此而世俗化了。佛法世俗化之後，緊接著就必然會走向商業化以及學術化，因為那都是世間法。這樣看來他們所講的空、無相、無願三三昧，豈不變成有生有滅行了？對了，正是有生有滅，因為本來就沒有，所以說生不帶來；最後無相啊所以無願，所以說死不帶去，全都一樣。那這樣看來本來沒有的就是生不帶來，後來有了但是死了帶不去，還是歸於無，那就變成有生有滅，這樣的有生有滅行，怎麼可以叫作佛法中的三三昧？其實那樣的三三昧跟街里巷弄中的老人家講的「生不帶來死帶不去」同樣是有生有滅法；可是 如來說的空、無相、無願這三三昧的身行、口行、意行，卻是無生無滅行，全都不是生滅法。

即使是二乘菩提也不是生滅法，雖然二乘聖者死後入無餘涅槃時十八界俱滅，無一法存在，如來卻說那是常住不變，不說那是斷滅空。所以連二乘菩提所證的無餘涅槃都不是有生有滅行，依然要叫作「無生無滅行」，更何況是大乘佛菩提道！所以大乘法中所證的空、無相、無願三三昧，必然也是「無生無滅行」。因爲大乘法這個的空、無相、無願三三昧，是依所實證的眞如本來空、無一切法可得，因爲祂本來是空，所以無相可得；因爲祂從來無願於任何一切世間法，乃至出世間法，從來無願，所以說祂無願；依於這個「無生無滅」的眞如所住境界來說爲空、無相、無願，所以大乘法這個三三昧是「無生無滅行」，不能說是緣起性空。就算是二乘法講緣起性空，本質也是有個根本法藉緣而生起諸法，所以諸法其性本空，還是有一個實質存在；一定有個本住法，只有那個不生滅法才能藉緣生起諸法，不是沒有一個眞實因而由眾緣偶然生起，沒有因而由眾緣來生起的法無有是處，那樣的緣起性空實質上不可能存在。

假使不需要一個根本因，就可以有諸法眾緣生起，就應該他坐在這裡時突然無緣無故就蹦出一個女兒、蹦出個兒子來，應該是這樣的道理。但是不可能，因此一定要有個本因存在，由這個本因藉其他助緣而生起某些法，三界諸法才不會錯亂，才能夠法住法位；不然的話，因果一定錯亂；一個凡夫會突然變成如來，一個凡夫突然變成阿羅漢，而如來也可能隨時會再變成凡夫，阿羅漢也會隨時變成凡夫，一切法全都錯亂了。但事實上不會，因爲背後一定都有一個無生無滅的根本因存在，由這個根本因藉著種種不同的緣而產生不同的狀況，才有不同的解脫果或者佛菩提果，這樣才是眞正的緣起性空；依於這樣的緣起性空來說空、無相、無願三昧，就是不生不滅行。所以三乘菩提全都是「無生無滅行」，即使二乘菩提也只是表相上看來有生有滅，本質依舊是「無生無滅」。

那麼證得這樣「無生無滅行」的人，這樣的比丘永遠不求欲界諸法，因此他「生離欲心」，並且進而「求解佛法第一義」。當一個人出家修行證得解脫果之後，接著一定會想：「佛菩提果又是什麼？佛法的本際究竟是什麼？」一定會連帶想到這部分來。所以有一天當你證得阿羅漢果時，你一定會想到：「佛菩提果是什麼？」你一定會想要實證，不會就滿足於二乘菩提的解脫果境界，所以首先會「**生離欲心**」，不想再被欲界法所繫縛。被欲界法繫縛而努力修福的結果就是當魔子魔孫，沒有解脫果的實證也沒有佛菩提果的實證，福德修得很大的結果，當他的福德是同時同處的所有眾生最好的、最高的，就會去當天魔，離佛法越來越遠；因此「**生離欲心**」很重要，「**生離欲心**」以後就不會被世間法所繫縛。

接著就懂得要求勝解佛法的「**第一義諦**」，佛法的「**第一義諦**」證的是如來藏，又名證眞如，因為如來藏就是眞如——眞實而如如。當你實證眞如時轉依於眞如，可以進一步遠離欲界愛，這時對佛法「**第一義**」有了勝解，就表示你的見地生起了；見地生起之後你的所見都是眞如，當你所見都是眞如時，看見世間人講來講去都是世間的言語，女人家也許一天到晚講柴米油鹽醬醋茶，不然就是媽媽經；那麼男人家講的也許就是公司的業務，世間人的財色名食睡；你聽著聽著都覺得極可厭惡，會覺得說：「**他們講那些都沒有意義。**」因為最多就是一世之法，對佛菩提道來說，今世不利、後世不利。

如果都是出世間法，那叫作今世利、後世利；因為你在出世間法一步一步往上升進時，未來世的福德也會跟著步步升進；所以根本不用在意世間法，只要在出世間法上的實證步步上升就對了。所以根本就不記掛世間法，因此「樂出世語」而且「不好世語」，這是兩得其美啊！所以眞正證得三乘菩提的人不記掛未來世有沒有福報，也不用貪著眼前世間法的利益。所以在世間法中往世修得的福報，自然而然去顯現那個福德果報時也不用去排斥，就把它拿來作更有意義的事情。什麼是更有意義？對眾生有利也對自己有利。

所以福報實現時就讓它實現，不是刻意去實現福報；而它會實現，就拿來作更多有利的事情，繼續廣種福田，未來世就會有更多的福報，何必故意說「我不要那個福報」，把它推掉，而且一直推個不停。其實都不用推，譬如有人有一棟房子，是四層樓透天的房子，他說：「我不要實現福報，免得損耗福德。」就把它空著不出租，這樣是有智慧還是愚癡？（大眾答：愚癡！）是愚癡！諸位有智慧，就把它出租，收到租金時拿來布施多好；房子空著就空在那邊，你的福德不會增長；而你把它出租了，福德也不會因此損減，因爲你那棟房子已經出現在那裡了，你的福德實際上已經實現了，那你就把它出租，收了租金就拿來布施，增長未來世更多的福德，豈不妙哉！今天只能講到這裡。

《佛藏經》上週講到七十六頁第二段第三行，今天要從第四行講起：「**盡持諸戒，一切惡事及惡知識悉皆遠離，住如是法，則能解空無所有法。**」延續上週所說的具足持戒、禪定、智慧，心性很好的比丘，說到後來是說他「**求解佛法第一義；不好世語，樂出世語**」，這樣的比丘一定是「**盡持諸戒**」，不會選擇性的持戒。有的人持戒是選擇性的，不是只有在法上有選擇性；就像釋印順對持戒也是選擇性的，所以他在聲聞戒上大致不犯，可是菩薩戒他持得不好，因為誹謗大乘三寶的事他幹了很多；他的持戒是有選擇性的，所以謗如來藏妙法乃至誹謗說 釋迦世尊不是歷經三大阿僧祇劫修行而成佛，祂出現在人間成佛只是一個偶然，這些都是毀謗 釋迦佛。釋印順否定第七識、第八識則是謗法，又認同「大乘非佛說」的邪見，而且加以推廣；他解釋說：「**第二轉法輪的般若經，雖然不是佛講的，但因為道理跟佛講的一樣，所以也算是佛經。**」大意如此，這也是他講的；至於第三轉法輪諸經，他認為是後代、佛滅後幾百年、近千年才結集成功的；他等於把大乘經典一概推翻，不承認是 佛陀的聖言量，那麼他對菩薩戒持得好不好？顯然是很不好。

釋印順持戒不是只有持不好，而是很不好，因犯了菩薩十重戒；所以他持戒是選擇性的，就像他受持原始佛教的佛法也一樣，他認爲只有第一轉法輪的阿含部經典才是眞正佛說的；而且他還選擇性的作了區分，例如《雜阿含》、《增一阿含》，他不相信是在第一次結集時便結集成功；他認爲《雜阿含》、《增一阿含》也是佛入滅後在第二結集時才結集成功的；然而從經典結集的歷史來看，他顯然是故意加以曲解的。釋印順對阿含的法教是選擇性的接受，對於戒也是選擇性的接受，所以謗佛、謗法的事他就沒什麼忌憚直接去作，這個人顯然不是「盡持諸戒」，而是選擇性的受持。

可是身爲佛弟子，凡是 佛所傳授的法，佛所傳授的戒，應該要一體受持，不應該有所選擇。假使你是個菩薩，就對菩薩戒全部受持；假使你是比丘、比丘尼，那麼相關的聲聞戒律就得全部受持，不應該有所選擇。選擇的意思表示他對 佛不認同，但 佛陀會施設那麼多的戒條一定都有原因，不是無因而制。所以釋印順有所選擇時就變成對 佛陀施設的某一些戒法不接受，他有異議，這個人就不是「盡持諸戒」的人；那麼這樣的人，當他面臨到惡事以及惡知識時，就無法遠離，才會那麼信受《廣論》中的邪見。

現在就談到兩件事：惡事和惡知識爲什麼要遠離？先來談惡事，在佛法中什麼是惡事？這惡事的範圍函蓋得夠廣了，因爲世間人認爲的惡事佛法已經函蓋了，包括世間人不認爲的惡事，佛法中也函蓋了，所以惡事的範圍很廣。以前太虛大師有講到說「人成即佛成」，所以他主張「人生佛教」；但是作人的道理成就了仍不等於成佛，因爲連阿羅漢都還不是，最多只能像孔老夫子那樣，成個世間法中的聖人，成不了出世間法中的聖人；那個主張後來佛教界也有許多人認爲不妥當，我們這裡就不引述。世間法說的惡事這裡就不談，單說佛法中說的惡事，這些惡事在《佛藏經》中打從一開始到現在，幾乎已經全部講完了，包括犯戒、邪見、謗法、毀佛等，但其實還是以邪見爲主，這些就是惡事。那麼這些惡事如果不遠離，總是遲早會造作惡業，所以凡一切惡事都必須要遠離。

惡事遠離是自身的事，可是還要遠離惡知識。惡知識是不是看起來都窮凶極惡的樣子？會不會？不會喔！惡知識應該是很壞的人，譬如像蕭平實這樣，所以密宗假藏傳佛教喇嘛們一天到晚在罵，那些大法師們也說「蕭平實一天到晚在罵人」，這不是惡知識嗎？窮凶極惡啊！（有人答話，聽不清楚。）

不是喔？這表示諸位很有智慧，因爲惡知識往往顯現得非常慈祥、非常慈悲，一天到晚都在利樂有情，可是他們在法上卻把大家都給誤導了，專門壞人法身慧命！所以天魔的眷屬並不都是眉毛往兩邊翹、嘴巴都往下撇，根本就不是這樣。天魔還帶著他的眷屬到處行善，應該說每一個魔子魔孫看起來都是慈眉善目的，因爲他們都在行十善業。

天魔之所以能成爲天魔，正因爲廣行十善業；他的魔子魔孫之所以能跟他一起生到他化自在天，也就是十善業很努力修行所致，但是對於解脫的法沒有愛樂。假使有人問到解脫之道，天魔波旬也是頭頭是道，講得很有道理，但就是在最後部分告訴你說：「這個意識一定不能滅。」特別是色界意識或無色界意識，其他的部分講的跟你想的都一樣，活脫脫的一個世間法中的大善人，否則他化自在天的天主這寶座他是怎麼得的？要當天魔，福德要很大，他如果一天到晚布施時口氣不好：「嗟！給你！」橫眉冷目來作布施，我相信很多人會拒絕的，那他能成就這麼大的福德嗎？不可能。所以天魔波旬讓人家見了都很想親近他，因爲他永遠都是慈眉善目，他只對菩薩窮凶極惡，這就是天魔波旬。

可是菩薩救眾生救到不得已時，把十一面觀音的後方那一面拿出來用，那一面是什麼？正是憤怒觀音。所以我到佛教界中始終都給人家憤怒觀音的印象，可是我沒對誤導眾生的惡知識生氣或起瞋，也沒對你們哪一個人生過氣，別說怒目橫眉，連一個漠然的冷眼都不曾有。所以菩薩還眞的惡名在外，例如維摩詰大士，他看來似乎是惡名在外，所有阿羅漢聽到他來了都閃得遠遠地，不敢跟他對話。表面上看，維摩詰菩薩看來是個惡人，但其實他是大善人，專門收服那些有慢心的阿羅漢。

你們不要說阿羅漢沒有慢心，十大弟子之中，不說別人，只說一個目犍連；他是三明六通大阿羅漢，他有沒有慢心？講《法華經》時我跟你們講過的：他可以去到八千佛世界，心想自己可以去十方佛世界，所以想：「**如來所見尚不如我。**」所以他回到娑婆世界要去見 如來時，走的是師子步，閩南話叫作「三角六肩」，有沒有？他覺得自己不輸給 佛，這不就是慢心嗎？至於其他大阿羅漢座下的小阿羅漢們，那就不用提了。十大弟子中的其餘弟子，大致上沒有慢心；比如舍利弗、迦旃延他們大致上沒什麼慢心，但目連是有慢心的。至於一千兩百位大阿羅漢座下也都各有阿羅漢徒弟，那他們有法慢也就正常。

但　維摩詰菩薩要幫　如來辦這件事情，因爲那些阿羅漢們，即使大阿羅漢座下的小阿羅漢至少也是人天應供，哪個天主天人敢來說閒話？不管哪個天主天人，來到人間見到那些小阿羅漢們，各個都是頂禮供養的。可是這些阿羅漢們的慢心難道要讓　如來親自來降伏嗎？所以　維摩詰大士就幫　如來處理這件事情。因此不管大阿羅漢、小阿羅漢一體通治，沒有一個阿羅漢不畏懼他；這樣把阿羅漢給降伏了，他們才懂得尊重菩薩，然後各個都迴小向大成爲菩薩，這是從表面上來看。

所以有些阿羅漢面對菩薩時還覺得自己很行，但大菩薩們習氣種子已經滅盡了，不會跟他們計較；然而這些阿羅漢得要有人來教化，所以不但　維摩詰菩薩，有時　文殊師利菩薩也來幫　如來教化。所以說，以往我不敢跟諸位講阿羅漢有慢心，好在《法華經》講完了，現在可以說了，要不然可能很多人聽了起煩惱：「你竟然敢罵阿羅漢有慢心。」一般人的想法是：「阿羅漢已經證得無我了，連我都可以捨棄而入無餘涅槃，哪來的慢心呢？」實際上是有的。例如結集阿含四大部諸經時，那五百位聲聞人中有四十位不迴心阿羅漢，還有其他的三果、二果、初果人，也有不少凡夫僧；當他們結集完了，把那二千多部區分爲四大部經典，命名爲《阿含經》。阿含是什麼意思，就是傳承成佛之道。可是那些經中明明就不具足成佛之道，最多只是講到如來藏的總相而已，他們自己也很清楚這一點，可是爲什麼敢命名爲《阿含經》？因爲有慢。

文殊師利菩薩聽聞他們誦出以後就要求他們改名，他們也不肯改，堅持說是成佛之道的經典。當他們結集好了，文殊菩薩叫阿難陪著，和一些菩薩一起去聽大迦葉他們誦出，因爲結集好要誦出的，誦出時讓大家來楷定有沒有遺漏。文殊菩薩和很多的菩薩聽完誦出以後，大家都搖頭；因爲那只是講到解脫之道而已，牽涉不到阿含——牽涉不到成佛之道，可是他們不肯改；菩薩們要加進來結集陣容，一起作新的結集，把那些經文內容修改過來，但他們也不願意。就因爲這個緣故，菩薩們當場放話：「**吾等亦欲結集。**」說「**我們也要結集**」。爲什麼半年後在七葉窟外重新作了一次千人大結集？就是因爲那四十位阿羅漢們有慢心，因爲那些經典的內容明明不是成佛之道，但他們硬說那就是成佛之道。

像這樣的阿羅漢們，在佛菩提道中看，他們也算是惡知識，因爲誤導了初學菩薩，以爲那就是成佛之道。無怪乎後代連初果都沒有實證的人，竟然一天到晚大聲呼喚說：「阿羅漢就是佛，佛也是阿羅漢。」把阿羅漢跟 佛畫上等號。可是諸位在正覺斷了三縛結又明心以後，甚至於有人進而眼見佛性，甚至有人繼續進修到十行位等，現在增上班學那麼久了，早都知道阿羅漢距離佛地還非常遙遠。可是那些聲聞凡夫僧動不動就說自己是阿羅漢，所以自認就是成佛了；但我們探究的結果，他們連我見都沒有斷，這也就是印順爲什麼敢自認爲成佛，也是後山那個比丘尼爲什麼敢自認爲是「宇宙大覺者」的原因所在。所以從佛菩提道來講，那樣的阿羅漢就是惡知識。

至於末法時代很多大師都說開悟就是證得離念靈知，那也是惡知識。甚至有人認爲只要修密宗假藏傳佛教的樂空雙運，到了性高潮時一念不生專心受樂，知道那時的樂觸與覺知心都是空，說那樣就是證得空性、就是成佛了，說那樣叫作已經成就報身佛。人家報身佛是一切種智圓滿、四智圓明、得佛十力、十八不共法……等的果報，才稱爲報身佛；他們是兩雙手男女交合互相擁抱稱爲「抱身佛」，眞把下流當風流，那更是眾生的惡知識。所以如果不小心就會被惡知識所瞞，那惡知識表面上看來都是慈眉善目、都很慈悲，都很願意為你說法，說法時滔滔不絕講得很有道理，可是很有道理的原因是因為初學者不懂他們的敗闕；所以我們正覺弘法之前，到處都是證悟的聖者，而他們開口閉口都說：「證悟的聖者如何如何，證悟的聖者又是如何如何。」但我們卻說：「證悟了還不是聖者，只在三賢位中，外聖內凡。」就叫他們閉嘴了。

證悟了叫作外聖內凡，從佛法內門來講還只是賢位，未入聖位；不到聖位當然是凡夫了，但卻不同一般的凡夫，所以稱之賢位的菩薩；對外道而言可就是聖人，對一般凡夫而言同樣也是聖人，因為至少斷三縛結了，是初果人，那就是聖人了。但明心以後至少超越初果人，當然更是聖人。但是從佛菩提道的實證位階來講，依舊只是賢位而已，所以那些聲聞凡夫僧現在都閉嘴了。以前大家不知道，都被他們誤導了，於是就跟著大妄語；好在有個正覺出現於世間來教導眾生，最後使很多人懂得懺悔而滅卻大妄語業。

但是進了正覺證悟之後，一樣要提防惡知識。我們正覺會中，眾所周知曾經有三次法難，但為什麼會有法難？正因為惡知識。可是惡知識一定是人嗎？沒想到這一點吧？惡知識不一定是人。通常惡知識指人，但是有時惡知識是死人，死人是不是人？啊？不好定義了。既不是人，怎麼會叫作死人？既是人，為什麼又是死了？欸！不好定義。告訴你：人死了就不叫人，死人是方便語。法律上也是一樣，什麼叫作人？法律有明文規定：人之權利義務始於出生，終於死亡。所以死了以後就沒有人的權利，沒有人的權利就表示他不是人，所以死人叫作屍體。

死人為什麼也會成為惡知識？因他們留下音聲或者留下字句——也就是著作，就會害慘了眾生。所以我們第一次法難是什麼人害的？就是月溪法師害的，那他絕對已經不在人間了，因為他死時不懂得懺悔；他死得太早，他如果死得晚，蕭平實出世弘法以後才死，被我評論以後知道自己悟錯了，就不會墮落三惡道。很多人心裡一定很懷疑：「人家在香港還有個肉身舍利，你蕭平實死後保不定弄不成一個肉身舍利。」說的也是；可問題是他那個能叫作肉身舍利喔？你們知道開缸時他是什麼模樣嗎？開缸時他眼歪鼻子塌了、嘴巴歪斜，而且是很驚訝的樣子，張得很開又很斜。

像那樣子大妄語，又說如來藏就是一個大我，就好像托辣斯一樣。托辣斯聽過沒有？讀經濟學的人就懂。托辣斯就好像現代的控股公司，在他這控股公司旗下有非常多、非常多的大公司；就像現在慈濟，慈濟就是托辣斯，它下面有一、二百家公司。月溪法師說如來藏就像一個托辣斯，由這個托辣斯再分出去而有很多的有情，大家共有同一個如來藏；這正是謗法及誤導眾生。所以他想像說：如來藏應該就像虛空一樣大而無邊無盡；因此他死時講了四句偈，其中一句會嚇死人：「遍滿虛空大自在。」初學佛的人，或者還沒有證悟的人，往往被他這句話嚇死了，誰敢懷疑他？沒有人敢懷疑他。

所以我出來弘法時說：「每一個人都有自己獨立的如來藏，與五陰和合運作。」可是當年那些人，我幾乎都是為他們明講如來藏密意。我幫他們悟了以後，他們想：「你蕭老師教我這個如來藏，這好像沒什麼；人家月溪法師那個是遍滿虛空大自在，所以你這個如來藏還是由那個大我所出生的。」他們就相信了。於是上課時，當時我們在三個地方上課，每一個地方都一樣，他們都私下裡拿著紙袋子裝著書遞來遞去。我同修發覺奇怪說：「他們到底在幹什麼？」我說：「妳別管那些，沒事，妳只是多疑心而已。」到後來發覺原來她不是瞎疑心，果然是有事情，他們是私下就開始傳遞一些自以為更勝妙的法，正是月溪法師的書。後來我看看這些人：「糟了！若不救，以後可麻煩了！」而且我如果不救，將來我走人時，如來看見了搞不好敲我的腦袋瓜兒說：「你爲什麼不救他們？」在菩薩道中見死不救是特大的罪，明知道他們會墮落三惡道而不救他們，就是無慈無悲。所以我後來想想還是得救。然後我就開始收集月溪法師的著作，我記得當年收到十一冊，有厚有薄，最厚的一本是《大乘絕對論》，書中說大我是絕對的……等，這樣的邪見衍生出來也可以寫一大部論，很聰明、很厲害。我就開始拿起用過的稿紙，在背面就列出他的法義過失；我一面讀他的書，一面分門別類列出他的問題來，然後再來講解，所以我上課時是在三個地方輪流講。那時我把它取個名字叫作《批月集》，因爲是批判月溪法師；後來改名爲《正法眼藏—護法集》。我開始講《批月集》時還眞麻煩，那位帶頭崇拜月溪法師的人打電話去我家，跟我同修訴苦抱怨說：「請老師不要再破了，老師破月溪法師的每一句話都像刀子，就像拿刀子在割我的心一樣。」我同修說：「老師也是被你逼到沒辦法。勸你們不要那樣作，你們偏要那樣作；正法已經不容易生存，你們還這樣，老師是不得不作，是你們逼的啊！」他就這樣講到痛哭流涕，我同修是個女人家，沒痛哭流涕也沒難過，倒是他一個大男人痛哭流涕。這表示什麼？表示死人也能當惡知識，因爲他留下了邪見的著作。

當年月溪法師的邪法風行臺灣東西南北中，臺灣各處都有道場在弘揚他的邪見，當時眞夠興盛的。臺北最有名是大乘精舍，臺中有一位宋什麼的人，我現在忘了名字；還有一位叫作什麼進的，我現在也把名字忘了；然後是高雄，高雄是慧律法師；而臺灣東部有自在居士。當初自在居士很有名，與圓明出版社的黃墩岩都在搞月溪的邪法。當年臺灣東西南北中，都有他的邪法流傳，聲勢浩大；沒想到我一個人當年沒什麼名氣，卻把那個大馬蜂窩給捅了。當然，後來比起密宗來，月溪那個馬蜂窩其實也不大，不像密宗假藏傳佛教那麼大；也因爲它風行臺灣不過二十年，而密宗假藏傳佛教從天竺風行到西藏、中國、日本再來到臺灣，已經是千餘年了，而且是全球公認的「佛教」。所以現在想起來，月溪法師那個馬蜂窩也不大，我連密宗都破了；好在我有金鐘罩鐵布衫，沒有被螫死。

《正法眼藏—護法集》出版時，我們有好幾位老師告訴我：「老師！您以後出門要特別小心，要注意後面有沒有人跟蹤。」我說：「是福不是禍，是禍躲不過，別擔心！」有人去找我同修警告她說：「一定要特別小心。」我同修說：「他的願就這樣，如果被暗殺了、死了，那也是滿他的願，也還算好。」好像很絕情喔？不！她知道我要幹什麼。所以這事情對我來說是該作的，那就去作，不考慮生命問題；後來也知道往世早被幹掉過一次，如今看來也沒什麼，再來一次也是沒什麼。但是後來每一次開車時都會留意看，有沒有誰在跟蹤我。我們這本書流通出來了，我就想：「我們會裡爲什麼有這次法難？起因是什麼？」就是自在居士派了人來，進來同修會就先接觸我們一位住在基隆或是汐止一位姓蕭的同修，他的名字跟一家銀行一樣，我就不說了。

但起因—導火線—就是自在居士，因爲我們講的法跟他們說的法不同，所以他想要把我們瓦解掉。後來《正法眼藏—護法集》出版了，我就在扉頁提了字，親自寄給自在居士，還親自落款：蕭平實敬贈。我寫了對誰不利的書，我就寄給他，我一向這樣作。我評了釋印順的書，就寄給釋印順；我評了聖嚴法師，就寄給聖嚴法師，我一向都是這樣作。所以我評了林書漳——就是自在居士，我就寫了他的大名，然後親自寄給他，我在書上還有落款，包括年月日；當我在扉頁寫上他的名字加上落款時，特地墊了單面複寫紙，用一張十行紙墊在複寫紙下面，然後落款寄給他，所有落款的字句我都還有存底。追究他們之所以發動第一次法難，正是因爲被惡知識誤導了。

這就是說，死人仍然可能成爲惡知識，活人也會成爲惡知識；例如我們第三次的法難，是由楊一半先生發動的；我後來聽有的同修說他是怎麼樣轉折的，聽說他是去西蓮淨苑人家念佛的道場，跟人家約妥去論法，沒想到人家早準備好要質問他，結果他鬥不過就敗下陣來，心裡因此生疑了。如果是別的老師去論法就不會有這個問題，那他因爲是楊一半，他班上的學生私下都叫他是楊一半，雖然我罵了他班上的學生說：「以後不許再這樣叫，尊師重道的道理都不懂。」但是他退轉以後我思索了一下，他還眞的一知半解，所以人家用印順法師書上講的道理來質疑，他被問倒了，顯然他的勝解眞的只有一半。

我們其他親教師不可能有這樣的狀況，那麼當初我在宣講《成唯識論》時，他是從頭聽到尾，可惜的是他聽不懂，所以上課時不論提出哪一個法義來講解時，都是講到一半然後就沒了，剩下一半就交代學生們：「你們回去自己要思惟整理，這一半交給你們。」後來學生摸清他的底了：「啊！原來老師不懂全部，只懂那些，關於不懂的部分要我們弄清楚再來跟他報告。」所以他們私下爲他取個名號叫作楊一半；他就是被印順法師的著作給難倒了，所以最後他不認爲阿賴耶識就是如來藏，認爲另外有一個如來藏出生阿賴耶識，或者說是另外有一個眞如出生阿賴耶識；根本不知道阿賴耶識就是眞如，才會有二〇〇三年那一次法難。

不過話說回來，這樣的惡知識，他們否定了正法不一定就是惡知識。你們現在也許有人心裡抗議說：「你講話怎麼七顛八倒？」我眞的沒有顚倒，比如說，假使不是他們二〇〇三年發動法難否定第八阿賴耶識，我們就不會有那些勝妙的法義辨正書籍出版，包括《眞假開悟》、《燈影》……等書就不會有，而且我們正覺同修會也不會開始在增上班宣講《瑜伽師地論》。你們在增上班上我《瑜伽師地論》的課，也許不覺得怎麼樣；可是我告訴諸位，《瑜伽師地論》是佛法一切論的根本，能聽得懂是因爲你證悟了，而我又解說得很細緻，解說到你們聽懂。可是《瑜伽師地論》，你們去外面問問看，不說臺灣，就說大陸最有名的唯識學第一把好手，我就不提他的名字；他自己都說：「玄奘譯的《瑜伽師地論》我根本就讀不懂。」臺灣有所謂的唯識學專家，還寫過唯識學的書，來跟楊一半論唯識時還被楊一半給問倒，那諸位想想看就知道。

我們二〇〇三年二月開始講《瑜伽師地論》，到現在十幾年了，五巨冊才講完四巨冊，現在才剛開始講第八十一卷，已經講十四年了，現在是二〇一七年了；那後面估計快的話再兩年講完，慢的話大概還要三、四年。所以每一次上課都開快車，卻一直都快不起來，最多講十三頁，少的時候一次只能講兩頁、三頁，三個鐘頭欸！那你說，《根本論》那些法一般佛學研究者能眞懂嗎？不懂的。大陸的第一把好手都坦白說自己讀不懂，可是爲什麼諸位在增上班可以聽這麼勝妙的法？不就是因爲二〇〇三年他們發起的法難，我們才開始講的嗎？因此那些惡知識其實變成善知識了，所以我說他們如果聰明，捨壽之前作個迴向：願我以促使正覺同修會宣講《瑜伽師地論》的功德滅卻一切罪，來世往生善處，早值善知識親證菩提。這就是最圓滿的結局。

也許有人想：「您這不是眞心話吧？不管誰遇到這個情況，一定恨得牙癢癢的，恨不得反咬他一口，您竟然這樣講。」其實我真的是這個心情，因爲不管誰，我都要把他抓在手掌心兒——永遠不讓他下墮三惡道，不要走失任何一個人。說「握在手掌心兒」是一句俏皮話，實際上我們從來不掌控任何人，永遠是「來者不拒，去者不追」，這是我們正覺的門風。但是讓他們不墮三惡道才是最重要的事，只要不墮三惡道，未來世要學正法還是在正覺，所以依舊不會離開的。那麼任何一個菩薩，即使諸位將來出世當法主，也得是這樣想的，否則你要混到什麼時候成佛？不可以說：「這個人我看不中，那個人也不中；另一個人也不行，那個人也不行。」那麼在你座下想要證悟就很困難，當他們道業很難成就時，你就很難成佛，這道理很簡單。

這道理一定要懂，不是講大話也不是說漂亮話，因爲事實就是這樣；當你攝受佛土不夠時就無法成佛，那什麼叫作攝受佛土？就是攝受眾生。我講過《勝鬘經》，諸位都懂了，所以有時你從不同層面來看，惡知識就成爲善知識；也許他往世就發過那個願，說：「我要出來質難正法，讓正法可以講得更勝妙。」但是這一世他也許忘記了，這也有可能。《法華經》講的提婆達多不就是這樣嗎？這樣想通了，你就可以去作個界定：如果惡知識永遠不理會正理，一定要堅持到底，他的戒禁取見永遠不想斷，他的見取見也非常的強，死性不改，那你就可以說他是惡知識；假使他是可以改正的，他會改變回正法來的，他最後也能用理性探究然後弄清楚而回歸正法時，這樣的惡知識最後就轉成善知識，那他就會勸告自己的徒眾說：「**我以前所講的法不對，應該更正；以前有講對的部分可以留下來，錯的部分請諸位更正。**」他就可以成爲善知識了。

所以眞正的惡知識是不理性，永遠都不改的，才算是眞的惡知識；如果遇到這種惡知識一定要遠離，如果不遠離，遲早被影響。二〇〇三年楊先生他們就是因爲受到挫折，後來就去研究印順的著作，誤認爲印順的著作是對的，但是又認爲印順不如他自己，所以又創造了一個「眞如出生阿賴耶識」的說法，硬說阿賴耶識不是如來藏，才會變成惡知識。所以如何判別惡事，如何判別惡知識，都是學佛人一定要有的正知見。也就是說，一定先要好好學習正見，摒除邪見，讓自己建立起擇法眼來；於法有慧眼知所抉擇時，就是三十七道品中的「**法抉擇分**」發起了。

當你有了抉擇分的時候，惡知識對你就無可奈何，將來證悟以後就不會再退轉。所以如何建立抉擇諸法的智慧功能出來，這是最重要的事；但這要經由不斷地熏習、不斷藉法義的思惟和辨正才能建立起來。當你的抉擇分出現了，就表示你證悟的時候不遠了。那麼話說回來，「一切惡事及惡知識悉皆遠離」，是爲什麼能遠離呢？就是因爲前面所說的「具足持戒、禪定、智慧，不慳不貪，不染恚癡」等，乃至「不好世語，樂出世語」，這些正是前提；就因爲這些緣故所以他能「盡持諸戒」，而使「一切惡事及惡知識悉皆遠離」，這是有前因後果的。

回到經文來：「住如是法，則能解空無所有法。」這就是說爲什麼《佛藏經》中把所有的惡事都具足宣說以後，認定邪見才是最大的惡事，道理就在於此。能有這些條件努力證修，最後住在這樣的法中，遲早都要實證的；因爲你知道「無名相法、無分別法」的本質了，然後你知道應該怎麼樣求證；遲早你會實證的；證得之後住在這個法中，你就能對空、無所有法有所勝解。勝解跟理解不同，勝解是你實際上親證了，然後可以現觀祂，成爲自己的體驗；有體驗了就產生殊勝的理解，這跟信受上的理解不同。

那麼爲什麼要談到勝解呢？因爲在佛菩提道的參究過程中，有一天突然證得如來藏了，你說：「原來以爲如來藏是多麼玄、多麼妙，一定很難找到、一定沒辦法找到，沒想到現在我找到了，近在眼前。」近在眼前時往往心裡產生了疑惑：「這是眞的嗎？這眞的叫作如來藏喔？」產生了疑惑，另外一個念緊接著上來：「證如來藏很困難的，哪有可能這麼簡單我就證得了，怕是假的吧？」因爲你看見多少大師都悟錯了，「偏偏我這個人無足輕重，在佛教界誰都不認得，我就能夠實證喔？這到底是眞的還假的？」如果一直在這邊疑著，就不會有勝解了，因爲智慧就會被疑心給壓住而起不來。直到有一天不斷地去參究，也許這一天是一個月後到來，也許這一天是一年後、十年後才到來，這一天終於來了，你到了這一天可能說：「我看一定就是這個，因爲再也沒有別的心了。」承擔起來說：「這個就是如來藏，我信了。」這一接受，智慧便開始出現：「原來這就是眞如，原來這就是中道，這就是實相……等。」就開始出現了。必須是疑根斷了智慧才會出現，這時才能說是勝解，否則仍然只是理解。

這時就說你轉依成功了，轉依成功時就是眞的開悟；如果只知道密意是什麼，而沒有轉依成功、沒有勝解，就不叫作開悟；這個道理一定要懂。那麼這時你就眞的「住如是法」，就以這個「無名相法、無分別法」作爲你的究竟歸依。於外，你繼續歸依於勝義三寶，但是你很清楚知道：勝義三寶也是以此作爲究竟歸依。所以你就以自己的如來藏作爲究竟的歸依，就永遠住在這個法中。然後讀到經上講的空、無所有法，或者「空、無相、無願」三三昧，或者「空、無相、無作」三三昧，你讀過就懂了：原來是因爲依這個心空無形色、空無三界一切諸法，稱之爲空。依於這個空、這個空本身沒有相——沒有三界相，所以就沒有欲界我、色界我、無色界我之相，而且任何諸法的法相都不存在，眞的無相；既然如此，五蘊在人間有所得時祂依舊無所得，而五蘊的所得終究無常，歸於壞滅，這時你就不會想說：「我現在有二十億元，我想再賺二百億。」你就不會了，絕對不起此願。

但是會起另外一個願——「佛道無上誓願成」。由這個願就引生到別的來：畢竟我現在還沒有成佛，所以「煩惱無盡誓願斷」；但是斷煩惱的過程一定要學諸法門吧？所以「法門無量誓願學」；可是所有法門都學完了，仍然不能成佛，因爲你攝受的佛土還不夠，所以最後就是「眾生無邊誓願度」，四宏誓願一個也逃不掉，這就是菩薩的「困局」。逃不掉不是叫作困局嗎？

但這樣說得不好，應該說這是菩薩行道的基礎。有這四宏誓願作基礎，將來遲早都會成佛；所以這四宏誓願加一不行，少一也不得，那麼追根究柢還是依於這個「無名相法」的實證而得，所以這時知道什麼叫空了：「原來空含攝了諸法空相，也含攝了空性；空性是如來藏而能生萬法，所生的萬法不外空相，因爲苦空無常無我。」

空的眞實義具足了知，於是詳細加以觀察，現前觀察的結果，空這個法的自身其實是「無所有法」，空這個法如果是有物質的，那就應該可以拿得出來，可是沒有人拿得出來；譬如一擔芝麻，你把這一擔芝麻烤了、榨了，有麻油出來，你可以說：「對啊！芝麻裡面就是有油。」那油可以拿得出來，可是如果人家說：「你主張如來藏眞實有，那就是有啊！有就應該可以拿得出來，你拿來我看看！」不論你怎麼拿出來的都是無——空無形色，所以這時你就知道空眞是「無所有法」。「無所有」而稱之爲法，當然有祂的實質，不可能是斷滅空或虛空，不可能是一切無而可以說之爲法，否則就是戲論。「無所有」而稱之爲法，表示祂不是三界有，但能出生一切諸法。這時你對「無所有法」懂了，對空也懂了，因此以後永遠就「住如是法」，直至成佛永不改易。

那麼 如來解釋說，爲什麼這樣的比丘最後可以「解空無所有法」呢？如來說：「何以故？舍利弗！是行名爲大人所行，非是貪樂利養所行，非是愚癡常人所行，非是敗壞沙門所行，非是糠糟沙門所行，非是假名沙門所行。」這是告訴我們說：「如果出家後落在這幾種裡面，就不可能實證這個無名相法，他就不可能對『空、無所有法』有所勝解，永遠不可能住如是法。」所以諸位看見喇嘛在路上走時就不用搖頭了，因爲他們就是這幾種的人，最少也有其一，喇嘛們通常是有其二、其三、其四的。所以遇到某一些大法師在電視上口沫橫飛說得一大套道理，可是你聽了就知道：這個根本是個門外漢！你也不用搖頭，因爲你知道那不是「大人所行」，那是「貪樂利養所行」，那是「敗壞沙門」所行，你都可以確定。

所以能進得正覺來，即使你才剛進來一個月、三個月還在禪淨班，也不必妄自菲薄；要知道能進得正覺來，週二聽經不起煩惱，上禪淨班的課時聽老師在上面講勝妙法而不起煩惱，這不是簡單的事。你自己不覺得如何，我卻覺得不簡單，因爲這是五濁惡世邪見橫流的時候，而你能不理會外面那些邪見，不理會外面那些有理或無理的誹謗，堅持要在正覺安單，安下心來好好受學這就不簡單。一般學佛人讀到正覺的書、聽到週二我這樣講經時，通常都會生起煩惱，不容易安住的，但你可以安住，眞不容易！特別是我講《佛藏經》以後，比丘、比丘尼坐在這裡很自在聽經，這眞不簡單，不信你去外面找比丘、比丘尼來聽，他們一定一面聽著一面心裡罵著；但這也正常，因爲這是末法時代了。所以諸位坐在這裡，以我的看法都說是彌足珍貴。

那麼「大人所行」到底講的是什麼道理？是說你要親證如來藏，如來藏的行相依禪宗的說法叫作「大人相」。爲什麼如來藏無形無色，而祖師卻把祂叫作「大人相」呢？因爲祂從來都不計較，永遠都不會小鼻子小眼睛。所以你證悟之後知道祂在哪裡，你說：「我今天可找到你了，你這個壞蛋，躲了我幾十年。」你罵祂壞蛋，祂不生氣。改天你想想說：「唉！我沒有你還眞活不下去，我愛死你了！你對我眞好，你眞是大大的大人，天下最好的人，再沒有誰能比你對我更好。」如果是一般人聽了一定尾巴翹起來，但祂也不動其心，因爲祂不跟這種小人物的想法相應，永遠不計較，永遠行於「大人所行」之事。

「大人所行」之事還有個意涵；三界中誰最大？啊？佛最大！即使將來你成佛了也跟現在諸佛一樣，永遠行於「大人」之事；「大人所行」就是佛之所行，佛之所行是無垢識的所行，這不是「大人」之事嗎？接下來的是菩薩的「大人」之事，阿羅漢的「大人」之事，緣覺的「大人」之事。這時一定有人想：「那我們凡夫大概沒有『大人所行』之事了吧？」不！凡夫也有「大人」之行，只是你自己沒看見。也許又有人想：「我們凡夫之人也有『大人』之行，那麼狗呢？癩痢狗呢？可能就沒有了吧？又如果是昆蟲、是蚯蚓，可能就沒有『大人』之行吧？」不！我告訴你：「一樣有。」因為這一位如來藏「大人」上從諸佛下至螻蟻，平等平等，永遠行於「大人所行」。

但這個是從理上來說的，從事上來說就是要好好持戒，應該降伏其心，要修的禪定就得修，該聞熏、該思惟的智慧也得聞熏、得思惟，該把慳與貪布施出去時就要趕快布施，貪染的、瞋恚的、愚癡的種種心行該滅的就趕快滅除，還有很多都應該要修，這就是事上的「大人所行」。如是行就稱為「大人所行」。到了有一天因為基礎都建好了，是該起造樓房時，那就開始參禪，參禪之後有一天終於悟了，對真如「無名相法」生起勝解不退轉了，那就是已經「住如是法」，這時一切所行就稱為「大人所行」，事理兼備。

如來說這種「大人所行」「非是貪樂利養所行」，換句話說，「大人所行」有許多負面的列舉：「貪樂利養所行」就不是大人所行。所以如果宣稱證悟了，然後一天到晚說：「明天你送兩百萬元來供養我吧，你不是很愛布施嗎？」我告訴你，這樣就不是「大人所行」，這叫作「貪樂利養所行」，這就是如來所舉的負面表列。但有時看一件事情不能從單方來看，要看到這一件事情的兩面；例如臺灣四大山頭大家都知道，少者一個月收一、兩億元，多者一個月收了將近十億，這才叫作大山頭。那他們收了這麼多錢，例如後山那位，那道場每年收了將近一百億元；在內湖圈地事件沒有爆發之前，年收將近一百億元，事件爆發之後聽說剩下大約三十億元一年；即使只是三十億元，若是拿到正覺來就把我們壓垮了，我眞的無法想像一個道場一年收了將近一百億元，那錢要怎麼花？因為那錢不能放在口袋裡，那錢會燙死人的。我這樣說，突顯出一個道理，諸位一定有一個定心所出現說：「那一定是怎麼樣……。」這我就不談了，我要談的是你應該從另一個層面來看。

假使四大山頭都這樣，或者其中僅僅一個大山頭是怎麼樣呢？把陸客必來參觀的景點收了供養等，再拿去大陸用；例如佛光山他們拿去大陸作很多的文化活動，文化活動的背後本質是把表相正法傳過去，在這種情況下我對於他們每一年收個八十億、五十億元，還是贊成的，而且我還舉雙手贊成；雖然他傳的是表相佛法，我還是非常認同隨喜，那我就要改口說「他們非是貪樂利養所行」，我講的是錢的這個部分，其他的不談。爲什麼要這樣講？諸位大部分都不會想到這一點吧？因爲在那個環境下，臺灣或者外國沒有任何一個宗教團體可以在那裡實行宗教之事；而我們這個法要傳過去時又太深，一般人難以接受，只有學佛人中過去世曾經修行過這個法的人才能接受，層次太高，有一句俗話說「曲高和寡」；我們不要說「他們把表相佛法傳過去那麼多，我們將來去怎麼收拾」，別這樣想。

想想看我們在臺灣弘法，假使不是四大山頭弄成一個學佛的風氣，到了末期出了一個現代禪說眞的可以開悟、眞的可以證果，那麼我們出來說明什麼才叫作眞正的開悟，那會有人接受嗎？諸位要考慮到這一點。所以我不否定他們的弘法，我是一開始弘法就讚歎他們接引初機學人，這個說法始終不變。但我爲什麼後來要評論他們？是因爲他們開始抵制正法，所以我才要評論；但對於他們接引初機學人的功德，我始終都是讚歎的。那現在臺灣四大山頭已經確定有一個山頭是這樣在作，我就瞭解他們開始作這件事情以後，顯然要花很多錢；那錢我們花不起，除非你們每一個人都捐一億元過來，那我就花得起。但因爲你們不是在世間法上像他們的某些功德主那樣很用功在世間法上，我提出這個要求就不合理，因爲你們現在是應該實證的時候。

那麼這樣我們可以有一部分的瞭解說，他們那一些陸客必來的地方收了很多錢以後，再又回到大陸去作了那一些文化活動，那我們是隨喜的；這時候我就說：針對用到大陸去作文化活動那一些錢就不是「貪樂利養所行」，那我就讚歎囉！可是還有其他的山頭作了這些事情沒有？沒有，那就是「貪樂利養所行」，這樣我等於爲他們開了另一條路，所以我希望其他三個大山頭都能夠好好學學佛光山，去大陸把表相佛法努力推展出去；努力推廣了出去，一方面他可以減免聚斂很多錢財而未來世無法償還的惡業，一方面他們可以成就弘法利生的功德，當他們去那邊大幅度的、普遍的成就了，就是我過去的時候了。

以前月溪法師那些團體，北部、東部、中部串聯來說服我時，他們說：

「蕭老師您這本《正法眼藏—護法集》就不要出版了，大家和平共存；因為您蕭老師這個法太高深，就譬如只有金字塔頂端那一塊石頭一樣比例的人能接受您這個法；能學習您這個法的人不會超過百分之五，其餘百分之九十五的人怎麼辦？與其讓他們在紅塵道場打滾，不如讓他們在月溪的法中打滾。」那後面這一段話我當然不接受，因為在月溪的邪法中打滾的人會否定正法，但是他那一句講得好：「能接受您這個法、學習這個法的人，大約是百分之五。」這句話倒講得對，所以我接受了；他們講了那麼多話，我就只接受這句。

所以四大山頭若都能把錢用到大陸去，以佛教文化的名義去把表相佛法傳出去，那我就隨喜讚歎！因為他們如果把表相佛法傳到很普遍了，可以跟密宗假藏傳佛教鼎足而立，這很重要；由於現在大陸百分之九十所謂的學佛人都學密宗假藏傳佛教，正統佛教都在文革時被破壞掉了。後來宗教開放學佛，那就是學密宗假藏傳佛教了，所以能去把大陸學佛人作一個最基礎層面的正知見建立，那是好的；特別是佛光山六、七年前開始承認阿賴耶識是正法，我們就該讚歎他們了。

這樣子去傳表相佛法時至少不會偏離太多，我就說他們假使都這樣作，即使每年收一百億元也不是「貪樂利養所行」，前提是他們把每年一百億元都花到大陸去作佛教文化的推廣，你們認爲我說的有沒有道理？（大眾答：有！）這是至誠不易之理。這樣就不必擔心說：「每個月收那麼多錢，我死後怎麼辦？」就不用擔心了，全部都把它花出去，都用在佛教文化的推廣上，反而是好事。

話說回來，如果能「具足持戒、禪定、智慧，不慳不貪，……乃至住如是法」，能勝解「空無所有法」，這樣的人「非是愚癡常人所行」。愚癡的一般人所行不外於追逐五塵，不外於五欲，他們看重的就是五塵跟五欲，但那畢竟是生滅有爲無常流轉之法。當一個人心裡想的都是人間的財色名食睡，想的只是如何有權力、如何有名聲、如何有廣大眷屬財富，那就是常人，所以在世間法中說這樣叫作正常人。如果有人出來賺錢以後全部都把它布施出去，人家就說他不正常；所以如果不想賺錢，人家就說「這個人沒用」。在學校裡什麼叫作好學生？就是好好讀書學習技巧，將來到社會上可以生存，這樣的人就叫作好學生。

學生爲什麼會叫作學生？就是這個道理：學習將來到社會上怎麼生存。沒有一個學校把學生叫作學賺錢、學技術、學謀生，就統稱之爲學生；但諸位進來正覺學什麼？學死啊！是要學習怎麼樣可以究竟的死，這才叫作「善逝」。當你學到完全究竟了生死時便叫作善逝，就是成佛時。可是不管進階班、禪淨班、增上班，都還把諸位叫作學生，因爲我們是菩薩而不是聲聞；而且如果我開口閉口說：「我增上班有四百多位學死。」外面人家聽了怎麼想？外面的人都不能接受。所以你們還是自稱學生，我還是自稱老師，這樣天下太平。但我們學這一些法，從天下人的眼光看來就叫作不正常；所以依外面道場的人來講，他們看你們是不正常，因爲颱風、下雨、晒太陽或者寒流來時大冷的天氣，還是一心一意要出去作義工，要出去救護眾生；來正覺那麼辛苦的學法還要作功夫，不怕辛苦，對一般學佛人來說你們都算不正常；可是這種不正常學法的心境和實際上努力修行的狀況在佛世是正常的。

但是如來說常人所行叫作愚癡行，因爲沒有智慧啊！當你說到世間人沒有智慧，可能招來一頓罵；人家會說：「哼！你笑我沒智慧，你誹謗我啊？」所以這智慧你還得要爲他好好解釋。一般人都說：「學佛只要心好就好。」

一般大約是這樣講的，所以法鼓山才會提出來：存好心，說好話，作好事。說這樣叫作學佛，聖嚴法師是這樣提倡的。有的學佛人就說：「他們那個說法看起來不像佛法。」所以那種書他們讀不下去，就表示他於了義正法的緣開始成熟——他懂得抉擇了；可是一般正常的人還是接受說：「那就是佛法啊！」但如來在這裡說「常人所行叫作愚癡行」，反而是「住如是法」而遠離「一切惡事及惡知識」的人，對「無名相法」親證而能勝解「空無所有法」的人，才眞非是常人所行；不像是常人所作的愚癡行，所以叫作「非是愚癡常人所行。」

那麼在世間法上安住了那麼多世，即使眞的把所有募集來的錢全部用在世間人身上，作盡了一切好事也仍然是「愚癡常人所行」，因爲不能解脫生死，也沒有實相的智慧。如果出家人一切所行跟「愚癡常人所行」都一樣，連表相佛法的努力傳揚都作不到，這樣的人積聚了無數錢財受用之後，未來世很難繼續住在人間。如果貪得名聞利養、貪求法眷屬，把徒眾們的供養全部都拿來自己受用，受用不完再移轉給俗家的眷屬共同受用，這叫作「敗壞沙門所行」；因爲出家之後四事供養都來自在家信徒，就應該回報給在家信徒如何解脫、如何實證眞如三昧；但他從來不思索如是行，對信眾沒有法上的回報；實證上作不到，至少也傳給信眾們表相的正確佛法。偏不！偏把信眾引到密宗假藏傳佛教裡去，和信眾共同成就誹謗如來、誹謗正法的惡行，這叫作「敗壞沙門所行」。

那麼「敗壞沙門所行」在末法時代已經很普遍了！好在臺灣現在誤導大家大妄語業的現象已消失，這都是諸位護持正法的功勞；如果不是諸位護持正法，我一個人作不了多少事情。但是現在西邊的大陸，這部分還要靠大家繼續努力，因爲在那邊敗壞佛門的事情仍然是現在進行式，還得要諸位共襄盛舉才行；那邊害大眾造大妄語業的人繼續在陷害中，破壞正法的人仍繼續在破壞，支持密宗假藏傳佛教抵制正法的人也繼續支持著；所以這些「敗壞沙門所行」仍然是現在進行式，還需要大家繼續努力。

那一些人的行爲可說是「敗壞沙門所行」，但如果「住如是法，則能解空無所有法」，一切所作所行就不是「敗壞沙門所行」；因爲你知道一切所爲不外於如來藏，所以一切善行、一切惡行最後終歸還是存在自己的如來藏中，自然不造惡業，只會去利益眾生。「假使百千劫，所作業不亡，因緣會遇時，果報還自受」，任何人造下惡業都逃不掉的。也許有人說：「那如果我是行善，這福德果報我又何必討？」是啊！是不必討，但是你要懂得應對，千萬別被福德果報牽著走，然後就迷失了佛菩提道。所以福德果報你要懂得用，不要被它所侷限，那麼未來世你出家後的一切所行「非是敗壞沙門所行」。

可是還有一種叫作「糠糟沙門所行」（我們現代比較習慣說「糟糠」），什麼叫糟糠？就是應該要沙汰，不想要的才叫作糟糠。當你開了碾米廠，人家挑了米來（古時是用挑的，現在用卡車載來），來到你的碾米廠碾過以後，他把穀皮留給你，白米或者糙米帶走；你不會遇到有人說「白米留給你，我拿走穀皮」，永遠不會的。這表示那穀皮不是好東西，人家要的是白米。如果是精碾的白米，聰明人是不是要求你：「把那個米糠留給我。」因為米糠很營養，這是聰明人。但他留給你的就只是糟糠，也許你還向對方要求說：「我幫你處理這些糟糠要收費。」他還願意付費給你，表示那不是什麼好東西。同理，如果出家了，變成「糠糟沙門」，表示大家都不要他了，這種人在僧團裡面只會出紕漏，對僧團無所利益，就叫作糟糠。

譬如出家之後應該有各種執事承擔，乃至方丈也有方丈的執事：要接待貴客、爲大眾說法。如果是這個斗大的字識不了一籮筐的人也來出家，他就服侍眾僧也行；所有出家人的飲食或者其他事務需要幫忙，他不能只在寺院裡當一條米蟲吧？就去幫忙作事；如果這也幹不了、那也幹不了，遊手好閒，早晚課也不作，每天像世俗人一樣睡大覺，人家來管、他也不讓管，那僧團一定不喜歡他，大家都希望他趕快遷單。而且和尚講經他也不來聽，打坐修定時他也不來坐，出家後無所事事、一無所成，這樣也叫作「糠糟沙門」。

「糠糟沙門」是大家應該排除的，佛門中最不喜歡這樣的人，最好是說服方丈說：「您不要當老好人啦！去告訴他，叫他遷單吧！」因爲「糠糟沙門」於整個僧團無所利益。如果出家了是這樣的人，他如何學好持戒、禪定、智慧？全都不行，當然更不可能「住如是法」。他對「空無所有法」完全不能理解，不如讓他遷單，免得損害後世福德；這種人所行就叫作「糠糟沙門所行」。當你實證而瞭解「空無所有法」，而且「住如是法」，佛說你的所行「非是糠糟沙門所行」。今天講到這裡。

《佛藏經》上週講到七十六頁第二段倒數第二行「非是糠糟沙門所行」，

接著講下一句「非是假名沙門所行」。如來說有「假名沙門」，究竟是哪一種沙門稱爲「假名沙門」？佛法中說有沙門，外道也說有沙門，沙門就是出家修行的人。可是有一天有個外道來跟 如來爭執，因爲 如來說外道之中沒有沙門，他就來爭執說：「我們明明也有出家人啊！」如來說：「你們那些出家是假出家，不是眞正的出家，你們只是假名沙門，不是眞實沙門，因爲你們沒有沙門法。」如來說：「在我教下出家修行這些聖弟子們才是眞正的沙門。」

換句話說，如來說的出家是「能出三界家才叫作沙門」，或者有在修學能眞正使人出三界的法，將來可以出三界的人，才是眞沙門。假使想的或學的都不能出三界家，而心裡想的、口中說的、身上作的都是爲了三界中法，這樣的修行其實都與在家人無異，只是換個家而住。甚至有人把家裡的妻子兒女捨了，老父母捨了，自顧自到山林去修行，美其名爲出家，可是心裡想的都是在家之法——五欲，如來說那樣的修行人沒有沙門法，不能名爲沙門，所以說外道法中沒有沙門。那外道本來要來爭執，沒想到反而被 如來訓斥了一頓；不過這外道倒好，沒有生氣，信受了 佛的說明，回去外道法中再也沒有誹謗 如來，算是有一點點的善根。

現在大陸也有一些出家人在誹謗說：「正覺教團有佛、有法、無僧，所以他們三寶是不具足的。」這意味著什麼？意味著他們都是聲聞人，而且是表相的出家人，連聲聞中眞正的沙門法都沒有。這又讓我想起蔡老師那本《眞假沙門》，我要再提一提，得要加緊腳步寫完繼續連載，因爲他們眞的需要再教育。在臺灣，佛門中人都已建立了正知正見，所以他們現在開始在表相上懂得什麼叫作大乘沙門；也就是說，什麼叫作菩薩僧，他們現在大約懂了；可是在大陸，我們流通的書實在太少、太少，所以大陸的出家人有待教育。

在佛法中有聲聞僧也有菩薩僧。關於是否有菩薩僧，這個命題，在我剛學佛的那幾年，臺灣佛教界已經爭執過了；那時是聖嚴法師說沒有菩薩僧，那昭慧法師說有菩薩僧，而法鼓山有個果通師出面爭執，爲師父辯解，兩方就一來一往打筆仗；這筆仗打到最後，果通師無法下臺，因爲昭慧雖然是個六識論者，她倒懂得有菩薩僧，她把經教舉出來證明有菩薩僧，果通師下不了臺，最後還勞駕聖嚴法師寫信跟昭慧法師道歉。不道歉還好，沒想到這一道歉就壞事了，那果通師一看：「欸！昭慧法師比我師父行欸！」於是轉頭歸向昭慧去了，你們看！有這樣的徒弟！但後來她是不是仍跟著昭慧就不知道了，這是我當時的所知。這就是說，經由那一場筆仗之後，臺灣佛教界懂得確實是有菩薩僧，只是還不知道菩薩僧也有示現在家相的，好在《人間佛教》出版流通以後，可以再讓大家的知見繼續提升，這就不是問題了。

那時《人間佛教》我還沒有宣講，書本尚未整理出來流通；我們正覺弘法是依據聖教及聖言量和比量談過許多有關佛教沙門的事，證明佛法中有菩薩僧。因爲佛門中的僧寶不是只有修學解脫道而已，因爲迴心阿羅漢具足解脫道之後又修學菩薩道，當然是菩薩僧了。可是菩薩僧是當年佛教界所不知道的，就是菩薩實證的五十二個階位和內涵，這些實證內涵與果位都是沙門果；但他們並不知道，所以他們所謂大乘法中的開悟是離念靈知，而開悟所證的解脫果就是聲聞果，沒有菩薩果。後來我們每一本書後面都列出佛菩提道的兩個主要道，說明解脫道是如何含攝在佛菩提道中；然後我們也定義了出來：大乘法中的證悟明心是在第七住位，退轉了就成爲六住位；得要把見道全部通達了才算入地，不是一悟就成佛的；一悟成佛的人只有最後身菩薩才行，也就是妙覺菩薩，那時才能一悟成佛。

當然也有對佛法一知半解的法師跟我們爭執，爭執得比較厲害的就是慧廣法師；爭執到最後，大家發覺他的智慧不廣，他眞的弄錯了，是被六識論的釋印順給誤導了。那我們不斷舉證說明之後，臺灣佛教界終於知道什麼叫作菩薩僧。我們有些書中也舉例過了：觀世音菩薩在如來座下奉侍如來，他不是長髮飄逸嗎？天衣飄飄，胸佩瓔珞還掛著臂釧，只差沒有帶手鍊，那他到底是不是僧？他看來是具足在家人的法相，到底算不算是僧？又譬如文殊師利菩薩，又譬如東方無邊世界外前來的普賢菩薩，到底是不是僧？不然就說在家的居士娶了老婆還有個女兒的維摩詰大士，他是成佛後倒駕慈航來的，可能他成佛前在釋迦如來座下有些什麼因緣，發了願要來幫助釋迦如來，所以倒駕慈航再來；那他示現的是個在家人，也是留著長頭髮，穿著世間華貴的衣服，眞的叫作雍容華貴，而且僕人成群、家財萬貫，那他到底算不算是僧？他迴心來釋迦如來座下當一個妙覺菩薩，但他是已經成佛的人，到底算不算是僧？這些妙覺菩薩我們不再談，他們都示現爲在家人模樣，但證量奇高無比，大家都無法猜測他們是什麼樣的證量，因爲妙覺菩薩的證量只有妙覺菩薩才會知道，剛離開十地入了等覺位的人都還不懂。

那麼這些大菩薩們不談，單說初地好了；初地證量夠淺了吧？是夠淺了。啊？怎麼你們都沒有人認同我？初地證量夠淺了，因爲還要兩大阿僧祇劫才能成佛，怎麼不夠淺？但這麼淺的菩薩稱之爲聖位的菩薩，已經是大乘法中的修道位而不是見道位，這位菩薩是每一世都可以出離三界生死的，但因爲十大無盡願所持而世世受生於人間，繼續自度度他，這樣的聖位菩薩算不算菩薩僧？算啊！可是這樣的聖位菩薩一定現聲聞相嗎？（大眾答：不一定！）不一定喔！是啊！這樣的聖位菩薩也許依舊每天朝九晚五、西裝革履去公司作生意；甚至可能示現爲女人身，燙了頭髮、點了胭脂、撲了粉，還掛了耳環、戴了項鍊，穿得漂漂亮亮去上班，但無妨依舊是菩薩僧；因爲她（他）已經有能力出三界了，這樣的沙門果，不正是沙門果？而且是遠比聲聞沙門果的證量高過很多倍。既然是沙門果的證量，那她（他）的證量不是出家果嗎？正是出家果。凡夫僧當然可以自稱是出家人，而這個能出三界家的初地菩薩衣著華麗，燙頭髮、點胭脂，搞不好還畫了眼線，那她能出三界家宅又有無生法忍的實證，怎麼沒有資格稱爲菩薩僧？所以這個道理一定要懂，如果不懂就被人家牽著鼻子走。好在現在《人間佛教》出版流通了，臺灣佛教界高層人士大約都懂了，在臺灣比較沒這方面知見的問題了。

那初地菩薩諸位不敢說「夠淺」，不然我們再降下來說第七住位的菩薩好了；不！還是先說第十住位好了。十住菩薩眼見佛性，在山河大地上看見自己的佛性清楚分明，這樣的十住菩薩是有如幻觀的現觀，這是菩薩果，非聲聞羅漢之所能知；而他的菩薩果位就是第十住，第十住位夠淺了吧？欸？也沒有認同反應喔？第十住菩薩離初地還有一大段距離，只走完第一大阿僧祇劫的三分之一，還要把已經走過的路再走兩倍才到初地，這夠淺了，但那一些六識論的聲聞僧有哪一個到得了？不說他們，連阿羅漢位的聲聞僧也到不了啊！那他們一個凡夫僧，只因爲剃了頭髮穿著僧衣成爲聲聞僧，就說他們是僧，不許人家證菩薩沙門果的十住位菩薩說是僧，這沒道理吧？因爲這也是出家果，而阿羅漢如果迴小向大成爲菩薩時，也還只是第六住位而已。大乘法中的出家果就是五十二個階位，這出家果之中，有的人不但能出三界家，還能出變易生死的三界萬法之家，所以十住菩薩再修三分之二阿僧祇劫就到初地了，怎麼可以說不是菩薩僧？

如果說十住位諸位也嫌高（不能說是嫌高），也覺得他還是有點高，不然我就說諸位實證的第七住位好了；明心證悟不退這夠淺了吧！我說這個大乘見道只是眞見道第七住位，在《楞伽經》中說這樣的菩薩叫作菩薩摩訶薩；可是這第七住位的菩薩摩訶薩們，實證了摩訶般若，其智慧非聲聞阿羅漢之所能知，難道不是菩薩僧嗎？難道是每一個人都得現聲聞相才能證悟般若嗎？沒有如此的啊！不但現代如此，古時如此，《華嚴經》中已經跟我們講得很清楚了。我在《人間佛教》書中也有舉過例：善財大士之所以稱爲大士，因爲他入了菩薩法界而歷經五十三參——參訪了五十二位善知識，於是他就成爲妙覺位的大士，可是他依舊是示現在家相。回過頭來看他參訪過的五十三參大善知識，其中的兩參是同一位，這是題外話；這些善知識除了前面的十六位以外，每一位都證得菩薩沙門果，可是才有幾位聲聞相的菩薩呢？十個指頭都數不完，大部分都示現在家相，可是都稱爲菩薩僧，全都是善知識。

那麼再來看現代二十一世紀的佛教，諸位在正覺同修會中，我們增上班上課時（其他各地的講堂不提），單說臺北講堂，現聲聞相的菩薩僧依舊是極少數，不是大多數；我上課時放眼望去黑壓壓的一片，大部分都留著頭髮，當然也有老人是白頭髮；那我在九樓從螢幕上看到十樓講堂坐的增上班同修們也是一樣，所以菩薩僧不是專以穿著僧衣、剃了頭髮、燙了戒疤的聲聞相菩薩來說的，所有證得般若或無生法忍果的在家人也都是菩薩僧。乃至聲聞果也不是依僧衣來講的，例如經文中有記載阿支羅迦葉、摩羅迦舅他們兩人都是在家人，但是他們捨壽之後，如來也是要求出家的聖弟子們去為他們供養闍維，因為他們證的是出家果，那就是出家人啊！

那阿支羅迦葉午前攀緣著 如來求法，強行擾亂著 如來非要跟他說法不行，如來為他說法以後他證得阿羅漢果，然後去牧牛時為護小牛，就被母牛用牛角觸死了；如來也命令比丘眾同去供養他的屍體，再為他荼毘。世尊這是宣示什麼道理？這是說不論在大乘法中或是在二乘法中，都依所證的果位來說明他證的是沙門果；既然都稱為沙門果，沙門是出家，那麼證的果就是出家果。這表示不論在二乘菩提或大乘菩提之中，所證的果位都叫作沙門果；既然所證都是沙門果，證果者就是出家人啊！

在《阿含經》有記載的在家人證沙門果成阿羅漢的人有兩位，是因為他們的事跡太突出而被記載下來，沒被記載下來的證阿羅漢果在家人，一定還會有一些。可是大陸那一些法師們不懂，有待教育；他們只看有沒有穿僧衣，可是他們穿著僧衣喝酒嫖妓，有更多出家人是學密而在修雙身法的，幹的是世間人都不一定會幹的惡事，遠不如世間正常人，比在家人還不如。所以你們可以看到，網路上也可以查到，還把寺院弄成公司股票上市，身是出家人、心是在家行，卻來笑正覺沒有出家人，那你們增上班的在家出家四眾全都是證悟者，難道不是僧寶嗎？

那咱們反過來，身是在家身，心是出家行，他們完全無法想像；他們對佛法也眞的不懂，所以他們說正覺教團有佛有法沒有僧。那我倒要請問他們：「**正覺教團的佛是什麼？**」是玉雕、木刻的叫作佛嗎？他們想的不就是玉雕木刻的佛？其實不是，而是 釋迦如來才是我們正覺的佛，不是案上玉雕、木刻的佛像叫作佛。如果要談到自性佛，他們更不懂了！哪天見了面問他們說：「**你身上就有三寶，那你告訴我，你身上哪個是佛？**」他們聽了一定當場懵了，不知道該如何答。所以大陸法師那樣的質疑是非常無知的言語，我希望將來這講記整理出來流通到那邊時，他們讀後就能懂得。

所以末法時代「**假名沙門**」到處都是，大陸那些質疑正覺的聲聞凡夫僧正是如此。將近二十年前廣州一座很有名的寺院，有個日本人出資五百萬人民幣要作功德，指定要整修寺院，他眞的很有善根；他交給方丈五百萬元人民幣，結果方丈納入口袋，回家跟他出家前的子女老婆分了。什麼東西不好侵佔，竟然去侵佔三寶的財物，愚不可及啊！因爲他不信有後世的因果。大陸有很多出家人都相信人只有一世，因爲他們出家前被無神論的執政黨教導說：「人只有一世，都靠父母物質把我們出生的，沒有後世。」他們從小被這樣教導，後來出家認爲反正沒有什麼下一世果報，什麼地獄、餓鬼道那都是騙人的，所以能弄到手的就弄到手，沒被抓到是我運氣好，被抓住了是我倒楣；他們是這樣想的，根本就不是出家人。

所以現在大陸雷厲風行的反腐運動，我說只能治標而不治本，因爲人心敗壞，心存僥倖：「我能貪就貪，反正沒有後世因果；被你抓了算我倒楣，抓不到我呢，我就賺了。」他們出家人也不相信有來世。假使所有人都知道有來世，那就知道有未來世的果報，看見眼前有可貪之處而起貪時，轉念一想：「未來世我要怎麼還？」這一想，貪念皆息，這才是治本之道。所以他們官方自己也說：「反腐只治標，不治本。」可是治本的方法要從人心下手，他們卻又主張說人只有一世，那就根本無從改善。所以孔子學院開得再多也沒用，因爲他們認爲孔老夫子也是只有一世，大家想：「那我死了以後也跟他一樣，全都空了，倒不如一世好好享樂弄權搞錢就是了，反正沒有後世的果報。」這就是說，正知正見的建立在大陸還是有一大段路要走，在這樣的情況下，什麼叫作「沙門」他們不懂，因此去了大陸可別看到出家人納頭就拜，然後就掏口袋供養，你們所供養到的大部分是「假名沙門」，而且很多是白天來寺裡上班，傍晚下班回家時戴起假髮行在家法；那都是以世間心、行世間法而名爲沙門，所以那都是「假名沙門」，他們不是眞正的出家人。

如來說：「如果能夠具足持戒、禪定、智慧」，而且「不慳不貪」乃至於能「解空無所有法」，說這樣的人各種所行才叫作「大人所行」，這個人不同於世間人，所以稱爲「大人」。大人要有大人的模樣，這個模樣發之於心，也就是不「貪樂利養」。假使一天到晚開口說：「師父口袋都沒錢，日子眞難過，伙房裡快要沒米了。」其實根本沒這回事，卻是一天到晚開口向你要錢，那他心裡想的就是錢。其實出了家混口飯都混不到嗎？不可能的，如來的福德太大了，身爲如來的遺法弟子若是精進辦道，怎麼樣都有口飯吃，但他們一天到晚想的不是吃飽肚子就算了，而是要積聚很多的錢財；這樣出家的人就是假名出家，這樣的沙門叫作「假名沙門」。

接著如來又說：「舍利弗！諸法實相畢竟空寂，即是佛道；好世財利貪，說不淨法者，所不能及；舍利弗！是地名為大智者地，非是貪樂外道者地，非說我見人見者地。」世尊第一句說「諸法實相畢竟空寂」，這一小段的第一句有文章；「諸法實相畢竟空寂」只有八個字，要細說下來可就絡絡長了。這八個字有四個法：諸法、實相、畢竟、空寂。諸法到底是什麼？表示不是只有一個法，而是有很多很多法；例如欲界中有非常多的法，成篇累牘都講不完；光是人間就說不完了，若再講到三惡道或者講到欲界天，這些法太多了！把它縮減一點，色界天也有許多法；諸法能說得最少的，就是無色界，但也還是有許多法呀！即使到了非想非非想天，至少還有三個法，叫作意根、意識、定境法塵，其中也還有許多心所法，沒那麼容易就能講得完。但即使少至非想非非想天，多至人間的無量萬法，這一些綜合起來都叫作諸法，所以諸法等於是指一切法。諸法包括三界一切法，而三界一切法就包含十方三世一切法，所以諸法等於一切法。

那麼諸法後面再加上「實相」，這就有文章了；諸法在《阿含經》中都說是生滅不住。諸法都是生滅不住的，既是生滅不住的諸法，就是無常之法，但爲什麼叫作諸法實相？如果是從文字語言表面理解，就應該說是諸法虛相，爲何卻說「**諸法實相**」？印順不懂這個道理，達賴也不懂這個道理，他們就說：如來在初轉法輪講的一切諸法都是生滅不住、生滅無常，來到第二轉法輪般若經時又講諸法實相不生不滅，所以 如來前後轉法輪所說不一，自相矛盾；就由陳履安的眾生出版社爲他出版這樣邪見謗佛的書籍流通出去，眞荒唐欸！

他們的所見都是凡夫之見，若是從一個證得實相的人來講——從一個有實相般若的人來講，完全沒有矛盾啊！因爲四阿含初轉法輪時期講的諸法，都是現象界中的諸法；這三界中的一切諸法都有現象可循、可以檢驗，也都可以證實全部有生有滅。但是第二轉法輪實相般若諸經講的諸法或者一切法，是把一切法收歸如來藏來講，主旨是在講不生不滅的如來藏心，所以諸法的等義詞就是眞如、就是如來藏，是諸法附屬於如來藏而與不生不滅的如來藏合一，當然諸法是不生不滅的；如來藏才是諸法背後的實相，所以「**諸法實相**」就是「**無名相法**」如來藏，不是指五陰十八界等生滅法。因此《般若經》中也講：「**眞如雖生諸法，而眞如不生。**」這時的眞如兩個字不是講如來藏的眞如法性，而是講如來藏心體，是用眞如之名來指稱如來藏。說眞如雖然出生了諸法，可是眞如自己從來無生。既然一切法或者諸法全都收歸於眞如時，那一切法當然就附屬於眞如了，所以眞如無生、眞如不生不滅時，一切諸法當然也就無生、也就不生不滅。這哪有矛盾呢？是他們自己凡夫臆想分別所以弄不懂，竟然敢誹謗 如來。

因此到了《般若經》第二轉法輪時期，如來當然說「一切法本不生滅」，當然要說「一切法無生」。就好像一面鏡子裡的影像，把影像歸入鏡子所有時，你能說影像有生滅嗎？你能把那影像滅掉嗎？除非你拿個布把它蓋起來，等於是阿羅漢入無餘涅槃；不然就把它打碎，否則那影像是沒辦法滅的。你也許說：「嗯！到了晚上鏡子放在暗室裡，我把電燈關了不就滅了嗎？」我告訴你：「沒有滅，鏡子顯示的是暗像，還是有暗的影像在，只是你看不見，不代表它的黑暗影像不存在。」也許有人又說：「那好！我拿了榔頭來一槌把它搗碎，不就滅了嗎？」不，它會化成無量無邊的影像，全都是小影像，看你怎麼算？然而問題是如來藏這個明鏡是無法滅掉的，因為祂本來就在而不曾有生。所以五陰影像歸屬於如來藏鏡子，鏡子不生不滅，所以影像就不生不滅了。

同樣的道理，生滅的諸法只是因爲凡夫看不見實相，所以認爲諸法有生滅；但是看見實相的人，眼裡的諸法都是屬於實相、屬於眞如所有、屬於如來藏所有，而如來藏恆住，所以諸法就跟著恆住；如來藏無生，所以諸法就無生。因此第二轉法輪時期 如來就說「**諸法實相**」，因爲諸法生滅背後的眞實相就是歸眞如所有，這就是諸法的實相；依實相來看諸法時，諸法就不是虛相，諸法就不是無常生滅。只有想要出三界的人，世尊才告訴他們諸法生滅不住。這就是「**諸法實相**」的眞實義。

所以印順不懂、達賴也不懂，竟然敢誹謗 如來，就像是以凡夫之見關起門來，學愚癡的人去請人家偷偷製作一件龍袍（眞如），然後山門封鎖起來，自己在最裡面的一間房間暗室中穿起龍袍自稱皇帝（成佛），也不敢公然讓家人知道，因爲怕家人說溜了嘴，那可是滅門之禍。就自己一個人認爲：「我是皇帝（成佛）。」釋印順就是這樣自認爲成佛，沒想到釋印順事跡敗露，敗在蕭平實眼裡，所以他招來殺身之禍——大妄語業被公開了。我這個說法就是說，他們是自己跳下去承擔的，這個殺身之禍是他們自己招來的；

因為不論我講不講出他們大妄語的事實或證據，他們都得下地獄，凡有所造各種惡業都已造了，因果顯然，哪能是我不說他們，他們就能不下地獄的？而我只是舉例出來作個事證，教育佛教界。所以世尊說「諸法實相」一點都沒有過失，正是如實說；不論我們從聖教量、從現量、從比量來說，這都是無可非議的。

接著「諸法實相」後面又兩個字：「畢竟」。畢竟二字有兩個意涵，第一個意涵說，前面「諸法實相」四個字是畢竟的，因為這是現量觀察、現量親證的境界，是不可改變的，所以叫作畢竟。現觀諸法實相的人都知道如來藏這「無名相法」是究竟法，世、出世間一切法沒有一法能超越於祂，所以祂是畢竟。「畢竟」二字的另外一層意涵，是形容後面兩個字「空寂」，意謂這裡所說的空寂是絕對而無可超越的，再也找不到任何一法可以比如來藏這「諸法實相」更空寂的了。所以「諸法實相」是無上法，因為沒有一個法可以超越這個現量境界；對沒有實證的人來講，說「這個境界我得想像一下」，但是對於親證的人來講，這是現量。既然是現量，依著這樣的現觀而從各個層面來講祂，所說雖然表面上有許多不同，但絕對不會自相矛盾，因為這是實相法界究竟之法。

所以我講經說法不打草稿，已經講了二十年，從《楞伽經》開始講到現在有幾年了？《楞伽經》是以前在陽明精舍開始講的，那時都還沒有正覺同修會，後來講到中山北路地下室的正覺講堂把它講完。從一開始講經直到現在，我依舊只依經文宣說而不打草稿；可是講的不會前後矛盾，因此佛教界有許多人每兩個月去書局買我的書，想要從裡面找碴；結果一杯也找不到，茶（碴）沒得喝，裡面都是法而沒有「茶」。所以好多人想寫文章或想寫書來批我，結果最後是心裡被我說服了，因爲找不到碴。

我是依著現觀而講的，如來藏是親證的，眞如是現觀的；依著親證的境界，現觀如來藏的自性來說法時，永遠不會有錯誤。那我爲什麼解說無生之如來藏眞如時，永遠不會有錯誤？因爲祂是畢竟之法、究竟之法、無上之法，能現觀無上法而依著現觀來說，怎麼講都不會錯；所以二十幾年講經下來，只有前後淺深的差別，只有前後狹廣的差別，不會有自相矛盾之處，想要找碴的人一定找不到。所以說，這「**無名相法**」是究竟之法，究竟的緣故就說是「**畢竟**」。

那麼最後兩個字「空寂」；以前佛教界大家講來講去都是無常、苦、空、無我，所以不要執著，因為一切皆空。問題是當他們每天在告訴徒眾一切皆空、諸法無我時，卻一天到晚伸手跟徒眾要錢，都很注重自己的尊嚴——有我，這是什麼道理？因為他們都落在有之中，口中說空，身行於有。那諸位來正覺講堂上課時，有聽說過親教師開口跟你們說：「**講堂欠錢，你們要捐錢啊！**」有沒有？沒有人聽過啊！每週二來聽經我有開口跟你們說：「**我們正覺講堂欠錢，現在好窮喔！**」有沒有？從來沒有啊！如果我開口了，諸位拿錢來護持，那叫作不樂之捐——不快樂的護持；這樣功德就打折扣，一定有功德但是打折扣。我們不但法上是來者不拒、去者不追，在護持上面也是這樣的門風，從來不開口勸募；諸位如果要護持正法，那是為自己的福德而作護持的，是歡歡喜喜地護持，功德才會圓滿。

那為什麼我們從來不開口勸募？當然是因為我們沒有想要建立什麼大山頭，另一方面則是因為我們親教師們大家現證的境界就是「**諸法實相畢竟空寂**」，而空可以函蓋一切有。譬如現象界，十方無量無邊的山河世界不都是容納在虛空中嗎？都是被虛空所函蓋的；同理，每一個有情自身所有的無量無邊諸法，也都是被空性如來藏所函蓋；但是空性如來藏自身的境界中卻空無一法可得，在無一法可得之中卻出生了有情與器世間；然後從有情身上顯示了無量無邊諸法，而這無量無邊諸法都是直接、間接或者輾轉從眞如這個空性中出生的，所以空函蓋一切法。但空性祂自己的境界中無一法可得，無一法可得時就表示沒有六塵，那是絕對的寂靜，這就是「**諸法實相畢竟空寂**」。

請諸位假設一下，假使你的六根和六識可以住在完全沒有六塵的境界，想想看那會吵鬧嗎？完全沒有六塵時，那是究竟的寂滅啊！但是我告訴諸位說，這是一個想像，因爲事實上不可能；事實上你的六識必須依於六塵才能生起及存在，若沒有六塵時，你的六識不能現起、何況存在，所以說這是一個想像。那麼在諸法的背後那個實相那是空性如來藏，也就是這個「**無名相法、無分別法**」第八識，祂自身的境界空無一法，連六塵都不存在，連六根、六識都不存在，當然是寂滅的境界啊！所以諸法實相是指什麼？第八識眞如。

那麼這個第八識眞如在《佛藏經》中叫作「**無名相法、無分別法、無所**

得法」，在祂自己的境界中是「畢竟空寂」。不管世間人能想像的、能親證的、能找到的任何空寂境界，全都不是「畢竟空寂」；即使入了定境中離五塵，至少還有定境法塵，就不是畢竟空寂；但是「諸法實相」—如來藏—的境界中是「畢竟空寂」，空無一法而能生諸法、函蓋一切法，可是祂自身的境界中無一法可得，這才是「畢竟空寂」——究竟的寂滅。當你證得如來藏，現觀如來藏自身的境界時，把祂所生的一切諸法都放在一邊，單只看祂自己的境界，那你就知道阿羅漢入無餘涅槃後就是那個境界。說「阿羅漢入了無餘涅槃以後就是寂滅的境界」，如來慈悲，怕弟子們誤會了無餘涅槃，所以告訴大家三法印，所以在二乘菩提中建立三法印，其中最後一個叫作「涅槃寂靜」。什麼才是眞的寂靜？無六根、無六塵、無六識，當然是絕對寂靜，但這正是菩薩們現觀如來藏自身的境界，所以說「諸法實相畢竟空寂」，因爲沒有任何境界可以像這樣絕對空寂。

然後　如來作了一個定義：「即是佛道；」換句話說，如果有人修學佛菩提道而說他有所實證，結果對於「諸法實相畢竟空寂」不能現觀，表示他所證的不是佛道。諸位也可以用這個標準來檢查古今一切所謂的善知識，他們所說的佛法實證有沒有符合「諸法實相畢竟空寂」，如果符合，就是 世尊說的「即是佛道」；若是沒有符合，自稱證道或者自稱成佛，都不是佛道，只能把他叫作外道或者佛門外道。

那麼，對於這個「諸法實相畢竟空寂」的佛道不能實證的人，他想要擁有名聞利養，結果就是「好世財利貪」，因爲他落在識陰的境界中，不是依於「諸法實相」而住。識陰的境界就是會跟六塵境界相應，落在六塵境界時就會對世間境界產生喜貪或厭惡，因此就會廣求世間法。在人間，世間法以什麼爲最妙？世間人最愛的就是「世財」；爲了世財，連最心愛的家人都可以欺瞞或殺害。世間財連菩薩都愛，差別是菩薩不據爲己有；菩薩也希望世間財越多越好，可以拿來利樂非常多有情。但世間人是要據爲己有，用來求世間法上的各種享樂。

所以世間人有些錢就會搞怪，譬如他身邊也許有個二、三十億元，就開始買跑車，一輛九千多萬元、一億多元臺幣他也買；而且每一次有好的、新的他就買，買了又不開出去，留著觀賞；因爲他怕開出去被撞，隨便一撞都是幾百萬元甚至上千萬的修理費，因爲他那輛車九千多萬、一億多元。前些時有一輛一億多的跑車進入臺灣，早就被訂走了；他們就這樣買，車庫好大，停著好多名貴高價的跑車。甚至有人不是很有錢，也去買跑車，爲了滿足虛榮心。這些都叫作「好世財利貪」。爲了要養那些車，若不是很有錢時就想辦法去摳錢；摳錢時，壞的是想方設法不當得利，那麼他就是來世有殃在。

交通工具如果要求安全，一千萬元的車子還不夠嗎？其實不用一千萬，三、五百萬元就非常好了，他們竟然要去買九千多萬元的車子；好像前些天有一輛法拉利一千多萬元被一輛 TOYOTA 撞壞了，那是大陸的事，結果他說：「沒事、沒事，我再賣一年燕窩就有了。」這樣看來好像他是很豁達的，沒有去追究對方、遷怒對方，這也是他的美德。問題是那一輛 TOYOTA 幾十萬元的車子，撞毀了人家一千多萬元的車子，又波及一輛 BMW，人家要求償，他該怎麼賠，這還是個問題，但這是題外話。然而這會成爲一件不算小的新聞，也顯示世人「好世財利貪」以顯示地位，才會有很多人關注這件事而成爲新聞。

也就是說世間人宣稱證悟了，可是他悟錯了，他不是眞正證悟而無法轉依「無名相法」的無漏無爲性；這樣的人出家以後，心中想的卻是世間的名聞利養；這種人一定是沒有轉依的人——一定是沒有證悟的人，依於他心中的貪愛就會爲眾生「說不淨法」。「說不淨法」固然有所謂貪的習性等原因，根本的原因是識陰我見沒有斷除，所以他會跟六塵境界相應，就會與世間法相應，因此他會想著說：「我在爲眾生說法時如何間接的暗示，讓眾生肯大把大把鈔票送到我這裡來。」換個方向來說，如果他不是「假名沙門」，他現觀「諸法實相畢竟空寂」，懂得這才是眞實的佛道，就不會「好世財利貪」，當然更不會成爲「說不淨法者」。

其實一切大師、小師們爲大眾「說不淨法」，並不是他們的本意，他們是以爲自己說的法是正確的；所以當有人說明他們的法不正確時，他們就會出來辯解，硬要跟你爭個對錯，這顯示他認爲自己說法是正確的，顯示他們的本意不是故意要爲人「說不淨法」，但是他們被上一代或當代惡知識誤導了，也是因爲自己沒有智慧簡擇。由於他們沒有抉擇分，便認爲自己的說法是正確的。但是如果他們心中對名聞利養有所貪愛，就可能故意「說不淨法」；所以有的人讀過正覺很多書，明知道自己說的法不對，卻硬要堅持自己講的對，這就是因爲他心中「好世財利貪」。那麼現在密宗假藏傳佛教的喇嘛們正是這樣，繼續堅持他們的雙身法，說那就是眞正的佛法，還妄語說雙身法比正統佛教的佛法更高。

不過這種喇嘛越來越少了，因爲現在佛教界的顯學是如來藏法；如果不講如來藏法，人家會想：「他沒有證悟。」當他說法時人家不信他，所以現在聽說達賴也開始在講如來藏，因爲如來藏是顯學。但是密宗假藏傳佛教中誰最早看清楚這個風向？是紅教的談錫永上師；他八、九年前就開始翻譯有關如來藏的經典了，包括密宗假藏傳佛教中已有的如來藏論典，這表示他眼光獨到，看清楚了不走這一條路不行。但是達賴喇嘛開始講如來藏這件事，我要不要評論？啊？爲什麼不要？大聲一點！喔！「讓他講」，有智慧。但我是另一個著眼點，你說的「讓他講」是一個層面，就是讓他去對密宗假藏傳佛教的信徒產生影響，灌輸如來藏才是佛法的正確思想；但我想要看到的是這也許會形成一股密宗裡的風氣，所以應該隨喜而不是評論。

即使他依文解義或者依文解義講錯了，我也隨喜；除非他居心叵測，故意把觀想所得的明點堅持說那叫作如來藏，也就是故意誤導眾生去誤會如來藏；否則我不評論他，寧可隨喜。就像今天假使我說法有一點點不對的地方，諸佛如來不會對我指指點點；假使你們悟後在接引眾生時有什麼地方有一小點講錯了，我也不會來指指點點，一定要隨喜你們，因爲這對眾生有利益。這表示說，我們二十幾年來的努力在臺灣成功了，在達蘭沙拉有一點點小成功。雖然他是被逼著不能不講，因爲他如果不講如來藏，人家會說：「達賴法王你還沒有開悟。」那他說的話就沒有公信力了，所以他不得不講。縱使如此，我們依然隨喜。

那麼話說回來，如果已經現觀「諸法實相畢竟空寂」，這是證得眞正的佛道了——「即是佛道」，一定不會貪於財利，當然不會是「不淨說法者」；那麼前面所說的這些「假名沙門、糠糟沙門、敗壞沙門」等，當然就不會是他。那些不淨沙門是因爲我見具在，一定落在識陰中，就會貪財好名，免不了「說不淨法」的惡業。所以實證「諸法實相畢竟空寂，即是佛道」的人，一定是那些「說不淨法者，所不能及」，所以我們弘法的過程中從來不吝法。一般而言，在世間法中都會吝法，武術界如此、技藝界也是如此，師傅們都會留一手，直到他們要捨報前才會把最後那一手交給徒弟，因爲他要金盆洗手，不怕徒弟與他相爭了。

武術界一直都是這樣，教給徒弟時永遠都留最後一手，所以中國武術現在沒落了；這看來是沒道理的，其實還是有道理，是因爲怕徒弟私心作崇，都學會以後想對師父不利，所以師父把最後一手保留下來跟徒弟講：「師父所有的都交給你了，你可以行走江湖了，你現在是天下第一。」徒弟出去走江湖了，打遍江湖，天下無敵手，他想想：「不行！我還不是眞的第一，因爲我師父還在，我得把師父打敗才行。」於是回來挑戰師父，十八般武藝都要完了打成個平手時，徒弟藉著年輕有力還不肯罷手，結果師父突然間一招把他制伏，他就抗議：「師父！這一招你沒有教我。」師父說：「如果教了你，我今天就沒命了。」所以一代一代保留一招，到最後中國最好的武術就失傳了。

但是我從來不吝於法，所以我能把法一直傳下去，盼望大家都能快速往上進展。我們不需要害怕誰來超越我，如果眞的有誰能超越我，那其實是我的福報；因爲他可以超越我，就表示我可以從他那邊學得更多的佛法；如今全世界沒有人可以教我，他可以教我，這多棒！在正法中當老二是最幸福的，因爲法主換他幹，我只管學法就好了，多幸福！何必要去爭那個第一？

所以我們不用吝法。

剛弘法那十幾年我常常講，我在等待一個八地菩薩、九地菩薩來當我師父。我一直等著，後來死了心，再也不講了，因爲看來是不可能的。就像《起信論》講的：一個小世界之中，只要有一位地上菩薩來住持正法就夠了，如來又不在世間，不需要有妙覺菩薩、等覺菩薩、十地菩薩奉侍，只要有一個初地菩薩來住持正法就夠了，因爲沒有人能推翻他。假使哪天我走了，同修會只剩下一位親教師時，那一位親教師住持正法也夠了；依照現在佛教界那些狀況，有誰能來推翻這位親教師？絕不能的，何況我們有很多位親教師。所以《起信論》講的沒錯，因此我們不用吝法。如果你座下有個學生悟後突飛猛進，沒幾年超過你，你應該高興！因爲那一定是菩薩再來，要這樣想：「他往世的證量就比我高了，我爲什麼不拜他爲師？」這就是菩薩應該有的正確心態，所以不用吝法。

那麼如來說：「是地名爲大智者地，」說這種諸法實相畢竟空寂的境界，名爲大智者的境界。這就是大智慧的人所住的境界，又說：「這不是貪樂世間法的外道者的境界，」因爲那些貪求世間樂的外道境界不可能與這種境界相應。這種「諸法實相畢竟空寂」，如來說：「非說我見人見者地。」不是一天到晚為眾生講有我、有人、有眾生的那種人的境界。因為有我、有人、有眾生，都是依於蘊處界來說，但「諸法實相」的境界中無我、無人，也沒有能見者，所以一切法空寂。

那麼現在談到了「我見、人見」，我與人，是佛法中一個非常重要的命題。這個命題在我出來弘法前三、四年，那時臺灣佛教界都在談我與無我，可以說是眾說紛紜。那時談這個題目時，我記得現代禪也講得蠻好的，但「蠻好」也只是比那些大法師們好一點而已，他算是其中的佼佼者，雖然後來發覺李老師也是講錯了。因此我弘法之後有一次新春過年，會裡新春團拜，租了士林戶政事務所的頂樓大禮堂在那邊團聚，我就講了「我與無我」的題目，然後整理出來才有那本《我與無我》的書，那也是有感而發。所以「我」到底是有還是無，這是個佛教中很根本的、很重要的一個命題，因為它很重要，當年佛教界就是分不清楚五陰的內容，才會有這諍論。因為這題目很重要，所以 如來下一段就來談這個部分，我們來聆聽 如來的開示：

經文：【「舍利弗！若實有我有人者，說我人者應有實相。如實應問：『若有我者爲是何色？青黃赤白？爲在身中？爲在身外？爲遍在身如油在麻？』舍利弗！麻中有油可出可示，若我在內說有我者，應說應示，如從麻中出油示油。第一義中求我不可得，是故當知若說有我人者，是人猶尚無沙門戒，況沙門地？舍利弗！當知如是邪貪著者，所謂著我、著眾生、著壽命者，則爲墮頂。是人如是邪貪著故，尚不能除貪利養心，況細煩惱？舍利弗！通達空者，若爲貪欲、瞋恚、愚癡、利養所覆，無有是處，亦不墮頂。舍利弗！計我心者謂有壽命，壽命因緣故則爲利養所牽，障礙於道。」】

語譯：【世尊開示說：「舍利弗！如果眞實有我有人的話，那些主張說有我有人的人，應該是我人之中的諸法就有實相。如果眞實是這樣，應該責問他們：『如果我人之中眞的有我，這個我是什麼顏色？是青黃赤白？這個我是在色身之中呢？或在色身之外？或者遍在身中的每一個處所，好像油在芝麻之中一樣呢？』舍利弗！麻中有油可以榨出來、可以顯示出來，如果我是在身內而說有我的話，應該說出來、應該顯示出來，猶如從芝麻中榨出油而顯示有油。在第一義中求我是不可得的，由於這個緣故應當知道：如果說有我有人的話，這個人尚且沒有沙門應守的戒法，何況是住在沙門的境界中？舍利弗！應當知道像這樣產生了邪謬貪著的人，也就是我所說的執著我、執著眾生、執著壽命的人，他就是墮落到三界世間法中連頭頂都已經淹沒了。這種人像這樣邪謬貪著的緣故，尚且不能除去貪著利養之心，何況能除去微細的煩惱呢？舍利弗！通達於空的人，如果會被貪欲、瞋恚、愚癡、利養所遮覆，沒有這個道理，也不會墮落到三界世間法中連頭頂都被淹沒。舍利弗！誤計我眞實有的這種心行的人，他們說人眞的有壽命，由於計著壽命因緣之故，就會被利養所牽絆，就會障礙佛道的修行。」】

講義：五陰我與人如果眞實有，那麼應該我或者人之中就有實相了。「我」是依什麼說我？「人」又是依什麼說人？都是依於五蘊、六入、十二處、十八界說「我」，再依其他的同類有情同樣有五蘊、六入、十二處、十八界，而說爲「人」。假使某一個旁生自覺有「我」，相對於牠的同類就叫作「人」，那牠就會計著有我、有人。假使牠不是十八界具足，例如牠只有十五界或者只有十二界，那牠以這個五陰爲「我」，牠所相對的「人」就同樣是只有十五界或者十二界的有情。但不管十八界具足或不具足，是多或寡，在這一些法中不會有眞實的「我」。

現在先要說明一個命題：眾生會自認爲有我，一定是把那個我當作是眞實不壞、常住永存的自我，才會說爲我。所以不論哪一個人，如果問他說：「你這個覺知心假使是無常生滅的，是不能去到未來世的，你會不會把這個心認作自己眞實的我？」或者簡單地問：「你會不會把覺知心認作是自我？」他可能會先跟你反對說：「你這個命題不對，我這個我是可以到未來世去的，所以我死了就去投胎，下一世還是這個我。」他就會抗議說：「你這問題的命題不對。」那你就跟他說：「好！先不談命題對不對，我說的是『假使』，假使你所認爲的這個我是無常生滅的，眞的是不能去到未來世而只存在這一世，你會不會把祂認作我？」那他如果理智的話，會告訴你說：「假使你說的是眞的，那我一定不認爲這是我，因爲沒有一個人願意把無常生滅的心當作是眞我；一定是自認爲這個我是永遠不滅的，才會說這是眞實的我。」

現在有個問題就來了：假使五蘊、六入、十二處、十八界中，其中的某一個或某幾個法是眞實的我，比如眼根或者眼識、色塵是眞實的，或者說意識、法塵與意根是眞實的，那就可以說之爲眞實我了。既然如此，「若實有我有人者，說我人者應有實相。」當他主張這個我是眞實的時候，那麼他說的眞實我應該就是實相了——那他所說的我這個法應該也有實相；假使是有實相，就應該可以證明——證明蘊處界中確實有一個眞實我，而不是口說而已。假使他說的是眞實而正確的，就應該質問他了：「如果有眞實我的話，這個我是什麼顏色？是青色的、黃色的、紅色的、白色的？」如果他說：「這個我沒有顏色。」「那就算沒顏色吧，至少你得要證明眞的是有我。」所以他要提出證據來證明這個眞實我是常住不滅的，而且要說明是在身中，要不然就是在身外，要不然就是眾生共同擁有這個大我而普遍在眾生身上；就好像麻油在芝麻中遍布於每一個處所，只有這三個答案，沒有第四個。

那麼他要怎麼證明？如果他告訴你：「就住在我身上，所以摸頭頭知，摸肚子肚子知，摸腳腳知，這不是遍全身嗎？」尼犍子外道就是這麼講的，《阿含經》中記載有這樣的外道來跟 佛挑戰，那就是仙尼外道。這仙尼外道，在末法時代的中國佛教界也是到處都有；臺灣佛教界現在不見了，因爲我們弘法二十幾年了，臺灣的仙尼外道消失了！可是大陸仍然一大片都是，他們都會講：「我在身中啊！所以你看，我摸臉時臉知道，我摸手時手知道，這不就遍全身嗎？」那你就問他了：「那你這個心是常住不滅的了？所以你才能稱之爲我。」他一定跟你拍胸脯保證：「對啊！是常住不滅的；過去世是這個心，現在世是這個心，未來世還會是這個心啊！」好極了，他墮入陷阱了；他不墮入還不行，那你問他：「那請問你，這個心從過去世來的喔？我不問你很多世以前，問你上一世就好；請問你上一世姓甚、名誰？家住何方？父母又是何人？你那一生幹了些什麼事業？」你才這麼一問，他只好口似扁擔，沒辦法答了。

洋人到此全部死光，可是中國人聰明，發明了一個孟婆湯的說法，就跟你回說：「我因爲前世投胎時，不得不喝了孟婆湯，所以我就忘記了。」「有孟婆湯？那你證明給我看，孟婆湯是什麼東西做出來的？怎麼樣喝得到？你拿來給我喝喝看吧。」這就是說，假使你主張有個眞實法，就得要證明那是眞實的。那我們可以證明，你這蘊處界每一個法，其中不論哪個法都是可滅的；即使是恆審思量的意根，當阿羅漢入無餘涅槃時依舊滅了，更何況是夜夜中斷的意識；這五色根、六塵就更別提。如果這些之中有些是眞實法，你應該證明出來那是常住不滅的，也要能夠證明那是眞實而本來就存在的；就像如來藏這個法，我們證明祂眞實存在，是可以實證的，不是空口徒言；也證明祂是無法被壞滅的，也證明祂從來無生。

我們剛開始弘法，開始時印出見道報告，當時佛教界不信：「那都編出來騙人的啦！」沒想到這一編，編了二十幾年；而且這些能夠編寫見道報告出來騙人的人，各個智慧都那麼好，他們好奇說：「奇怪！他們智慧那麼好，爲什麼要被蕭平實騙那麼久，而且被他牽著鼻子走？」後來才終於想：「一定是有道理！」漸漸才信受了；所以就得要持續不斷有報告印出來，讓人家證實說：「這是可以再三、再四驗證的，不是虛設之法。」因此我們年年辦禪三，有更多的人體驗如來藏的存在，然後可以用三乘菩提的一切經典來印證，這樣才可以說眞實的法——眞實我。那蘊處界以及六入之中所有的法，沒有一個可以證明是眞實不壞的；不像如來藏，你找不到一個方法可以壞滅祂。

因此既然在蘊處界中主張有眞實我的人，他們有義務要證明那個我的眞實存在。關於這個眞實我在身中，有些外道就是這麼講的：「眞實我在身中，非常小而不可捉摸；而我們這個眞實的我能夠覺知，但不可以說有一定的處所；這個眞實我是在我們身中來來去去非常快速的，你無法想像有多快，所以你摸頭的時候他馬上就來到頭，就知道頭這裡被摸；你手摸腳時他馬上就來到腳，就知道腳被摸。因爲太快了，所以你不知道他在哪裡。」這叫作極微外道。說有這一個法很微細，很難了知，而他來去非常快速，所以你不知道，因此他們主張說：「這眞實我在身中，可以體驗。」但這個眞實我如果是眞實存在的話，爲什麼麻醉針打一劑就不見了？既是眞實法，應該不會被麻醉劑所傷害，爲什麼這一針下去他就不見了，也都不動了，就消失了？所以那個能覺能知並不是眞實我。

還有一種外道就說：「眞實我就是身中的四大，我們身上是由地水火風組成的，這地水火風組成我們這個人身以後，我們就可以有覺知；那地水火風本身沒有覺知，但這四大才是眞實的我。」聽起來好像也有一些道理，可是眞的沒道理！因爲這變成物能生心。如果物能生心，那我們弄些石頭或者弄些米（米也是物），我們再加上水大，再加上火大來燒，那應該不是煮成飯，應該煮成一個有情。

對啊！因爲地、水、火大再加上人工的風大，那應該就夠了。那你也許辯解說：「你煮得太熟了！（大眾爆笑…）」不然我來煮個半生不熟，那應該就變成一個有情了？我只要把這些物加熱到三十八度就好；三十八度如果還太高，三十六度也行，我煮上一天、煮上十個月，也應該可以成為一個人吧？可是沒有啊！所以把四大極微作為有情的眞我，理上是不成立的；不然講桌拿來泡水加熱，應該也可以成為有情，但為什麼不行呢？顯然物不能生心，物不能生成五陰我。那麼這是四大極微外道的無神論者，他們認為法界中的地水火風是不生不滅的，由這四大來隨機組成無情物或有情，認為這才是眞實法——眞實我。既然地水火風不生不滅而認為是眞實法，那為什麼地水火風可以組成這麼多不同種類的有情？而不是組成一個大有情？這再衍生下去又有許多問題存在，所以那也不是眞實我。

有的佛門外道跟常見外道一樣，就主張說：「那就是我們這個覺知心是眞實我。」可是這個覺知心說為眞實我，我們前面已經破了：你前世是何許人？而且我們禪淨班學完時，都懂這個覺知心五位斷滅；每天晚上睡著了，都不知道覺知心的我跑到哪裡去了……，五位中全都會斷滅。所以佛門外道就發明出來說：「有個細意識，這細意識離見聞覺知的，所以睡著了不知道什麼事。」可問題來了：聖教量、現量、比量都證明，不論是粗意識、細意識全都一樣有覺有知，所以他們所謂的「第八意識、第七意識」全都是意識，都是因緣所生法，屬於生滅法，那都叫作意識都不是眞實我。所以說「眞實我在身中」，這個道理不成立。那麼今天只能講到這裡。

《佛藏經》上週講到七十七頁第二段第二行：「爲在身中？」繼續講解：「『爲在身中？爲在身外？爲遍在身如油在麻？』舍利弗！麻中有油可出可示，若我在内說有我者，應說應示，如從麻中出油示油。」外道對於如來藏這個心，他們以各種名稱來指涉此心，認爲是存在的人終究是多數；從理上來推究也知道一定要相信有這個心，才能有眾生生死不斷，除非他沒有智慧；例如哲學界，現在終於有個定論出來：假必依實。他們現在知道虛假生滅的五陰、十八界等法的背後，一定有個眞實法存在，才能世世都有五陰不斷生滅而不終止。所以說，在世間兩大類外道—常見與斷見—的所知所見來看，斷見始終還是少數人；一般人大都會接受說，有情各有一個常住不壞的眞實我。他們會認爲五陰或許是眞實的，或許是虛妄的，各持己見；但通常都會認爲五陰的背後有眞實我，這個理論是對的，因爲從現象界來看五陰或者十八界，大部分人被正確教導以後，多分可以觀察到五陰確實是生滅不住的，不會是眞實的我。但爲什麼會有五陰可以世世流轉生死，而實現往世的因果？背後一定有一個眞實的我是常住不壞的；這一些人就會主張說：「這個眞實的我到底是跟我在一起，或者不在一起？那麼祂是心或者非心？」就有這些問題的探討，這一類通常歸類爲常見者，因爲通常都會落入五陰或十八界法中。

常見可以分類爲很多種，但這個虛妄法背後有眞實法的理論基礎或者主張是正確的，問題是他們無法觀察實相，所以產生了種種妄想，因此我們上週講過極微外道的說法；也有人主張：意識可以細分爲第七意識、第八意識，第八意識就是眞實法、眞實我；也有人主張說：意識細分成意識和細意識，細意識就是眞實法。那麼這一些邪見在末法時代的佛教界也很常見，釋印順就是主張細意識常住，就是眞我；他又斷言中國禪宗所悟的細意識是直覺，這種判斷純屬邪見。

然而主張斷見的人又有不同的看法，他們通常是以物質能生心的看法和想法來建立斷見思想，所以他們認爲說：人之所以存在是因爲由地水火風來組成的，也是藉著父母的因緣才能有人類的出生。他們這樣的觀點會成爲一世論者。但世間其實沒有絕對的一世論者，當他們建立說人只有一世的時候，心裡又會想：「應該要有未來世。」馬克思就屬於這種人，所以他們也很難說服自己絕對相信斷見論。如果人都信受說有情只有一世，那他們等於是否定因果，所以斷見論者不會信受因果的；他們對於因果現象會認爲那是偶然而出現的狀況，所以果報不定，遇到什麼緣就是什麼果報，都不談果報之因，只認爲一切都是各種不同的偶然狀況而造成現在的結果。

但是這樣很危險，會導致整個人間越來越惡劣，五濁的情形越來越深重，眾生就會跟著越來越沈淪；而且這是一個很不好的想法——邪見，也就是等於主張物能生心。假使有情純粹是由地水火風來組成，父母只是個助緣，而以四大極微作爲眞實的我，問題馬上踵隨而至；也就是說四大極微是物質、是色法，那麼色法怎麼可能出生了心呢？人有覺知心——有六識功能，也有意根——恆審思量處處作主的功能，那麼物質如果可以生心，理論上就變成說：只要有其他的偶然，可能某一個地方無父無母突然就出生了一個嬰兒，某個地方可能無父無母就出生了一個胎兒或成人；應當如此，也必須是如此，才能成立物能生心的主張。

但這個主張是不能成立的。因爲一般人最後都會思惟到一個關節來，就會說：「物不可能生心啊！」所以就會有其他的想法出現，因此就會有人主張大自在天出生了一切有情，有的主張說這唯一的眞神出生了有情，就像現代的一神教講的。問題緊接著又來了，人既然是上帝創造的，被創造的人後來死了就應該不見了，靈就應該回歸上帝；這一定會引生出一個後果或者現象：如果人死後靈就回歸上帝，那麼上帝創造了人而出生到人間來，讓人在這邊受苦，就等於上帝分出來的靈在受苦，那上帝是什麼心行呢？是無聊嗎？無聊到不得不讓自己分靈很多出去受苦？那上帝分靈時知不知道自己分出去的靈會受很多的苦？他知不知道？啊？知道？啊？不知道？到底是知道還是不知道？知道，那他就是有自虐狂（大眾笑⋯）。有人說「不知道」，如果不知道，他就不是全知全能了。所以這種邪見會使上帝進退兩難。

既然人是上帝創造的，然後出生受苦了一世，終於苦受完了，死後回到上帝那裡去，那就應該要與上帝合併吧？因爲本來是上帝的靈。既是上帝的靈，那問題又來了，上帝創造出來的人，有人造善業，死後跟上帝合併，上帝會覺得這果報還算不錯；可是有些人五逆十惡、殺人越貨、放火擄掠，死後與上帝合靈，這些惡業當然還歸上帝。上帝這麼笨！想不通這一點？然後是上帝看到這些惡人，覺得討厭把他們打入地獄裡永不超生，那究竟是不是上帝懲罰自己去地獄受苦？佛教說的地獄是去受報，受報完了回到餓鬼道受苦，受苦完了再當畜生，畜生受苦完了才回到人間；但被上帝打入地獄的那些有情是「永不超生」，就永遠住在地獄中受苦；但永遠住在地獄受苦的那些有情是誰的靈？是上帝的靈欸！那上帝是精神病喔？把自己分靈出來弄個蘋果、弄一條蛇去引誘他們，吃了蘋果就把他們打入人間受苦，在人間造業以後又把他們打入地獄中——把自己的分身打入地獄永遠受苦不能離開。

世間有這麼笨的神嗎？如果眞的有神，神不會這麼笨的。因爲神是由於聰明與正直，才稱之爲神，上帝卻是不聰明，所以一神教這教義是很麻煩的。以此緣故，一神教徒想一想：「**我雖然是從上帝分靈出來的，但我死後不要再跟上帝合併，我還要有未來世，我要繼續存在。**」那是不是上帝的靈越來越少了？因爲他不斷地在創造；依他的教義等於他不斷地在創造有情，那上帝的靈是不是越來越稀薄？到最後只剩下他自己一點點，大家都不要他了，他就跟凡夫眾生一樣了。有這樣的上帝叫誰去幹，不論誰都永遠不想幹的，因爲這是傻瓜才會幹的事情。

那麼婆羅門教說：「是大梵天王出生了我們，因爲大梵天王也出生我老爸、我老媽，所以我不可以叫大梵天王爲父親。」所以他們把大梵天王稱爲「祖父」。這好像還有一點道理，所以如來在樹下端坐時，有個婆羅門、梵志遠遠看見了好驚訝：「唉呀！那個人好莊嚴！」然後就來問：「您是天嗎？」如來說：「我不是天。」「您是龍嗎？」「我不是龍。」「那您是祖父嗎？」如來說：「我不是祖父，我是佛。」這外道很聰明懂得頂禮還算不錯，佛爲他說法以後他就證初果——得法眼淨。婆羅門教無法解釋人間這一切，就認爲說：我們有情都是大梵天王所生，那包括我的父母親也是大梵天王所生，所以大梵天王是有情共同的祖父。

但如果有情都是大梵天王所生，就跟上帝創造人類異曲同工，只是他的層次高一點；大梵天王在色界天而不是四王天以下的須彌山腳下，所以不吃血食、不吃血肉，而上帝是要吃血肉的。這個問題跟上帝創造人類、創造動物有情道理一樣；如果眞是這樣的話，接著引生一個問題：那大梵天王跟上帝創造人類之後，還有許多的畜生被創造來供人類血食，人類把這些畜生或者殺來吃，或者當作寵物一天到晚拴著；或者讓牠來服勞役，不聽話時就用鞭子打；鞭子打了不夠，用很利的鉤子去鉤牠，像大象被很利的鉤子所鉤，牠的腳就不得不動，因爲很痛啊！那是不是上帝跟大梵天王精神有問題，創造人類等有情之後又自己分靈創造了一些動物，然後去給自己創造的人類殺來吃、來作苦勞？這樣眞的不合道理啊！所以那些外道邪見眞的偏斜。

但若是有這一些想法的人，他們認爲說：因爲自己是虛妄的，不能作主宰，所以會有種種的受苦、會有三界六道的輪迴，沒有辦法自己完全掌控；既然自己不能作主宰，就表示背後還有一個主宰。才會發明說：原來我們每一個有情身中各個獨立的，都會有一個極微的心，或者主張有一個細意識……等說法出現，這就成爲常見。最常看見的常見思想就是：這個有念或離念的覺知心自我是眞實的，這樣認爲。但這覺知心自我如果是眞實的，就表示一定能通三世；既然能通三世，當然要從前世來，死後要去未來世。

問題來了，人的覺知心若是能通三世，表示這覺知心是上一世的覺知心，一定是同一個心，那就應該一出生立刻張開眼睛問：「媽媽在哪裡啊？」

喔！原來躺在那邊，就開口說：「媽媽，辛苦您了！」應該要先開口，不說辛苦也該先道個謝吧？媽媽生他很辛苦的呀！而且懷胎十月也不容易。可是他什麼都不懂，是因爲出生後媽媽每天照顧他，教他說：「我就是媽媽。」他久了才終於懂得那是媽媽，否則他也不懂。所以如果走失在叢林中，被野生動物撫養長大，他把那隻野生動物當作媽媽，也是這樣產生的，顯示這覺知心是後天學習才懂的。若覺知心是從前世來的，一定一出生就懂很多事情，可是看來不是這樣，因爲一出生時這覺知心什麼都不懂，顯然不是從上一世來的。

我上週最後有說中國人很聰明，發明孟婆湯來解釋這個無法解釋的道理，把覺知心貫通三世而不能解釋的中斷的問題所在連結了起來；洋人就不會想到這一點。然而中國人又要如何去證實孟婆湯的確存在？若是眞實的，就必須是可以證實的，或是推理出來成爲比量而不是非量。佛法是生命科學，所講的都可以親證，而不是只有一種玄學，所以如果有人主張眞的有孟婆湯，他就應該要證明眞的存在；但那是虛假的施設，不可能證明。而常見外道主張說這個覺知心就是眞實心，能通三世，卻是經不起檢驗，因此才會有斷見外道得以存在的空間。

但是斷見外道存在時卻是有過失而可以被質疑的，譬如人們如果只有一世，就不應該有過去世的業，也不該有往世的熏習，那麼同一對父母所生兄弟姊妹的心性就應該完全一樣；可是你們看，往往同一對父母生了五個孩子，這五個孩子心性各不相同。都是同一對父母所生、所教導，結果心性發展出來以後各不相同，這顯示有過去世的業和熏習的因緣互不相同。所以斷見外道無法解釋人們的心性差異，是有過失的。那麼有的人當然就想像說：「那應該有一個心是我們所不知道的，這個心我們無法證得，但這個心眞的存在，祂支持了我們這個五陰，所以我們的五陰不會死，那這個心就是命根。」這又是一個說法。

可是 佛說「命根」是心不相應行法。眞實存在的常住不壞自我，一定可以跟你有所互動才對，在種子流注功能上一定可以和你互動；如果是一個不可知的我，那個我一定是想像出來的；既是不可知的我，就表示那是一個想像，或者最多只是一個推理而無法去證實，所以才叫作「不可知我」。那麼有人主張說有一個不可知我，這個不可知我就是眞實的我，聰明人顧名思義就知道他是一種想像。生命的本源究竟是什麼？這是古印度一直都有諍論的事，也是大部分宗教都在探討的事，但是諸家所說莫衷一是，始終沒有定論，直到如來出現於世間，終於才有個定論。

所以「我如果是眞實有」，應該要向人家證明；你如果親證了那個眾生所不知道的眞實的我，你應該也要度化別人親證，才會是眞實法。所以如來提出來說：如果蘊處界之中有某一個法是眞實的我、是眞實的人，那它就是眞實的法了，眞實法存在時就是實相。那麼請問：蘊處界中，五蘊中有哪一蘊是實相？十八界中有哪一界是實相？如果他主張蘊處界中有眞實我，那麼蘊處界本身「應有實相」，既然「有實相」，就要請問他：「這個眞實我是在身中嗎？」若是在身中，就要提出來證明。所以眞實我到底在不在身中？這眞是大哉問，不是個小問題。即使證悟般若之後，你也很難說祂是在身中、或在身外、或在虛空，何況是認為蘊處界中的全部或局部就是眞實的我、人？所以到底蘊處界中的哪一個法是眞實我？

如果蘊處界中，譬如十八界，那十八個法中哪一界是眞實的我？五蘊中的哪一蘊是眞我？六入、十二處中有哪一入、哪一處是眞我？就應該舉出來說明是在身中嗎？諸位都讀過《楞嚴經》，當然不會說是在身中，因為《楞嚴經》早講了：不在內，不在外，不在中間。但經中說的是第八識，不是蘊處界中的某一法。對於一般人來講，他們不懂《楞嚴經》，你告訴他們說：「**不在身中。**」那他就想：「**那一定是在身外了！**」若是在身外，他們就會扯到上帝、大梵天王或是極微等，乃至盧勝彥十幾年前在書中說是在虛空，達賴也曾經講過是在虛空；他們有時又說是能量，說虛空中有能量。那這樣看來達賴好像跟那一些練氣功的外道們又成為同路人了。

如果遇到十四、十五、十六號月亮正圓，沒有下雨、沒有雲，就會有人去月下吸收月華；白天一大早起床，趕在日出之前跑到野外、面向東方等候太陽升起，說要吸收日精，這叫吸收日精月華，就變成心外求法。所以如果說在身外，這是個大問題。在虛空才會是身外嗎？可是眞要說起來，難道你這個色身所在的地方就沒有虛空嗎？假使你這個色身所在的地方沒有虛空，那你的色身移動到旁邊來時，色身原來的地方就應該沒有虛空才對。所以色身所在的地方一樣有虛空，不能夠說：這色身所在的地方無虛空。否則色身移動到別的地方時，應該移動不成功，因為那個處所的虛空物質被你擠壓了，然後你的色身擠壓虛空物質以後才能移到這邊來。但事實並沒有，你沒有擠壓什麼啊！

虛空是無法，無，所以叫作虛空。虛空是依附於色法而存在，依於色法的邊際、色法的外面沒有色的地方把它叫作虛空。虛空不存在，虛空是一個觀念的施設而已，所以二乘菩提中阿羅漢把虛空叫作「色邊色」。就是說依色的邊際施設而叫作虛空，但它不屬於色法，卻是依色法而有的假色，所以叫作色邊色，所以虛空無法，才叫作虛空。既然虛空是無，怎麼可能出生了五蘊十八界？如果虛空有能量而能出生五蘊十八界，所以說眞實我在虛空，不在身內，那麼虛空就不是虛空；若虛空中沒有所謂的能量，又會變成無中生有。虛空中若有能量，就應該證明這能量是如何與我們身心相應的，否則就是妄想。因爲虛空是無，不可能無中生有。無中生有是一個邏輯不通、觀念混淆的虛妄想。所以那些虛空外道都是知見有問題。

那麼若說是在身外，就應該是上帝或大梵天王，可是上帝或大梵天王創造有情的說法，剛才我們就破斥了，有智慧的人不會相信。不管那個造物者叫上帝或者叫作大梵天王都一樣，管他是耶和華或祖父都一樣，若是在身外，就是會有很多的問題存在；所以研究哲學的人都不信那個主張，研究哲學到最後都不相信上帝或者神創造人。但虛空也不能生人，所以顯然不是在身外。那也許有人智慧像小孩子，就說：「我是父母親生的，所以父母親才是眞我。」可是稍微長大一些時發覺說：「東家老爺爺死了，西家老奶奶也死了，那我的父母將來也會死，可見父母不是眞實我。」自己又推翻了，所以說「在身外」這講不通。

有的人就說：「有一個眞實我在身中，只是我現在不知道祂在哪裡，祂是遍滿全身的，遍全身都在，所以我摸頭頭也知道，我摸腳腳也知道，所以眞實我是遍全身的。」那他找來找去找不到別的，想想還是認爲：「那我這個覺知心就是眞實我。」於是外道或末法時代的佛門修行人就打坐，坐到一念不生時說：「我現在離念了，離念時這個靈知心沒有語言文字妄想，這個就是眞我。」問題還是一樣，眞實的我一定是不生不滅的；但我們這個離念靈知心每天都是有生有滅，也是出胎了才知道有這個覺知心，晚上睡覺時又斷滅了，會斷滅的心怎麼可能是眞實我？儘管他說：「『我』遍在身，如油在麻；但是我拿不出來，祂就一直跟我在一起啊！」

有的人參禪參到最後也這樣，只是他認為說：「這個就是如來藏、都在我身上；你看這個就是，可是我拿不出來。」他就是以這個離念的靈知心當作如來藏：「你看，我這裡摸了摸，祂在這裡啊！我這樣摸，也在這裡啊！你看我不論怎麼摸都有，都在，都了了分明啊！」那不是跟仙尼外道一樣嗎？仙尼外道就是這樣自認開悟的——有一個眞實法，摸頭頭知、摸腳腳知，而祂不是跑來跑去，祂是遍知的，能分別五塵，所以我同時摸同時知道；這就是仙尼外道中的一種，他們是把這個離念的心當作是眞實法，佛門中也有人是把離念靈知當作阿賴耶識的。

可是這個離念的靈知心是永遠離念嗎？若非永遠離念，就是無常之法。正當打坐時離念，下了坐就開口：「乖兒子，幫我把工具拿來。」不然就說：「乖女兒，幫我泡杯茶來。」不然老爸發聲在叫說：「兒子！我要喝茶。」他卻想：「我正在打坐欸！」就大聲吩咐說：「欸！兒子，幫爺爺送茶去。」是不是都動念了？動啊！語言都還沒有出口就已經先動念了，那又怎麼叫作眞的離念靈知？我們弘法早年，大陸有一個所謂八大修行人的弟子就是這樣講的，他姓黃，後來我們破了他們的邪見，他就改口說：「前念已過、後念未起之當中，這不是修行來的，這是本來就有的離念靈知。」還說得振振有詞，我們說：「那你比人家修行人更差，人家修行以後可以很長時間離念，你才那麼一剎那離念，你沒修行；而且你這個離念靈知夜夜中斷，就別提正死位、悶絕位等。」

所以認爲說「遍在身」有眞實我，那這個眞實我要拿出來給人家檢驗，不能說：「我拿不出來，但我知道祂在啊！」知道祂在不算數。所以有的人上了禪三說：「有啊！我知道眞如心都在，這樣就是了！」問題是正好落在離念靈知中，跟仙尼外道一樣。所以說，只有如來藏才是眞實法——這個「無名相法、無分別法」才是眞實法，而且此法可以實證及體驗，除此以外都是想像。所以說常見外道的理論上是對的，但實證上錯了。他們在理論上知道說：我們有情這個五陰身是生滅的，不從前世來，不去到後世，世世不同，所以背後一定有個眞實法，那個眞實法是不生滅的，從來無生，是本有的，不是被生的；因爲本有而不是被生，所以就永遠不滅，因爲有生之法最後必滅。

這個理論對的，然而到底哪一個才是那個眞實法，這就要探究了，所以眾說紛紜。比較聰明的人因爲其他的說法聽多了，知道都有過失，就說：「眞實我在身上，不是在別的地方，就好像油遍滿了麻一樣，所以很多的芝麻聚合起來，可以榨出油來。」現在問題就來了，如來就提出問題說：「舍利弗！麻中有油可出可示，若我在內說有我者，應說應示，如從麻中出油示油。」既然外道們說眞我遍在身，好像麻中有油——芝麻整體全部都有油，因此可以榨出油來，那就應該說明：哪個部分是這個眞我；就好像你拿了芝麻告訴人家這顆芝麻裡的什麼成分是麻油——「應說應示」。就好像從麻中把油榨出油來，這叫作「示」，要榨得出油才能表示眞的有油。

就像《阿含經》中就有同樣事例：童女迦葉。這童女迦葉既然稱爲童女迦葉而不稱爲比丘尼，表示她是留著頭髮、穿著在家衣服的出家人，正是菩薩。就像文殊師利童子爲什麼稱爲童子？因爲他是童子行者，一生保持童子身，所以長髮飄逸、穿著天衣，還有瓔珞和臂釧，所以叫作童子文殊師利。童女迦葉也是一樣，她是個女人，不受聲聞戒而只受菩薩戒，但她率領著五百大比丘（是率領佛世的比丘而不是末法時代的比丘），整整率領五百比丘遊行人間。她所到之處要有多少人出來供養？所以那不是小僧團，但這五百比丘卻是由童女迦葉所率領。

這童女迦葉率領五百比丘遊行人間，有一天到了一個地方，遇到弊宿王（其實他只是一個大村的村長而已，但被國王把他封作王，他所管領的一個國土就是等於一個大村莊，叫作弊宿王），他是個斷見外道，不信有常住的眞我；他很善辯，因爲被封爲王，權力也很大，對整個村莊的人有生殺予奪大權；村長是作不到的，所以才稱爲王。同一部經的不同翻譯都把他叫弊宿王。他聽到迦葉童女說有常住法，不相信，見了童女迦葉就講了一些自己經歷過的事：「我聽人家說有一個眞實的我在身上，我去加以檢驗。當我國裡有一些犯了死罪的人，我把第一個罪犯抓來，叫人用刀子一片一片把肉割下來，看割下來時有沒有眞我跑出來，可是把渾身都割完了，也沒看見個眞我跑出來；後來我又想，也許是躲在骨髓裡面，然後就命人敲骨打髓，結果也沒有誰跑出來，所以那個眞我是不存在的。」

然後他又說：「有一次，我又抓了死刑犯來，我用擠壓的方式把他壓榨，看有沒有神識或什麼東西跑出來，可是也沒有，所以眞我不存在，人只有一世，沒有能夠去到未來世的眞我。」童女迦葉就廣設譬喻爲他說明，譬如說螺貝有聲音、寶螺有聲音時，你不能夠說聲音是在寶螺的物體上面，但是也不能說離螺體而有聲音；她說了很多譬喻，一種又一種，說到最後弊宿王還是不信。所以童女迦葉就講了一個例子說：譬如兩個村人，某甲跟某乙出外去尋寶，到了一個村莊都沒有人，那村莊裡有一些麻，兩個人就說「麻也好」，一人一擔挑著離開村莊；走到另一個村莊時，看見同樣是沒有人，但那裡的麻已經把皮剝好、晒乾，這比原來的麻好，因爲沒有中間的桿子了，那皮更多更有價值，某甲就把原來挑的麻捨了，換挑著新找到的麻縷；可是某甲換了某乙卻不換，某乙說：「我從第一個村莊挑到這裡來，都已經挑這麼遠了，捨不得，爲什麼要換這個麻縷？」他就繼續挑著連桿的麻而不換。某乙不換某甲卻換了，又繼續挑著走到第三個村莊，某甲看見這裡有麻布，人家是把麻縷織成布，就更好使用，比原來的麻縷一絲一絲的更有價值，他就換了，也勸某乙說：「你也換麻布吧！」某乙卻說：「我才不換，我在二個村落都不想換，現在又挑到這第三個村莊，走的距離更遠，我更捨不得換。」他依然不換，他是想：「我挑這麼久了還換掉？眞可惜，不換。」又繼續走。如此一村又一村，最後兩人到了一個村落，看見好多的黃金，某甲說：「我把這些細疊（就是人家織成的好布料）都不要了，我只要挑一擔黃金回鄉就行了。」他就換了黃金，也勸某乙說：「這黃金是好東西，你那個帶桿的麻丟了吧，要換黃金才對。」但某乙繼續堅持說：「我才不要換，我現在挑到這麼遠了，更捨不得換。」

然後這兩個人回到村莊時，大家看見某甲挑著黃金回來，親族們都跑來恭喜他、道賀他，每一個人都可以分到一點，大家都有好處，某甲就很受歡迎；某乙回到村莊時卻沒有人要理他，因爲他還是那一些麻桿，那帶著桿的麻能有什麼價值，就沒有親友迎接他。童女迦葉接著說：「你這弊宿王就像那某乙一樣。」這麼講了幾次譬喻以後，弊宿王才接受說：「其實妳講的前面幾個譬喻我就已經聽懂了，我只是故意不斷質問，要看看妳多麼有智慧。」就這樣，他改變了斷見的信仰，供養童女迦葉跟五百比丘。

這表示人要有智慧，不能人云亦云。那弊宿王就是沒有智慧，後來用擠壓的方式想要找出犯人被擠壓以後，看有沒有神識跑出來？就算有神識跑出來他也看不見，因爲眞我第八識不是色法，怎麼可能看得見？假使他有天眼或陰陽眼，最多是看見後來的中陰身，也不是眞我。這是童女迦葉弘法的典故，表示童女迦葉是個大菩薩，不然怎能領著佛世的五百比丘遊行人間。

那麼諸位都讀過《楞嚴經》，都知道說「心不在內、不在外、不在中間」，現在有個問題要問諸位了：你們打三回來時有人拿到我的金剛寶印，那你身上這個「無分別法、無名相法」第八識如來藏，是在身內嗎？眞的在身內嗎？如果是在身內，那就是有形有色，才可以說是在身內；請問：是不是在身中？不是在身中！然而是不是在身外？又不是！因爲祂會跟你相應；如果在身外，又怎麼跟你相應？假使在身外，你想一件事情時就必須先要跟祂相應一下，然後再來想；當你要說一句話、作一件事時都先跟祂相應一下，然後再來說、再來作，是不是這樣？那就應該像機器人，當我想要作什麼時，可是沒電了怎麼辦，要先去插電或裝入電池——身外之物，然後才能來作，是不是這樣？對喔！在身外時就一定得這樣。可是又不用，你可以直接跟祂相應，顯然不在身內、不在身外。在身內就犯了一個大毛病，一定是色法才會是在身內。如果是在身內，死了以後應該可以像弊宿王一樣，趴在死人旁邊看，看見了就說：「喔！祂跑出去了。」一定是這樣。可是什麼也看不見，所以不在身內也不在身外。

那麼是在中間嗎？在中間的話應該是在皮吧？皮才算是在中間呀！身體內和身體外的中間就是皮：「也許對吧？所以你看，我這麼一摸也知道，我換個地方一摸也知道，全身每一處摸了也都知道，嗯！應該在中間。」可是如果在中間的話，那有情被人家剝了皮，應該立刻就死而不必痛苦。四十幾年前我去過華西街，看過蛇店公開剝蛇皮、吃蛇膽，那蛇的頭被綁著，然後從頭部下方用刀子這麼一環，再割往下方去，然後就直接剝下來，那牠很痛苦，不斷扭著身體。可是蛇剝了皮以後，那條蛇的眞我應該就在皮中，可是皮卻一動也不動，而蛇的身體還繼續扭動，很痛苦繼續扭動。所以眞我在中間的說法，顯然也不能成立。

那麼到底在哪裡？還沒破參的人就死在這裡了。「對啊！不在內、不在外，也不在中間，那你叫我哪兒去找？」正是如此，因爲祂不是色法，祂也不是覺知心，所以你不能說祂在內、在外、在中間。覺知心可以說在內吧？覺知心假使在外，你怎麼會對身內有知覺？怎能知道胃痛？覺知心如果在中間，那你胃痛時爲何會知道？腳痛又爲什麼會知道？應該只知道皮膚痛、皮膚癢啊！所以覺知心也不是只在中間。談到覺知心，悟錯的人就說：「覺知心不在內、不在外，也不在中間，因為覺知心不是物，不會有處所。」是這樣喔？給他個五爪金龍說：「覺知心若沒有處所，應該不知道疼，那你為什麼知道疼？這明明就是有處所。」所以覺知心必須依附於十二處而存在，那就有處所，怎麼可能沒處所。

世尊接著說：「**第一義中求我不可得，是故當知若說有我人者，是人猶尚無沙門戒，況沙門地？**」在第一義中說的這個眞我第八識，這眞實我是無我性的，所以你證得「第一義」之後，在第一義中想要求一個我——不管是蘊我、處我、界我或者入我，全都找不到，祂沒有我性；所以「第一義」中求我不可得。第一義是無我的，可是《大般涅槃經》中說這才是眞我；相對於蘊處界的生滅無常說為無我，因此把如來藏叫作我；可是這個我沒有蘊處界性，沒有六入之性，所以在「第一義」中想要求得蘊處界的我性、想要求得六入的我性，求不可得。

因此如果主張說蘊處界或者六入之中，有某一個法或者所有法都是眞實的我、眞實的人，說是眞實的補特伽羅，這個人的知見當然是錯誤的。因他沒有正知正見，所以說出來的法才會跟仙尼外道一樣。因此如來說：「**是故**

當知若說有我人者，是人猶尚無沙門戒，」那問題是為什麼會說他「尚且沒有沙門戒」呢？因為佛法中出家人說的是無我法，不可以說有我，否則就與解脫及實相違背，同於世俗人或外道。如果說有我，那是指第八識相對於蘊處界入的無我，由於祂的眞實存在永不可壞而說祂為我，那也是方便說之為我，不是眞的主張有我，因為祂沒有蘊處界入等我性。那麼他主張說五蘊中的某一個部分或十八界中的某一個部分是眞實我，那他就沒有沙門戒可說了，因為他跟 如來唱反調，就是在反對 如來，也是謗法者，這樣怎麼可能還有沙門戒？

如來所施設的戒律，不論菩薩戒或者聲聞出家戒，沒有一條戒法准許佛弟子們違背 如來的聖教，所以他們故意說蘊等諸法中有眞實我以後，不論是故意或者非故意而與 如來唱反調，表示他已經沒有沙門戒了。所以釋印順主張說「細意識是常住的」，後山那個比丘尼主張說「意識卻是不滅的」，都是公然與 如來唱反調，他們哪裡還有沙門戒可言？就等於在家人的一般人一樣了；因為這是謗佛以及謗法，連帶也謗勝義僧，這是誹謗三寶而違背菩薩十重戒。

為什麼謗佛？因為 如來說遠意識、近意識、現意識、粗意識、細意識悉皆無常：「諸所有意識，彼一切皆意、法因緣生故。」結果他們竟然主張說意識是不滅的，然後宣稱這是佛說的，那不是謗佛嗎？但 佛所說的法不是這麼講的，他們卻把外道所講的說是佛講的，既是謗佛也是謗法，因為他們指稱那就是佛法。他們所說也跟古今一切勝義菩薩僧說的不一樣，那他們的意思等於變相說：「你們這些勝義僧講的都不對，我說的才對。」所以具足誹謗三寶，哪裡還有「沙門戒」呢？

沙門稱之為出家人，出家的定義不止是出世俗家，也是指出三界家的在家與出家聖者，才是眞實沙門。那麼當他們落在欲界五塵相應境界中的意識，跟欲界的五俱意識同時同處，認定五俱意識是眞實我、眞實法，就是住於欲界地，他們哪有沙門地呢？「沙門地」是出三界的出家人境界，而他們根本沒有，所以 如來說：「況沙門地？」所以他們連「沙門戒」都不存在了，就不要說還有「沙門地」；這表示眞正出家人的境界，他們完全沒有。

接著 如來就說：「舍利弗！當知如是邪貪著者，所謂著我、著眾生、著壽命者，則為墮頂。」這一種錯誤貪著而不肯捨棄的人，一定著我、著眾生、著壽命，因為當他們以粗意識或者細意識作為眞實我的時候，這意識一定會跟色蘊以及受想行蘊相應，一定跟五色根及六塵相應；既然如此，就落到五蘊我、十八界我、六入我之中；不可能脫離，那就是「著我」。

所以當他們被人家推翻時，或者被人家評論時，反應就會很激烈，因為落入蘊處界入等我之中。所以十幾年前還有《自立早報》；現在可能《自立晚報》還在吧？也不在了？那時有《自立日報》、《自立晚報》，《自立日報》後來變成《自立早報》，好像是這樣。他們每週日有一個〈自立講台〉專欄，有一天是名不見經傳的鍾慶吉居士寫了一篇文章反諷釋印順，表面看來是在讚歎他，其實字裡行間是諷刺他；這一登出來，那時佛教界大家都在留意著：這鍾慶吉何許人也，竟然敢評論釋印順？然後就等下一週的〈自立講台〉看有沒有反應？

結果當然有，不但釋印順有反應，他的門徒釋昭慧也跟著寫一篇文章，師徒兩人各寫一篇七天後在同一個專欄刊登出來。這表示他們反應很迅速，因為文字版的報紙還得要排版、也要編輯審過才能印出來，表示他們看到以後一、兩天就寫好，隨即寄到《自立晚報》去，所以第三週的週日就能登出來。他們回應的文詞非常激烈，出家人反應到那麼激烈是要幹什麼？至少也應該慈悲為懷、口氣委婉一點，不用表現出很生氣的模樣！我回應人家的書，法義論證時雖然很犀利，可是我沒有火氣；因為我是抱著想要救他、要為他說明的心態與立場，所以我解說或者論證得很詳細，面面俱到，希望他可以瞭解我所講的意思，所以沒有火氣，雖然我的筆鋒很犀利。但他們寫的那兩篇文章火氣大得不得了，幾乎要把《自立晚報》的報紙給燒了；不論誰看都知道那是很大的火氣，反應非常激烈。但為什麼他們反應會那麼激烈，而且還牽涉到人身攻擊？

這表示他們「著我」，因為「五陰我」被攻擊了，所以「我」要反應出來；「我」被攻擊了，「我」的名聞利養損失了，著眼點在這裡。著眼於名聞利養損失了，這就牽涉到眾生——因為「我」被攻擊了，而眾生看到了，眾生就不會來護持「我」，這就是「著眾生」；「著我」的人一定也會「著眾生」。所以假使他的徒眾被人家吸引了過去，徒眾越來越少，他們心裡就難過了。這跟咱們不一樣，咱們想的是：假使有人願意學，甚至少至只有一個人，我也教；如果那個人也不學了，我就歸隱山林，繼續把我的長袍穿起來，到處晃悠、優哉游哉，多寫意！這就是我當年腦海裡的一幅圖畫；就想，秋冬到了我穿起長袍來，防著野狗就帶一支拐杖拄著到處走；看見賣什麼好吃的就買一買、吃一吃，要是有個茶店就進去喝茶，日正當中我就回家吃午飯去；吃過飯散步散步消消食，睡個午覺，或是上樓去打坐修定，多寫意啊！如果哪一天心情好，濡筆再練練書法也不錯。

我們不會因爲人越來越少心裡面就覺得好難過，不需要。所以當年我們在中信局，一方面有人去影響那裡的共修眾，一方面也因爲我們講的法太深，他們聽不懂，所以人越來越少，曾經少至六個人，我還是歡歡喜喜去教，也沒有說「是誰沒來？爲什麼少了人？你們去找回來」。我從來不問這個，只管教，剩下一個人我也教，因爲我們證的「無名相法」是「無分別法」、是無我的，所以不需要「著我」；轉依如來藏的境界中連一法都無，更不要說有我、有人。

可是他們落在粗意識、細意識中，就會跟內我所、外我所相應。內我所相應是覺得：「我被他誹謗了，所以我要把我的公道、要把我的尊嚴找回來，那我就要攻擊對方。」外我所是：「因爲我被攻擊了，所以我的名聞利養會越來越少，我的徒眾會流失，必須攻擊對方。」這就是「著眾生」。「著我、著眾生」時一定會「著壽命」：希望我可以活久一點，也希望我的徒眾活久一點，我的供養就不至於中斷，這就是「著壽命」。所以假使他的信徒一個一個年老開始在死亡時，他會想：「我怎麼會死這麼多的信徒，他們為什麼都活這麼短壽？」這就是「著壽命」，因為他落在五蘊的局部了。

而這意識只是五蘊中的少部分，如果不著於壽命，他的五蘊就殘缺了；譬如色識受想這四個法，如果短命的話，「行」只剩下一點點，往生就沒命了。沒命就沒有行，沒有行就談不到色識受與想；所以「著我」的人一定會「著壽命」，「著壽命」的人會畏懼強權、欺負弱者；所以釋印順他們師徒倆對於鍾慶吉的反擊不遺餘力，還加上人身攻擊；但我不曾作人身攻擊，總是就法論法。那他們私底下很強勢，對鐘慶吉作了很強烈的人身攻擊，可是面對蕭平實卻是不言不語。有人故意寫信去說：蕭平實說妳怎麼樣、怎麼樣……，立刻生氣起來：「你去告訴蕭平實，有膽放馬過來！」放馬？我放一匹驢就好（大眾笑…），結果就受不了，不是嗎？才會告到法院去。告到法院之後弄到下不了臺，只能自己主動撤告，不就是這樣嗎？

就像達賴基金會一樣，他們從來不敢在法義上回應我一句話，就抓著小辮子去法院告，不幸的是我們偏偏遇到恐龍法官，全盤皆墨。其實我們沒有過失，可是法院有很多支持達賴的人，就利用司法搞我們。沒有關係，我無所謂，留給因果律去處理。這些世間法上咱們有理無處伸，罰錢我就繳錢，要關我就去關，我也沒關係。當初判一個月徒刑，我是想要進去待的；因爲這個徒刑可以作爲一個新聞，也可以發揮出來用它作一件佛事，我在裡面休養一個月打坐修禪定，也可以作佛事。只是我們親教師們說：「不要！不要！」勸我不要去，就把三萬塊錢繳完了事。後面的部分當然還有爭執，我們以同樣的判決標準告對方，對方也應該要被判刑或罰款的，但我們告了他們永遠都沒事，臺北法院是採取兩套標準在判案的；所以臺北地方法院、高等法院的司法公正性，我是不相信的。

話說回來，這是說：凡是落入五陰中的人，一定是「著我」的。因爲五陰與境界相相應，跟財色名食睡相應時，那就是「著我」的行相了。「著我」時就會貪著有情眾生，也會執著於壽命。那如來說：「著我、著眾生、著壽命者，則爲墮頂。」「墮頂」就是滅頂的意思。不善水性的人滑進很深的水中，不久以後就是滅頂。就是說他墮落到水中，連頭頂都被水淹過了，叫作「墮頂」。墮於什麼頂？墮於三界世間法中，在三界法中沒頂了。也就是說他永遠都無法出離生死海，一直沉沒在生死海中，連從水面探頭出來都不可能。如來已經是在岸上了，菩薩在水中游來游去，看誰可以救就把他救上去，就去救這一些人。如果眾生氣力還不足以游到岸上，就教他怎麼游泳，至少頭可以浮在水面上，這就是菩薩。

那麼這些墮落於三界法中的人，特別是墮落於欲界法中的人，如來說：「是人如是邪貪著故，尚不能除貪利養心，況細煩惱？」確實細煩惱是不可能除的。這就是說煩惱有粗有細，世間法中的煩惱已經有粗有細，但是在佛法中說的煩惱粗細差別更爲顯著。世間人以什麼爲粗煩惱？例如米甕中沒米了，或者存摺裡都沒錢了，這是粗煩惱；或者兒子不聽話，老婆跟別人跑了，先生被密宗假藏傳佛教的女上師拐跑了，這也是粗煩惱。可是有人都沒這些事情，錢多也是家庭和樂，名聲不錯、財產也不少，總該沒煩惱了吧？也有煩惱的；她每天要出門時自己照了鏡子不算數：「兒子！你再來幫我看看，老媽這個打扮可不可以？」每天在想著：我這衣服如何如何，我的鞋子如何如何如何，我的手飾如何如何，就叫作細煩惱；甚至有時出門忘了帶把扇子，沒有那把扇子在手上，這個氣質看起來不一樣，這也是細煩惱。這些都是煩惱。所以有些人的煩惱很多，光是穿著就有一堆的煩惱；而我們都不用，一年四季就是那幾套衣服，髒了就換洗，永遠都是這幾套，也沒有什麼莊嚴不莊嚴的問題。

這就是說，佛法中同樣有粗煩惱、細煩惱，佛法中說的粗煩惱是外我所的煩惱，例如名聞的煩惱、利養的煩惱、眷屬的煩惱，這些都是粗煩惱；如果有病痛，始終都好不了，心中非常憂愁，那就是粗煩惱。有些人沒辦法擁有快樂的心情，或者家人些許話不爽快，所以他心情總是覺得鬱悶，這就是細煩惱。甚至沒事找事，她就是要自尋煩惱：兒子女兒結婚過得很好，但她一天到晚操心兒子、操心女兒。那該是他們配偶操心的事，老媽操心什麼？這就是自尋煩惱，已經是更細的煩惱了。世間法中如此，佛法中也有粗細煩惱差別。粗煩惱就是二乘菩提之所應斷而沒有斷、所應證而沒有證，就是粗煩惱。不能斷三縛結粗煩惱，乃至不能證阿羅漢也是粗煩惱，因為對菩薩而言，這些都是粗煩惱。那什麼是細煩惱？就是習氣種子的斷除，以及習氣種子斷除後進而應該斷除的異熟種子生死，這又是更細的煩惱。

回到經文來，如來說：「是人如是邪貪著故，尚不能除貪利養心，況細煩惱？」貪著於利養是很粗糙的煩惱，顯而易見；如果對這種人來講，二乘菩提的應斷應證，可就成爲細煩惱了；相對於貪著利養的人，斷三縛結的事、修未到定的事，就成爲細煩惱。這是有相對待的關係存在。如果某人有邪謬的貪著，顯然他連貪著利養之心都斷不了，那你想想看，他一直都在外我所上面用心，怎麼可能面對如何斷三縛結、取證初果的事？他一定沒興趣。因爲對他來講，二乘菩提的應斷應證就是他的細煩惱了，而這種人是完全不會留意自己已經相應到這種細煩惱的。

如來接著說：「舍利弗！通達空者，若爲貪欲、瞋恚、愚癡、利養所覆，無有是處，亦不墮頂。」這裡要注意「通達」兩個字，「通達空」就是對空法已經通達了，就是初地的入地心。「通達空」的人一定會對空相與空性都通達，一定已經現觀到空性心如來藏能生諸法而函蓋諸法；諸法是生滅有爲，終歸於空，就是空相；「通達空」的人對於空性、空相有這樣的見地存在，所以叫作「通達空」。世尊說：「通達空的人如果還會被貪欲、瞋恚、愚癡以及利養所遮覆，這道理是不可能存在的，更不會被貪、瞋、癡或者利養所淹沒。」這表示三賢位之中就算證初果了，就算之後又證悟明心了，偶爾起個貪也是正常事，因爲他還沒有通達；只要貪的現行不違法、不違背菩薩戒就沒事，應當這樣認知。

所以有的禪師脾氣很大，而且對徒眾很苛刻，因爲他很節儉——自奉甚儉。當他對自己都那麼節儉了，何況對於徒眾？所以有的禪師離開寺院去村莊裡辦事，寺裡典座趕快把麵粉再和了油作五味粥，請大眾一起來吃，吩咐說：「**和尚回來時不要說我們有作這件事。**」他也是好心，覺得大家吃得很沒營養，個個瘦巴巴的；沒想到禪師提前回來看到了，臉一垮，馬上追問，立刻把典座痛打一頓，剝了僧衣、燒了戒牒，趕出寺去——是在隆冬嚴寒時節下雪時把他趕出去。不知道的人也許想：「**禪師不是證悟了嗎？對待徒眾這麼苛刻！**」你要知道他還沒有「**通達空**」啊！還在三賢位中。古來明心後又見性的禪師都找不到一打，能明心就不錯了，大部分都是沒有開悟的人；所以三賢位的菩薩證悟後，有時犯點小過並不算什麼。

可是反過來說，假使有人自稱成佛了，或者自稱七地、八地或是三地、五地了，結果一天到晚喝酒抽菸，一天到晚告訴徒眾說：「師父我缺錢。」你就知道這個人就算眞的有證悟，最多也只是三賢位中，一定不到十住位的。滿十住位的人進入初行位時就不再這麼嚴重了，貪、瞋、癡都已經很淡薄了，因爲有如幻觀的受用。但是偶爾也看見他大發脾氣，是不是就推翻說他一定沒有見性？不一定，因爲他都還沒有到十迴向滿心位，或者還沒有入地，所以還有貪、瞋、癡的現行，這都是正常的，但不會成爲一種時時現行的人。這是諸位應該要懂的認知，因爲他畢竟還在三賢位之中，有時現行是正常的。

那麼假使是「通達空」的人，特別是宣稱爲三地、五地、八地的人，竟然還在喝酒抽菸，還翹二郎腿（大陸就有這樣的八地菩薩被傳說回來臺灣，說他翹二郎腿時還會抖腳）；這要是讓村裡老人家看了都會罵：「咱們家裡讓你越抖越窮了！」那看起來眞的不莊嚴，哪會是入地菩薩的行止？所以 如來說：這樣的人若說是「通達空」的人，沒有這個道理。「通達空」的人不會開口閉口叫你捐錢，也不會開口閉口叫你供養他，因爲對他來講，錢就好像夢中的事。假使你知道自己正在作夢，而夢中人家供養你一百億美元，你會很高興嗎？不會高興起來，因爲知道一起床後，這一百億美金根本不存在，證得如幻觀的人看見了錢財就是這樣的心態。往世當轉輪聖王、當國王，那是很有權勢、很有錢的：「全國或者整個一天下的錢財都歸我所管。」那權勢多大，但一世一世就這樣過去，有時當個富翁、有時當個窮人。我甚至看見自己往世當過老鼠，什麼都當過，這樣一世一世放在一起來比對時，現在遭遇的這些事情不就等於未來世所將看到過去世的事一樣。

我們現在看過去世的事，往昔正當經歷時好快樂或者好痛苦，但現在全部都過去了！跟夢一樣。現在這一世的事，未來很多劫以後來看時也是一樣，沒有差別。只有佛性是那樣的眞實，但其餘都是虛幻的，這不過就是一場夢：一場修道的夢，一場弘法利生的夢。在夢中很順利時，是不是要很高興跳起來？我並沒有快樂過。被那些凡夫大師們聯合打壓時，是不是要一天到晚唉聲嘆氣？也沒有！我照樣平平淡淡過我的日子，但是法樂無窮，不依外境而起想，純粹依於法，所以不可能有貪、瞋、癡的現行，也不可能被利養牽著走。

假使有人自稱是幾地又幾地的菩薩，結果貪、瞋、癡樣樣不離，貪著利養是經常性的，如來說這種事「無有是處」，表示那個人是大妄語。但末法時代的學佛人因為知見太差，被誤導了以後，不知道那叫作大妄語，也不知道大妄語的罪有多麼重，所以他們和大妄語者都不覺得害怕；不覺得害怕就會「墮頂」，被貪、瞋、癡、被利養給淹沒了。從這一些道理，諸位要瞭解：人家宣稱成佛，或者宣稱是十地、幾地的菩薩時，大家聽聽就好。自己要有智慧去作判斷，不要聽了就信；要有實際的證據來支持，才可以認定對方果然是八地菩薩、或者四地五地菩薩等。如果沒有根據可供證明，就不要人云亦云，因為你人云亦云時，也會誤導旁邊的人跟著亂信而被害。好在現在佛教界讀咱們的書讀多了，現在比較有能力判斷。

現在大陸或是臺灣，那些宣稱是幾地的菩薩們現在吃不開了，只有一些迷信的人在跟著信，有智慧的人讀過《楞伽經詳解》、讀過《心經密意》，或者讀過《楞嚴經講記》等，或者讀過《燈影》，就有智慧可以判斷了；這樣就漸漸具備了正知正見，可以成為如來子，不會再信受外道法。所以如來說的這些道理要講得很詳細，不厭其煩地講，眞的叫作苦口婆心；總之就是要佛弟子們遠離邪謬的知見，不要把常見外道所講的那些身內、身外或者在中間的某一法當作是眞實我。「無名相法、無分別法」如來藏心沒有我性可得，這道理在阿含部的《央掘魔羅經》中就不斷宣示了，更別說第二轉法輪的《般若經》，以及第三轉法輪的唯識諸經。

但是三乘菩提的入道，最重要的起始點就是斷我見，我見斷了才能斷三縛結；但是斷我見之前先要建立八識論的正理，千萬不要落入六識論中；一定要依八識心王的正理作基礎，才有辦法眞的斷我見，否則口裡說他斷了我見，而其實都不曾斷。釋印順或宇宙大覺者不會承認他們還有我見，可是事實上他們爲什麼還住在我見中？正因爲沒有正知正見。他們認爲人的心總共有六個識，連第七識意根、第八識如來藏都不相信，就不可能眞的斷我見，因爲他們不想要墮入斷滅空，一定就會墮入意識心中，不敢否定識陰中的意識心。所以怎麼樣生起入道應該有的正知正見，是很重要的事；一定先要建立八識論的正理，然後再依善知識的教導去觀察五蘊的一一蘊，也觀察十二處的一一處、十八界的一一界、六入的一一入，全都沒有眞實我，這樣才有辦法眞的斷我見，也才可能在斷我見以後再去求證如來藏，證得如來藏之後觀察祂的無我性，但是卻有眞如性；這樣才不會落入「我、人、眾生、壽命」

之中，繼續進修才能「通達空」。

最後如來作了個結論：「舍利弗！計我心者謂有壽命，壽命因緣故則為利養所牽，障礙於道。」凡是計著於「我」這個覺知心，就會認定確實有「壽命」存在，為什麼呢？因為他認定這覺知心是眞實「我」，就一定會注意到一個事實：當這一個色身毀壞時，覺知心就不存在了。因為他知道這個覺知心要依附於色身才能存在，但色身有「壽命」，他就會執著：「那我還可以活幾年？」關於「壽命」，菩薩雖然不計較壽命，可是菩薩卻很留意壽命，因為接下來要幹什麼都有計劃，要衡量這一世的時間夠不夠？所以菩薩很留意壽命，但不執著壽命。

可是世間人也有人看似不執著壽命，因為他逃避面對生命而用世間五欲來麻痺自己，故意視而不見。比如一個人活到七十歲，他還一天到晚跑健身房，然後一天到晚都在上館子，你如果問他說：「你大概還可以活幾年？」他會告訴你說：「別管活幾年，享樂最重要。」你若硬要他去想還能活幾年，他還會跟你翻臉，因為他覺得思索自己還能活幾年，對自己太殘忍了；所以不管那個事情，每天健身、繼續追求享樂，他想要健健康康活久一點、享受久一點；所以他把這個身體照顧好，就是爲了「壽命」。但有的人不痲痺自己，他想：「我大概可以再活幾年？」所以就規劃一下：「我這些財產該怎麼用？」譬如說：「我如果還有十年壽命，我這十年要怎麼過。」他就是規劃這個事情，可是這樣也叫作「著壽命」；爲了「著壽命」——計著有壽命，就必須好好去照顧這個身體，目的是爲了活久一點、享受久一點，而不是像菩薩說：「我要計劃好時間，爲眾生多作一點事。」

這就是世俗人認爲壽命眞實存在的狀態，但菩薩不管壽命如何延長或享樂的事，該作的事就去作；假使這件事情作了可能被殺，那也不管，還是作；只要對眾生有利，對眾生未來的法身慧命有利，那就去作。但是那一些落在識陰中的人，或者說落在意識中的人，他們會計著壽命，他會認爲壽命是眞實存在的，所以他就會探討說：「那爲什麼會沒有壽命？」是因爲身體壞了就沒有壽命，那他就會好好照顧身體。爲了讓身體很健康，就需要好的飲食、好的住居、好的生活環境……等；那麼有人出家了也想要追求這一些，那要怎麼辦？他就希望這些學佛人給他的利養越多越好，他就可以改善身體、物資、生活等，那就是被「利養所牽」。

可是「通達空」的人怎麼看「壽命」？「壽命」另一個名詞叫作「命根」，「通達空」的人瞭解命根的性質：命根其實不存在，命根只是一個名詞施設，猶如壽命一樣。聖教中說什麼叫作命根呢：「壽、暖、識三，說為命根。」這三個合起來稱為命根；就是你前世為眾生作了事，所以此世可以活多少壽命，就是壽算有固定的年限；所以關於「壽命」，有命卜技術的人是可以幫你算的：你此世可以活多久。再來就是身上的暖風，這暖的功能持續運作著就有命；如果壽命不該盡，但若強行把你的身體冷凍了，也就死了，所以暖也是命根的成分之一。壽暖二法以外還要加上什麼？光有壽與暖還不行，因為壽是由往世的業種帶過來的，還要有識，哪一個識？阿賴耶識——異熟識。如果這個異熟識離開了也就沒有命根可言，所以壽與暖其實依於第八識而存在，第八識生了這個色身然後有壽，是業種加上身上暖風，所以這就成就了命根。

命根還有就不會死；往往很重大的傷害，醫師都說活不了的，但他都不會死。所以有的人真要叫作歷劫歸來，很多人說他這回一定活不了了，認為他本來應該會死的，結果還是不死，就說他命不該絕，命不該絕時就死不掉。

所以壽、暖、識三法和合時才能說為命根，因此命根是假有的。若是通達這個道理的人，表示他「通達空」，就不會「障礙於道」。凡是不能「通達空」而計我心者，都是執我、著我，認為覺知心是眞實法，就會執著壽命，就被「利養所牽」，他的道一定修不好，所以 如來說「障礙於道」。今天講到這裡。

《佛藏經》今天要從七十七頁第三段開始：

經文：【「舍利弗！我見者、人見者，雖於我法出家為道，如是癡人於清淨法中則非出家，何以故？尼犍子出家皆計我心，有所得故。舍利弗！有所得者從無始世常有此見，若得出家猶有不絕，是名因外道出家，不名因聖法出家。何以故？弊人不能信樂大法，於清淨大法無眞實想。舍利弗！如是破法重罪因緣，餘殃未盡；不能信解諸法實相，起大苦業，或謗八直聖道，或於淨戒比丘而生惡心，妄出其過；或言破戒、破見、破命、破威儀，或不見他過，妄生是非；或以濁恚嫉心說他惡名，或不能知佛經義理，謂非佛法。如是惡人成就破法惡業，於佛第一義中，心不通達，不入、不善。如是重罪

餘報因緣，雖勤精進，猶尚不能取所緣相，何況繫心能得道果？」】

語譯：【世尊又開示說：「舍利弗！我見的人、人見的人，雖然在我釋迦牟尼佛的法中出家爲了道業來修行，但是像這樣的愚癡人，他們在清淨法中其實並不是眞正的出家，爲何這麼說呢？那些離繫外道出家的人，他們都錯誤認知而計著有一個蘊處界的眞實我，認爲有這樣的一個不外於蘊處界的眞實心是眞我，因爲他們都是落在有所得法中的緣故。舍利弗！有所得的人從無始世以來，一直都有這樣的見解，假使有因緣讓他們出家修行，這樣的錯誤見解還是存在而不會斷絕，這樣的人在佛法中出家了，也都要叫作因外道法而出家，他們不是因爲聖法而出家的。這是什麼緣故呢？這是說他們心性弊劣，這樣的人不可能信受愛樂大法，對於清淨的大法沒有眞實之想。舍利弗！像這樣破法重罪的因緣，正報受完之後還有餘殃沒有受完；他們不可能信解諸法的實相，會生起大苦之業，或者誹謗八個直修成佛的聖道，或者對於清淨戒的比丘生起厭惡之心，虛妄編造而說出他們有什麼過失；或者指稱那些清淨戒的比丘是破戒、破見、破命、破威儀，或者沒有看見別人的過失，卻是虛妄的生起是非；或者以汙濁的瞋恚、嫉妒心，來指說別人惡劣的名稱，或者他們不能知道佛經裡的眞義和正理，於是就隨便誹謗說那不是佛法。像這樣的惡人成就了破壞正法的惡業，在佛法的第一義之中，他們的心永遠都不能通達，不能進入聖諦第一義法、也不善於了知聖諦第一義法。像這樣的重罪還有餘報的因緣，也就是他們雖然殷勤精進，但是對於佛法所緣的境界相和所說的內涵，他們完全無法有這個因緣受取，何況繫心於佛法之中而能獲得修道的果位？」】

講義：在這裡 如來眞是苦口婆心啊！這部經的前半部中 如來也講過，所有的罪惡就是邪見最重。邪見具足時表現於外的最根本部分就是「我見」和「人見」；在他們心中一直都保持著我見，就相對也保持著人見，有我見與人見的人就永遠不離邪見；像這樣的人也許往世有因緣出家了，但是這一世雖然歷劫歸來重新又出家了，嘴裡說的是爲了修道，其實他不是眞正出家。那我們剛才說這種人叫作歷劫歸來；有的人也許忽略了，其實在過往的無量劫之前曾經謗佛、謗法、謗勝義僧，乃至謗清淨持戒的凡夫僧，全都作了，因此下墮了惡道，那是無間地獄罪。

無間地獄中受苦要非常久，然後才能往生去餓鬼道；因爲在地獄道的時間很長，他得要從阿鼻地獄、無間地獄出來，然後就去八大寒地獄、八大熱地獄，然後才能來當餓鬼。當餓鬼的時間也是很長的，然後才能去當畜生，畜生道的業報受完時才能回到人間。而這個果報受完時回到人間，他已經忘了，因爲他有胎昧。終於遇到有人演說佛法，他想：「我來出家吧，學佛法很好。」又來出家，可是他出家之後依舊是「我見、人見」不能斷除；因爲他往昔熏習我見與人見已經太久了，所以重新熏習佛法之後，還是會用我見、人見邪法當作正法，認爲賢聖所說法不正確，又去誹謗賢聖、誹謗聖教。這是很難改變的一個現實，這是一種會繼續顯現在人間的事實，所以我說它是現實。

所以諸位假使明心了進入增上班來學習，你會覺得說：法本來就是這樣，並不是很難啊，除非是很深妙的；那我解釋了以後你發覺說：「原來還有這樣的法！」但是至少你可以讀懂表面上那些意思，不會錯誤，因爲你可以有少分的現觀；你剛進入增上班兩、三年這是沒問題的。那你會想：「外面那一些人好奇怪喔！爲什麼老是落入六識論裡面，怎麼跟他們解釋都不信，永遠都不信有第七識、第八識。」你會覺得奇怪，但這是天經地義、理所當然。法界實相就是這樣啊！爲什麼他們聽不進去？爲什麼他們會那樣執著？很顯然，一定是要有第七識、第八識，否則人不足以成爲人；那你以前會覺得很奇怪，爲什麼他們那一些人不可理喻——眞的沒有辦法用道理以及譬喻來說給他們瞭解，你怎麼說他們怎麼不信。以前都會覺得很奇怪怎麼會有這種人？這道理很清楚，明明經上講的也是這樣，比量上也是這樣，證悟後的現觀也是這樣，爲什麼他們不信？

其實你不用覺得奇怪，因爲這是過去無量劫前曾經謗了哪一尊佛、謗了聖教、謗了勝義僧，乃至無根誹謗持戒清淨的凡夫僧。所以有的人一遍聽不懂、兩遍聽不懂，你跟他講三遍、五遍、十遍後他終於體會到：「**原來是這樣才對！**」然後他就信了正法。可是有的人不論你怎麼說他終究不信，他聽懂你說的，但就是不信，還是要相信六識論，這個就是往世的因緣。所以有時你覺得奇怪，但現在想一想：「**原來道理是這樣！**」就不奇怪了。所以世尊說以前曾經「**過去久遠無量無邊不可思議阿僧祇劫**」前誹謗三寶的人，乃至於經過很多佛之後再經過九十九億佛，是很多的阿僧祇劫來到現在値遇了釋迦牟尼佛，親承 如來、親聞 如來說法，可是他連個順忍都得不到，依舊是個凡夫。對我們來說，親承 如來開示而竟然不能證初果，竟然不能開悟明心，那是很奇怪的事！那麼 如來現在告訴我們這個道理，就瞭解一點兒也不奇怪，眞的不奇怪！

所以正覺在臺灣現在名氣這麼響亮，在大陸名氣也很響亮啊！書中也寫出很多不同層面的法義了，可是爲什麼還有人不信呢？又譬如我們在大陸流通的書也不少，那些大法師都讀過我們很多本書，不是只讀一、兩本，但他們爲什麼還是要抵制？你們不需要搖頭，道理剛剛已經講了；因爲往昔無量劫前謗法等事情一直到現在，餘殃未盡。所以讀了以後發覺正覺的法無懈可擊，眞的雞蛋裡面挑不到骨頭，心中半信半疑，但是爲了名聞利養，還是要抵制、繼續抵制到底。這不奇怪，就是因爲往昔有過那一些惡業，加上這一世的欲貪，這就成爲正常的狀況。

所以現在臺灣有人說：「**正覺現在是臺灣第五大山頭。**」我說：「**哪裡是第五大，我們是第一大山頭。**」我們硬體永遠跟人家比不上，但我們法大啊！沒有誰可以跟我們比，放眼全球沒有誰可以跟我們比，所以現在佛教界久修行的人都知道正覺這個正法。可爲什麼沒有想要進來學？當然以前說過的：

進來正覺修行很辛苦，怕了！這是另一回事；但有許多人就是：「雖然知道你們正覺是正法，我偏不想學。」爲什麼偏不想學？（有人答話，聽不清楚。）正是！就是往昔的餘殃未盡！所以你們接引人時有時會想：「奇怪！我都跟他講得這麼清楚了，爲什麼他還是不想學？寧可繼續待在六識論的邪見中，就不肯離開那個道場。」其實不奇怪，因爲他無量劫以來，「我見、人見」深重，一直不想把「我見、人見」推翻掉。

由於這樣根深柢固的緣故，現在即使遇到佛法了，終於出家，名義上是爲了修道，可是實際上 如來說：「如是癡人於清淨法中則非出家，」換句話說，如果眞要說他是出家人，只能說他不是在清淨法中出家，那不是清淨法，叫作染污之法。說是外道法也可以，就是染污之法，因爲他的知見被染污了，然後他就永遠在染污的法中不肯捨離，如來說這樣的人叫作愚癡人；如果在清淨法中來說，他就不算出家人。世尊這句話很重：「在清淨法中來說，他們其實不是出家人。」這話要是流傳出去，怎麼辦？不需要怎麼辦，因爲是如來講的，不是我講的；如來說這種人叫作「愚癡人」。今天講到這裡。

如來接著解釋那個道理、解釋那個原因。人家說事出必有因，不會完全沒有因緣。人家修行就可以證道，他偏偏久修仍不能證道，一定是有因緣，所以如來說：「尼犍子出家皆計我心，有所得故。」尼犍子，我們上回講過了，叫作離繫外道，自稱離繫而其實都在繫縛中。他們出家時說是出家了，實際上只有身體出家，心沒有出家。有兩個情況給諸位選擇：身出家心不出家，身不出家心出家，你要選前者還是後者，（大眾答：後者。）對！就是後者。如果可以身出家心也出家，你們要不要？（大眾答：要！）這樣就對了。

所以有智慧的人應當觀察：怎樣才是眞正的出家。像 維摩詰大士以在家之身，是個大富長者，但他其實是眞正的出家人，因爲他都成佛了，然後倒駕慈航來 釋迦牟尼佛座下示現爲妙覺菩薩，那是來報恩的。

所以將來諸位如果成佛之後，有一天想起來說：「我記得以前跟蕭平實老師學法時有發過一個願，將來成佛以後示現涅槃，然後找找看釋迦牟尼佛在哪裡，我也去祂座下扮演妙覺菩薩報恩。」當你想起來時，來到 釋迦古佛座下時也許出家的妙覺身分已經有人作了，那你就用在家的身分來示現、報恩也行。到時候因緣成熟時 如來授記你說：「這位某某菩薩，其實是過往無量劫前某某如來倒駕慈航而來。」那也可以，就當個身不出家、心出家的人也可以；重要的是，是否實證了出家法，也就是是否實證了沙門果這才重要，表相無所謂。老實說，當你證得初果時，身相是出家或在家已經無所謂了，因爲你已經現觀自己這個身相是假的了，依著這個身相而有的覺知心也是虛假的，所以無所謂；如果明心了更是如此。

但是尼犍子外道沒有辦法證沙門果，他們有沙門相、沒有沙門法，所以他們錯誤計著說：「我們離念靈知心就是眞實我，常住不壞。」這叫作「計我心」，這是一種錯誤的認知。然後誤計這個錯誤的覺知心——不管是有念的或離念的靈知心——叫作眞實我，計著我心一定會落在有所得法中，因爲這個離念或有念的靈知心必然會跟六塵境界相應，每天都在攝取六塵；攝取六塵時就是有所得，因此會因爲對六塵的喜與厭就執著世間法。

講到這裡，假使有人第一次來聽經，聽到我這麼說，他也許想：「難道你蕭老師悟後都不攝取六塵嗎？」對吧？如果是第一次來聽經的人總是會這樣想，心裡覺得懷疑：「難不成你蕭老師悟後都不觸六塵嗎？那請問你怎麼上座、怎麼說法？」但我們說的是，我們實證的是眞如、是第八識，依於第八識的眞如心這個妙眞如性，說我們不住在六塵中。眞實法不在六塵中，卻無妨原來這個有念或者離念的靈知心繼續攝取六塵，但攝取六塵為我所用，而於六塵無所執著；這才不會落入有所得法中，否則一定會對有所得法生起愛著，有了愛著心就會去貪求世間法，就財色名食睡樣樣皆不離。這樣的人名為出家修道，世尊說其實他不是眞正的出家。

所以如來說：「**舍利弗！有所得者從無始世常有此見，若得出家猶有不絕，是名因外道出家，不名因聖法出家。**」所以你們在路上走著，有時看見出家人，其實心裡很想搖頭，對吧？因為有這麼勝妙的法而他們不懂得求，繼續在外面混；這就是說，無始世以來一直都有我見與人見，無數劫以來都不會想要求證第一義眞如佛性，如來說他們這樣的邪見是「**常有**」；常就是經常性而永遠存在，永遠不會改變；一直存在這種我見、人見，就叫作「**常有此見**」。所以假使有因緣遇到佛法了，他們雖然也出家了，但這兩個邪見還是不會斷絕的。

所以在正覺同修會中斷我見、斷三縛結是基本的修證，你們覺得這是理所當然的，因為禪淨班親教師就教過怎麼觀行，把五蘊、十八界、六入、十二處都觀行完，結果證明全都虛妄，所以到時候定力成就了，觀行也作完了，自己已經「**得法眼淨**」，再也不承認離念靈知或者接觸六塵的覺知心是眞實的自我，這是理所當然的事。可是對他們而言，絕對不是理所當然，因爲他們對於「**邪見**」，猶如永遠收存寶藏在心中而捨不掉。

所以他們即使遇到眞正佛法，也在佛教中出家了，如來說「**是名因外道出家**」，因爲他們是心外求法——外於眞實心而想求得眞實法；這種心外求法者就稱之爲外道，如來說這樣的人都是因爲外道法而來佛門中出家的。所以他們在佛法中出家以後依舊不肯斷「**我見**」、不肯斷「**人見**」，世尊說：「**這種人不可以說是因爲聖法而出家**。」世尊說一切外道法無聖之可言，佛法中才有聖法。所以 如來開示時往往說：佛法中聖弟子如何、如何，從來沒有說過外道是聖弟子。只有佛門中有聖弟子，因爲至少斷我見、證初果，如果進而明心，那更是聖弟子，所以外道法中沒有沙門法，也就沒有聖弟子。

如來有時甚至說，外道法沒有沙門法；菩薩們則會說，外道們沒有沙門法式。形式的式，是說外道法他們縱使出家了也沒有出家人的模樣。出家人要有出家的模樣，出家人的模樣是什麼？是不貪不求，是證解脫的。所以到了村莊裡振錫而立，人家供養了好吃的食物時不以爲喜，人家布施了粗糙的食物時不以爲憂，仍然歡歡喜喜向對方祝願，這就是佛教出家人的基本法式。可是外道有嗎？全都沒有！外道看見人家供養好吃的，心想：「哇！今天有五香肉，這個很不錯！」他就滿臉歡喜。看到人家供養的是粗茶淡飯，他就皺起眉頭來，不表現歡喜，這還能叫作沙門法式啊？而且在寺裡互相談起話來都是在談世間法。外道們出家談世間法的事，《阿含經》都記載著的，包括談說女人之論；對啊！外道出家修行人卻專門在討論某種女人好、某種女人不好，那有沙門法式嗎？沒有啦！但他們的教義卻是如此。

沒有沙門的模樣，這是很嚴厲的指控；且不說沙門的內容，單單沙門的法式都不存在，所以 如來說：「只有我法中有沙門法。」這是誠實語。那有些人在佛法中出家了還堅持「我見、人見」不肯斷離，我們爲了讓大家瞭解離念靈知是虛妄的，講了以後出書說明將近二十年，臺灣才改變，不再有人主張離念靈知是眞實心，可是大陸還有許多法師們繼續在堅持。所以那一些人雖然是在佛教中出家，如來說：「是名因外道出家，不名因聖法出家。」

現在有個問題：聖法，何名聖法？是什麼緣故叫作聖法？一定有其神聖的所在，才能稱爲聖法。聖法，從世間法的層面而說能利益別人、無私心，才叫作聖法，但這只是外道的標準；所以德蕾莎修女被天主教封聖（前些年教宗幫她封聖），但這只是從人間善法來說，假使要從佛法來講，德蕾莎修女聖從何來？無聖可言！因爲她還在生死流轉中——我生未盡。古時中國皇帝下道文書指示要辦事時，就叫作聖旨；眞不曉得聖從何來？完全無聖可言。至少得要證初果了才有聖可說，因爲「我生已盡」——最多七次人天往返便出三界了。也許有人說：「**那如果是上帝下旨意，可以叫聖旨吧？**」問題是上帝都還在輪迴，他連初果斷三縛結的功德都不存在，聖從何來？這就是說，在佛法中說，一定要有解脫的實質才能成其爲聖。

這是第一個層次的聖，有解脫的果證可以稱之爲聖；例如初果人看起來跟世俗人沒兩樣，好吃的他照樣貪，可享受時他照樣享受；可是不論他再怎麼貪、再怎麼懈怠，最多七次人天往返就出三界了，對世俗人來講，當然可以說他是聖人。那如果諸天天主在初果人面前要自稱爲聖，先要自己掂量一下有沒有解脫果的實證，否則他見了初果人就得乖乖禮拜。貴爲天界的天主，那又如何？依舊不離凡夫輪迴之數。所以諸天天主來到人間看見了阿羅漢，都趕快頂禮供養；不說十大阿羅漢，不說一千二百五十位大阿羅漢，就說那些大阿羅漢座下的弟子小阿羅漢，他們見了也照樣頂禮，因爲有聖法在身，而天主沒有聖法在身。所以聖的第一個層面，就是要有解脫道的實證，才能稱之爲聖法，否則他承擔不起聖人這兩個字。

接著，聖的第二個層面要有法界實相的親證。能現觀諸法生滅的當下，那諸法背後的實相是什麼，也就是要能現觀眞如；現觀眞如、轉依於眞如，當然就會有沙門法式，形之於外就是不貪求世間的名聲、財利、權位，這才是眞有沙門法式。這道理懂了，如果他是爲這樣的聖法—不論是其中的一種聖法或者具足兩種聖法—而出家修道，想要實證這兩種沙門果，才可以叫作「**因聖法出家**」；雖不能證，心嚮往之，也可以叫作「因聖法出家」，至少得要如此。如果聽聞到說：「**三乘菩提眞的可以實證，我一定要實證**。」是這樣出家修行然後去證得，當然更有資格稱之爲因聖法出家。

如果出家以後繼續堅持說：「**我們離念靈知才是眞的，你們正覺講什麼如來藏，那是外道神我**。」那他就是落在我心之中，這是世間我，特別是人間五欲的我；落入我心就是「**有所得見**」，他就沒有辦法稍稍離開「**我見、人見**」；如來說這樣的人「**是名因外道出家，不名因聖法出家**」。因爲他的知見、他的心都被「**邪見**」染污了，這樣出家而要跟人家爭佛教中的名位，跟人家爭佛教中的利養，就是被污穢的法染污其心，就不是「**因聖法出家**」，而是「**因外道出家**」。可是 如來說外道出家人中沒有出家法，只有表面上的出家，不是眞實的出家，所以他們沒有眞正的出家法式。

如來會解釋爲什麼這樣的人「**是名因外道出家**」，一定有它的原因。所以諸位不要期待說，正覺的法這麼妙，我一講出去大家都來學了。結果還是沒有，我們現在學員加起來不過一萬多人而已，會員更少，那麼這是什麼原因？如來解釋說：「**何以故？弊人不能信樂大法，於清淨大法無眞實想。**」也就是說他們的心性弊劣，弊就是有一些不太好，叫作弊；所以成語說「**棄如敝屣**」，敝屣就是壞掉的鞋子；壞掉的鞋子不能修理，就把它丟了。那麼人而稱之爲弊——弊人，表示他們的心智是有缺陷的，也許是不懂邏輯、不依正理，顯示其智慧不夠，或是因爲強烈的貪著、堅強的邪見，所以他們的心智是有缺陷的，就稱之爲「**弊人**」。

那麼心智有缺陷的人，對於「**大法**」都不愛樂乃至不信受；別說愛樂大法，連信受都不肯信，他們喜歡的是小法。假使你跟他們說：「**如果每天快**

快樂樂的幫助眾生，未來世一定廣有福報。」他們聽了就喜歡。你如果跟他們講：「這個法的修行是證得阿羅漢果以後，將來死後入無餘涅槃，就是我們離念靈知心連一念都不會動。」他們就喜歡。如果你告訴他們說：「入無餘涅槃時，連這個覺知心全都滅掉了，再也沒有我存在了。」他們卻不要，全都不喜歡：「我會全部滅掉？那還得了，我就是要繼續保有這個我啊！」這便叫作佛門中的弊人。連二乘菩提法都不想要的人，大乘菩提這個「大法」他們更不能接受，何況會愛樂。

如來又說：「於清淨大法無眞實想。」什麼是「清淨大法」？請問諸位啊！（大眾答：如來藏！）是如來藏，如來藏才是「清淨大法」。但爲什麼說祂「清淨」又說之爲「大」？如來藏這個心，當你親證祂以後發覺祂有妙眞如性，爲什麼叫作妙？都因爲眞與如所以稱之爲妙，合起來稱之爲妙眞如性；祂是眞實存在的，不是假名施設，當你證悟以後可以如實體驗祂，所以祂是眞；證悟之後你也找不到一個方法可以把祂壞滅，性如金剛，所以也是眞。那這個眞實法存在的當下，即使你一直罵祂：「躲到哪裡去了？讓我老是找不到你，讓我參禪參得好苦，你這個渾蛋加三級。」你大罵，祂不跟你生氣，如如不動其心。你再怎麼罵祂說：「你眞是夠惡劣的，我都罵這麼久了你還能忍得住，還能不跑出來見我，你這個渾蛋加三級以後還要再加三級！」你罵得怎麼聲嘶力竭都沒用，你再加上跺腳也沒用，祂始終如如不動，根本不與你生氣——如。

也許你想：「罵祂沒有用，我知道祂吃軟不吃硬，那我來褒獎祂。」因爲大師都說了：我們一出生以來到死爲止，每天都是祂在照顧我們，那我得感恩祂，所以想盡所有的好名詞來恭維祂；每天恭維，沒想到祂依舊不理會你，祂都不動其心——如。你打祂也沒用，因爲打不著；你罵祂也沒用，反過來讚歎祂，祂也不會翹起尾巴來，繼續如如不動。既眞又如，所以叫作眞如。這眞如心能生諸法，所以是眞實的；不但現觀上是這樣講，《般若經》中也這麼說：「眞如雖生諸法而眞如不生。」眞如是法爾而有，是本來就有的，所以眞如沒有出生過；你證得祂以後往前去追溯，不論你追溯到多久以前，永遠追溯不到祂有出生過，因爲祂本來就在所以無生，所以是眞；也因爲祂能生諸法所以是眞。眞如雖然出生了諸法——我們的五蘊六入十二處十八界都是眞如生的；祂出生了諸法，可是眞如自己不生，祂是本來就在的，所以說眞如無生，是本來無生，而不是像二乘法將滅止生。

那麼這樣看 如來教給弟子們的，有二乘菩提解脫道，也有大乘菩提——佛菩提道，哪個法大？（大眾答：佛菩提道。）對喔！諸位都知道佛菩提道才是「大法」，因爲佛菩提道含攝二乘解脫道。所以阿羅漢迴小向大之後自己也會爲人演說二乘小法和大乘法，但他都沒想過以前自己也在小法中，沒想到迴小向大以後遇到別人時，他也罵：「二乘小法。」想當年我在 如來座下出家初轉法輪時，也是在二乘小法中；但是到了第二轉法輪以後我也跟著人家罵「二乘小法」，道理是一樣的。因爲這時已經知道二乘法是含攝在大乘法中的，二乘法只是大乘法中的一個很小的部分，當然是小法。

那麼這二乘法也是依於如來藏而衍生出來的，所以二乘菩提不能單獨存在。主張六識論者的二乘菩提是不能成立的，我們增上班隨便哪一位同修都能加以質疑，當他們被質疑時沒有嘴巴可以回辯的。因爲當他主張六識論時，他的二乘菩提就是斷滅境界；他們一定不願承認斷滅境界是無餘涅槃，可是不承認又不行，因爲 如來說無餘涅槃中蘊處界永遠滅盡；那六識都滅盡而成爲無餘涅槃時，他們的無餘涅槃不就是斷滅了嗎？除非還有個第八識存在，否則就是斷滅，他們都沒有辦法回嘴的。所以他們學的那個是小法，大法就是佛菩提道。

那佛菩提道爲什麼說之爲「清淨」？「大法」且先不談，因爲「大法」剛剛我們講過了。爲什麼說之爲「清淨」？從佛菩提道「第一義諦」的境界來看，聲聞法中的阿羅漢還不夠清淨，仍然有染污。爲什麼呢？因爲二乘法中即使是證得眞正的阿羅漢果，他去托缽行走人間放眼所見，還有不清淨的東西，也有不清淨的人，更有不清淨的畜生，所以他不是眞正的清淨。這時也許有人質疑說：「那這樣您的意思是說，您蕭老師悟後都不會再看見髒的東西、髒的人嗎？」我乾脆跟他講：「我都沒有看見。」他說：「您明明在跟我對話，明明有看見我，爲什麼說沒看見？」那我就告訴他：「看見就是沒看見。」他一定罵我：「神經病。」然後扭頭就走。

問題是，我這個神經病者爲什麼說法說到這麼妙？這還會是神經病嗎？這表示「有個不見的，同時也有個能見的」，二者同時並存。證悟後能見的依舊能見，所見依舊有染污、有清淨、有漂亮也有醜的，但是能見的依於不見的如來藏，所以說一切諸法都不見；這樣依於眞如心而無所見時才叫作「清淨法」，因為一切都「無所得」啊！當這個五蘊身在世間法中有所得，每天有快樂的法眷屬、法樂無窮，看著大家繼續進步、繼續往佛地邁進，多高興！多歡喜！人家孟子不是說嗎：「得天下英才而教育之，三樂也。」那我們正覺何止是得天下英才而已，都是頂尖的人才會進入正覺。對吧？點頭點這麼慢！一定是頂尖的人才會進入正覺，那麼聚集這麼多頂尖的佛弟子們來教育之，那是菩薩道中的一大樂事；不但這一世，往世如此，未來世也當如此！那為什麼能夠這樣？因為知道這是「清淨法」。

雖然看見這麼多頂尖的佛弟子來到正覺修學，心中是很高興的，可是實際理地卻是「不知不見」，菩薩們正是「如是知見」；「不知不見」就不會貪著眷屬，就不會說：「今天怎麼有些人沒來！」不會這樣想，因為「不知不見」。「不知不見」的一定是沒有分別的心，既然轉依這「不知不見」而沒有分別的心，誰來誰不來上課都無所謂，這就是「清淨法」。而這個「清淨法」第八識心，於無分別中能廣分別；菩薩因為證得這個「無分別法、無名相法」，所以在這無分別的現觀境界中，就可以為大家廣作分別——分別出很多勝妙法來；這才是「清淨法」，也唯有這樣的「清淨法」才能叫作「清淨大法」。

那麼這樣的法顯然是眞實法，因爲如來藏眞的存在，有眞實性也有如如性，所以祂顯示出了妙眞如性，當然是眞實法。

可是你們看到那些六識論的法師們，大師小師都一樣，他們都說一切法緣起性空，最後空無一法；但那不是眞實法，那是虛妄法。所以《金剛經》才說：如果有人讀誦《金剛經》時，把其中的章句所說信受爲是眞實法，不把《金剛經》所說當作是說虛妄法、虛相法，如來說：「**當知是人不於一佛、二佛、三四五佛而種善根，已於無量千萬佛所種諸善根。**」這就是指諸位，不會把《金剛經》說的當作一切法空來看待，而是認爲《金剛經》說的是有一個眞實法常住不壞，不以爲虛而以爲實；這一定是經歷過很多佛的奉侍、供養、受學之後，才能接受這樣的「**大法**」，而這個「**大法**」是第八識眞實法。

可是來到末法時代二十世紀末，那些大師們讀到《金剛經》時都說是講一切法空，就是把經中的眞實義當作是虛妄法來看待，所以 如來說他們「**於清淨大法無眞實想**」，說這樣的人就是「**弊人**」；那麼請問釋印順這一類人是不是弊人？（大眾答。是！）答得這麼肯定！對！他們同類人就是「**弊人**」。

他們不相信「清淨大法」，這個「清淨大法」去到他們心中時，他都認定是緣起性空的虛妄法，所以如來說「弊人不能信樂大法」，眞是誠實語，而且是不二語，誰都不能推翻。

那我們學的佛菩提道是眞實法，不是生滅法、不是虛妄法，而是有一個眞實法函蓋了所有生滅法、虛妄法。我以前開示也常常說：一切諸法生滅不住，但卻是不停地生滅、不斷地生滅，猶如鏡子顯現影像一樣不斷生滅。當你把影像歸攝於鏡子時，就不能說影像是生滅的了，因爲影像歸屬於常住的鏡子所有；而鏡子恆時存在，那影像就跟著恆時存在，差別只是不斷地變換。所以這蕭老師到底會不會死？眞的不會死！只是下一世換一個五蘊再來時改個名字而已，怎麼會死？那麼再請問：諸位是不是再來人？（大眾答：是！）多棒！不說是人，阿貓阿狗也是再來貓、再來狗，牠們過去都有無量世，沒有一個有情是斷滅的；差別只在於人如果有福德，如果有智慧，可以有因緣實證法界的實相，便能親自證實法界中的事實確是如此，阿貓阿狗就沒辦法了。

所以現在喇嘛們也學會說這句話了，因爲我以前講過，他們讀過我的書，所以有的喇嘛就說：「師父我是再來人，諸位也是再來人。」我聽了就說：「這人讀過我的書。」事實上眞的是這樣，本來就是這樣。但是每一個有情都是再來者，差別只在於往世是否曾經有所實證，這個才重要。所以能夠到增上班來，你們之中有很多人其實都是往世親證過的，否則不可能輕易就可以到增上班來；所以增上班中的同修中，在這一世才親證的人其實是少數。但是還沒有到增上班來的同修就是往世沒悟過嗎？也不見得，因爲名額有限，每一次禪三時都有遺珠之憾，不可能是三個梯次我要錄取一百五十個人，結果剛好一百五十個人報名，當然會有遺珠之憾。如果哪天眞這樣的話，我倒是輕鬆了，就不必審核了。

所以在尚未離開胎昧之前，每一個人都不應該妄自菲薄；而我們有幸生在這個可以百花齊放、百家爭鳴的年代，可以有很自由的氣氛來學習這第一義法，應該說是其幸何如，就應該努力。因爲不是每一世都可以悟後再學習《根本大論》的，這眞的不是每一世都有機會，而我們是可以悟後學習《根本大論》及《成唯識論》的，這個機會不是很多。我在往世講《根本大論》或者講《成唯識論》時，都是只針對少數弟子宣講，不像這一世有這麼大規模；增上班現在將近五百人，往世沒機會這麼大規模的解說。我們這一世有機會大規模宣講，而且還錄影下來，所以我講過《根本大論》以後諸位還可以重新再聽一次，現在增上班的重播班就是這樣。

有的人是到後面才進增上班來，但前面所講都有錄影下來，現在有這科技可以運用就能從頭學習，這機會很難得，當然大家要努力。但是反觀二十世紀末的佛教界，普遍把《金剛經》所說當作生滅法、當作緣起性空來解釋，就認為只是《阿含經》緣起性空的另一種說法。二十世紀中葉直到世紀末的佛教界就是這樣的見解，直到我們出來弘法之後才開始轉變；我們認為這是眞實法而不是生滅法，這樣的法才可以叫作「清淨大法」。

如來接著說：「**舍利弗！如是破法重罪因緣，餘殃未盡；**」都因為「餘殃未盡」才會有這些狀況出現，所以往昔誹謗三寶之後除了下三惡道的長劫果報以外，回到人間「**餘殃未盡**」時，對「**清淨大法**」、對眞實實相的法，他們都不會喜歡，因為他們的邪見還沒有全部滅除，有待於受報完了之後來到人間，再經過很多阿僧祇劫的如法熏習以後，才可能把他們的邪見全部滅除。所以你不要小看說：「**我在禪淨班兩年半畢業，我見斷了，眞棒！外面**

那些人應該也可以啊！」這可不見得。你們看《阿含正義》發行了多少年，有多少人因爲詳細閱讀《阿含正義》去作觀行證得初果的？其數甚少！甚至包括以前自認爲證三果、證阿羅漢的人，到現在都還沒有證得三果或阿羅漢，難道他們不想證嗎？想啊！但爲什麼證不得？正是「餘殃未盡」所致，這也是無可奈何的事。

老實說，假使不是「餘殃未盡」，他們平常又有在打坐修定，那麼讀了《阿含正義》以後如實觀行，豈有可能不斷三縛結？豈有可能不證初果？但卻是不行；都因爲他們往昔所造的業直到今世「餘殃未盡」，所以連初果的智慧與功德都發不起來。「餘殃未盡」就類似我們有時講的「正報受完了還有花報」，類似這個道理。所以下地獄受苦後再去餓鬼道，再回來畜生道，都是正報；但是回來當人了還有花報，就是聽聞勝妙法時完全不信受。不論是什麼原因而不信受，全都是「餘殃未盡」；有人是爲了眷屬、有人是爲了名聞、有人是爲了利養，所以不信受正法，其實總而言之就是「餘殃未盡」。

如來說「餘殃未盡」會有什麼現象？就說「不能信解諸法實相」，這是第一個。當你告訴他說「諸法實相就是如來藏」，他們不信你這個說法；那些六識論者說「如來藏是外道神我」，他們卻是一聽就信，這就是「餘殃未盡」的現象。當我們告訴他們說：「般若講的是有個眞如，這個眞如心出生諸法，而眞如是法爾常住，本來如是，本來無生。」他們卻不信，反對說：「不！般若講的是跟《阿含經》一樣，只是把《阿含經》的緣起性空道理從另一層面再講一遍。」這樣的荒謬說法他們卻是很信受的，而你告訴他們眞正的法時他們卻不信，所以「不能信解諸法實相」的原因就是往昔毀謗三寶的「餘殃未盡」。

第二個現象就是「起大苦業」，爲什麼會「起大苦業」？因爲那些出家人「不能信解諸法實相」；當他們看見人間有善知識出世弘法時，善知識所說他們都不能接受，認爲善知識講的都不對，他們所理解的才對，跟著就以出家身爲恃而誹謗正法；誹謗正法時就會同時誹謗善知識——謗勝義菩薩僧，然後他們就會說：如來是這樣說的，不是那位善知識講的那樣。完了！這時又是謗佛了，因爲 如來不是像他講的那樣說，他們把自己想的錯誤想法當作 如來講的，說出來時誣賴給 佛陀，指稱 佛陀是那樣講的，又是謗佛。這一定會嚴重障礙佛法的修學，對出家人而言，不就是「起大苦業」嗎？

無可奈何啊！所以我們有時看見某一些人很虔誠在修學佛法，卻是一天到晚在謗法，而他們都自以爲是在努力護法，你怎麼爲他們解說都沒用；對這樣的人，你只能搖頭苦笑，因爲明知他們後世同樣要再「起大苦業」啊！可是你救不了他們，眞的沒辦法。

這現象一直都存在佛教界，在臺灣這五、六年來好像少了些，正是諸位努力護法的功德。是你們努力把正覺書發出去，他們讀了終於懂：「喔！原來是這樣，那我以前誹謗錯了。」當他們私底下在佛前懺悔，或者知道自己是根本、方便、成已三罪具足時，聚集四人以上的同修在佛前懺悔了，那就滅了罪，這樣就把他們救回來了。可是有的人是不管怎樣就是要誹謗，堅持己見而繼續誹謗時，結果就是繼續「起大苦業」，未來世的不可愛異熟果及學法上的業障就會繼續存在。

有的人則是「謗八直聖道」，一般人大概都會認爲四聖諦中的道聖諦所說八正道是二乘法，對吧？一般人都會認爲那只是二乘法。其實那本來是大乘法，但是爲了度化急於出離生死苦的人，先把它分離出來，適合給那些急於出離生死的人修行，才稱爲二乘菩提。但八正道其實是大乘法，當善知識依大乘法來講八正道時，「餘殃未盡」的六識論出家人聽了就起煩惱，起煩惱時就會誹謗。當他們誹謗八正道、而且是誹謗了義的大乘八正道時，他們只接受不了義的二乘菩提八正道，這又是另一種「苦業」。這「苦業」之所以稱之爲業，是因爲他們造作了這樣的身口意行的業以後，這業在未來無量世中都會繼續遮止他與三乘菩提相應，所以稱之爲業障。

而這業的果是苦的，所以叫作「苦業」。因爲他們只接受六識論者所說的八正道，他們對受持清淨戒的比丘就會產生惡心；因爲受持清淨戒的比丘們，一定會依菩薩道的精神來受持「八直聖道」，所以遇到有開緣時，爲了利益眾生他就開緣，表面上看起來他是有犯，然後他再去作補救，但其實那是開緣，本質上不能稱之爲有犯。可是那些六識論的聲聞僧並不懂這道理，就對清淨比丘的開緣善事加以毀謗，其實人家是持戒清淨的。

又譬如說，爲了救一個小孩，清淨比丘可能拿起棍子去打惡狗；這小孩將來無妨是個道器，而那惡狗很多世以後還會是惡狗，因爲心性是不容易改變的，這個犯戒其實是開緣救人而不是犯戒。那狗如果很善良，跟主人非常親愛，跟主人的所有朋友也都非常親愛，你應該知道這一條狗的業報快要受盡了，因爲這時牠有人性了；當牠再幾百年後具足人性時，就可以回來當人了。如果是惡狗，心性仍然是不容易改變的，牠還會很多劫繼續當惡狗；既然是這樣，該拿棍子把牠打了趕走，救那小孩子，那你就打狗救孩子，該打就打了。

可是那些「餘殃未盡」的比丘們看見了可能會罵你，說你這樣是犯了菩薩戒也犯聲聞戒，就會指責你。有的狗咬上了誰，寧可被你打死，牠也不肯鬆口；聽說比特犬就是這樣的，有時牠咬了別的狗或咬了小孩子，主人叫牠鬆口時牠還是不肯放口，主人拿棍子敲牠的頭時牠也不肯鬆口；那時如果爲了救那小孩，該打死就打死牠吧。這時就是開緣的時候了，你拿棍子把牠打死了，救回那小孩，看來是有殺生的罪，可是你救了小孩，這就屬於開緣；或許那小孩將來證悟了大弘正法，那你就撿到護法的大功德了。所以從表面看來你是造大惡業，其實是個善業，這眞的很難講清楚。

所以他們六識論往往在邪見中，這其實是落於往世的「苦業」中；即使以往已經受報——歷經三惡道長劫痛苦來到人間時，依舊「餘殃未盡」，這類人對淨戒比丘往往會產生惡心，所以他們到處去誹謗：「某某比丘殺了一條狗，犯了重戒；而且他是故意殺的，根本、方便、成已三罪都有，他要下地獄。」就不斷誹謗。無量劫前有德國王跟覺德比丘同在一世，有德國王為了護持說正法的覺德比丘，率領軍隊去跟破戒諸惡比丘打仗，他殺了很多人最後戰死，往生去到阿閦佛國世界，結果有德國王成為首座比丘；那位被他護持而弘揚空行正法的覺德比丘，死後往生過去卻成為第二座比丘。這個道理諸位要懂，不要死守著戒條的表相；只要實際上是善，不要管表相；如果實際上是惡，表相是善也不能作，眞的要看實質。

那他們對持清淨戒的比丘「生惡心」了，就會「妄出其過」。他們會編造莫須有的事實來加以誹謗，叫作「妄出其過」；是不曾存在的事實，他們會編造得有頭有尾，說得神靈活現，其實都是假的事實。但因為他們太會編劇，所以人家聽了就相信；然後信的人越多，他們的罪也跟著越重，而這也是因為「餘殃未盡」才會造作這樣的行為。那麼「妄出其過」會有一些狀況：或者指稱人家破戒，指稱人家破見，指稱人家破命，指稱人家破威儀。

戒，他們只從表相上去看，就認定淨戒比丘破戒了，不管眞實的狀況如何。其實人家那件事情並不是破戒，但他們硬說那是破戒。譬如有個典故：

兩位比丘行道，看見有個女人落水，有一位比丘趕快跳下水去把她拉上來，另一個比丘就說：「你拉了那個女人的手，你破戒了。」因爲比丘規定最多只能拉到手腕以下，若是拉到手腕以上就算破戒了，他就一直唸著：「你破戒了！你破戒了！」有時爲了救人而不得不去把她抱上來，或者揹她去看醫生，因爲她走不動了，古時又沒有輪椅或車子。結果另一個比丘卻說：「你昨天揹那個女人好久，你破戒了。」好在那比丘聰明地說：「我昨天就把那個女人放下了，你今天還把那個女人揹在心上。」眞的是這樣啊！

所以說，到底是誰犯戒不捨的？是那個謗人的比丘犯戒！人家把女人送到醫院後就走人，再也無牽掛，繼續在法上用功了，但他還在想著這件事情不捨，這就是妄言其他清淨比丘破戒。人家是爲了救命而不得不這樣作，另外一個比丘卻是寧可不要犯戒而想著：「我不要救那個女人，我救她時就會犯戒。」那麼到底是誰犯戒？他是見死不救，才是眞的犯菩薩戒，這個道理要懂。

接著說人家「破見」；譬如咱家剛出來弘法那十來年，海峽兩岸佛教界都說我「破見」；他們都指責我講的法不對，說我的見解不對，這就是指稱我「破見」。他們都說：「如來不是這樣講的，你蕭平實講錯了；我們大家講的才對，你講的不符合佛說。怎麼可能我們大家講的都錯了，就只有你講對。」他們都這樣講，不幸的是後來證明他們都講錯了，就只有我講對，眞是不幸。當他們那樣指責我時就是「破見」，可是他們爲何那樣作？也因爲「餘殃未盡」，因此世尊說得很清楚明白的法義，他們照樣誤會了。有智慧的人絕對沒有餘殃，一讀之後就懂：「啊！原來是這道理。」就會覺得說：「這才是眞正的佛法，原來我以前讀的大師們所說都是世間法，只是披著佛法的外衣而已。」

有的人會誹謗持清淨戒比丘「破命」。比丘之所以名爲比丘，名爲乞食，或者名爲勤學，要乞法食、要勤於學法，才是眞比丘；如果不勤於學法就不能叫作比丘。所以乞食也要乞法食，不是單指乞世間食；如果是指乞世間食，那麼乞丐也可以叫作比丘了；可是他們不行，因爲他們不乞法食。那麼既然「乞法爲食」，當然有正命；正命在八正道中講過了，這裡就不再重講。我們另外說，以四種食的避免來說爲正命；這四種食，一切出家人不許吃：「仰口食、下口食、維口食、方口食。」

什麼叫作仰口食，就是仰觀星象：「明年會怎麼樣又會怎麼樣，明天會如何又如何，所以你們大家應該如何應變。」他爲大家指示了，然後大家都來供養他說：「這位大師眞才實學，眞的有道行。」什麼道行？外道行。所以諸葛亮可以幹仰觀天象的事，比丘們不許幹，因爲那叫作仰口食。那什麼叫作下口食？就是嘴巴看著地面維生；是什麼人嘴巴都要面向地面的？就是拿鋤頭鋤地或種菜等事，自己耕種來吃，或是種莊稼出售而維持，叫作下口食。

所以嚴格來說，〈百丈清規〉規定「一日不作一日不食」是違背佛制的；但百丈立這個清規時有個前提，就是令眾僧不用下山跑那麼遠去乞食，可以有較多的時間來修行，因此他規定「一日不作一日不食」；所以不能看表相，如果從表相來講，住在城市中托缽容易，卻繼續作耕種的事，那就不可以。但寺院若是在山上，離乞食的地方很遠，就應該自行耕作。所以佛制乞食的原因，是僧眾應該向眾生乞求食物來維持色身，比較有時間好好修道，不需要爲了飲食去動鍋子、生火等麻煩。要這樣才有時間修道，也是因爲這樣而不蓄隔日之食，也就無所牽掛；三衣一缽好修行，什麼都不用牽掛，這樣才叫作比丘的正命。可是如果寺院在都市裡，自己也擁有一塊空地，僧眾就來種菜，這樣的比丘就犯戒了，這叫作下口食。

有下口食就有維口食與方口食，什麼叫作方口食？方是什麼？就是四方；他是行走四方，到處去作說客。作了說客去說服一件事情完成了，人家就會有供養給他；那供養當然都不是小錢，以此維生，這就是方口食。所以出家以後如果四處去為人家撮合某些工程或其他的事情，到處去遊說辦事，就是方口食，出家之人所不應為。還有一種是維口食，意思是說純粹靠嘴巴吃飯；譬如出家人為世俗人解說世俗法中的疑惑，或如為人算命、卜卦、看風水地理，都屬於維口食。也許有人說：「世間有哪個人不是靠嘴巴吃飯？」意思不是這樣，就是說他純粹靠嘴巴說話來獲取生活物資，或者純粹靠唱歌來吃飯，都叫作維口食。所以比丘如果去當歌星；以前不是有個喇嘛很會唱歌嗎？什麼名字我忘了，那就是維口食。

有的師父很會講故事，所講的故事大家聽了覺得很高興；有的師父也許出家前學的是說書，說書的職業在臺灣比較少見，以前在大陸很多，現在似乎也沒落了。說書就是拿某一本書中的故事，不用打草稿也不用看書，就能一直講下去，令人聽得喜歡，叫作說書；有時也會有簡單的樂器來配合。有的人說書時會用竹板，例如「蓮花落」，那也是維口食；如果當歌星也是維口食，他靠這一張嘴唱歌。但所有比丘們都不可以吃這四種食。所以哪一天如果有比丘當歌星，或某歌星出家了還在當歌星，那也是維口食；維口食也包含了教人家跳舞，如果以前是個歌星或舞星，會唱也會跳，但出家以後還教人家唱唱跳跳而得到供養、維持生計，那也是維口食，同樣都是「破命」。因爲出家人的正命不允許這樣來維持生活，而應該乞食。

那麼到了中國，出家人的乞食是自己不許經營事業，自己不許經營商店買賣等，應該純粹由在家眾供養；因爲接受供養是出家人的義務，不能單說是權利，因爲這是給眾生種福田的機會。有的人很多世以來都沒什麼福報，當他遇到持清淨戒的比丘終於可以供養時，那就是他的福報，未來世就可以脫離貧窮；當他來世脫離貧窮之後才有機會修學大乘法，所以比丘、比丘尼接受供養，這是義務。但出家人不可以自己去作生意，也不許開店要求徒眾爲他作生意，作生意是不對的，而是應該純粹受食——應受人家供養以此爲食。那麼自己應該怎麼回報眾生？就是努力修道。假使哪一天證道了，不論是二乘菩提的證道或大乘菩提的證道，那時就使供養的居士們福德跟著增長，這是他對於在家來護持供養的人應該有的回報。

這個回報不必特地去作，只要你證道了，對他們就是已經回報了，因爲他們的福德會跟著增長；也是因爲他們的供養，所以使這位比丘、比丘尼可以證道，法界中就是這樣回報的。如果能接引這些人也進入正法，也許這一世可以證道，也許未來世可以證道，至少把未來世證道的因緣種子種下去了，這也是回報。應該這樣才對，而不應該自己去作生意。

如果出家人去作生意，這是大犯佛戒的，也是跟世俗人搶錢，一切出家人所不應爲。諸位這樣有沒有聯想到誰？開了一百多家公司，又聯想到了！還有誰呢？新竹的鳳山寺日常法師，里仁商店、悅意坊到處開，也是犯戒。那如果將來我們正覺寺蓋好了，把它股票上市，這也不行；莫說出家人不行，連我也不行，因爲這不是正命，所以這道理諸位要先弄清楚。

那麼清淨比丘「破威儀」的事會被落入有所得法的比丘們編造出來，也是正常的，因爲「餘殃未盡」的「有所得」比丘，有很強烈的嫉妒心，因嫉妒再生起了瞋心，乃至進而有恨，所以他會編造一些不符合事實的假威儀，來指責某個比丘的身口意行不檢點。

我們都應該知道，有時眼見都不能爲憑；例如以前舍利弗跟目犍連比丘，兩個人因爲下雨而躲進山洞，等候雨停了他們就離開（註）。可是他們離開之後，又有個女人從山洞出來被人看見，而那個女人看起來剛剛是有「非梵行」，那個人就去跟　如來告狀說：「我看見舍利弗跟目犍連在山洞裡，跟女人行非梵行。」有智慧的人想想：「不可能啊！」但是他偏說自己是眼見爲憑，然後他去跟　如來告狀。如來當然要問，有人來告狀就不能不理，於是找了他們兩個人來：「你們有跟女人行非梵行嗎？」「沒有啊！我們躲雨，雨停就走了。」結果那個比丘堅持說有，說是他親眼所見，結果調查後來是怎麼樣呢？是那個女人先進去躲雨，本來沒事的；後來目犍連跟舍利弗也因爲下雨而躲進去，而那個女人躲在深處，看見舍利弗長得莊嚴而動了欲心，所以她自己有了某種行爲，成就非梵行，但是舍利弗他們兩人並不知道，所以雨停了就離開。那女人行非梵行，跟他們兩人有什麼相關？然而那個比丘硬要說他們兩人有跟某個女人行非梵行，還說是眼見爲憑。結果當然是這個眼見不足以爲憑，所以後來反而是那個比丘心生瞋嫉，倍更忿盛，即時身壞命終，墮摩訶優波地獄。（註：《雜寶藏經》卷三：昔有尊者舍利弗、目連，遊諸聚落，到瓦師所，值天大雨，即於中宿。會值窰中先時有一牧牛之女，在後深處；而聲聞人，不入定時，無異凡夫，故不知見。彼牧牛女，見舍利弗、目連其容端政，心中惑著，便失不淨。尊者舍利弗、目連，從瓦窰出。仇伽離善於形相，觀人顏色，知作欲相、不作欲相，見牧牛女在後而出，其女顏色，有成欲相，不知彼女自生惑著而失不淨，即便謗言：「尊者舍利弗、目連，婬牧牛女。」向諸比丘，廣說是事。時諸比丘，即便三諫：「莫謗尊者舍利弗、目連。」時仇伽離心生瞋嫉，倍更忿盛。……於其身上，即生惡瘡，從頭至足，大小如豆。……佛復諫言：「莫說此事。」疱瘡轉大如拳。第三不止，……即時命終，墮摩訶優波地獄。）

但這還有看見表相，可是那些「餘殃未盡」的比丘們有嫉有瞋，對於持戒清淨的比丘有惡心，就會妄說清淨比丘破壞了威儀，把莫須有的事情編造出來誹謗。甚至有時「不見他過，妄生是非」，有時看見比丘與女人並肩行道，就說那個比丘這樣是「破威儀」，至少有個表相；可是如果人家不是這樣，是比丘在前而女人在後，因爲有事情而一面走一面討論，那不能說人家有過失呀！但他明明沒看見有過失，也要編造出來毀謗。假使親眼看見了而來編造，縱使不是情有可原，至少還有一點點依據；但他根本就沒看見什麼事就亂編造，這就叫作「妄生是非」。不該有的是非而從他嘴裡說出來，這也是因爲「餘殃未盡」，所以他很喜歡造這種惡業。

接著說：「或以濁恚嫉心說他惡名，或不能知佛經義理，謂非佛法。」有時是因爲他的心地污濁；污濁是一個統稱，這要說起來，得要從見濁、劫濁、眾生濁、命濁、煩惱濁等五濁具足來講，話又長了，我們就不說它；想要瞭解的人可以閱讀《楞嚴經講記》；由於心是污濁的，所以見不得人家好；當他看見人家持戒清淨，心裡就起瞋而嫉妒。持戒清淨時人家就會恭敬供養，他看見了就起瞋、嫉妒，然後在背地裡說人家的壞話，把人家的名聲搞臭。這樣已經很不好了，偏偏又不知佛經義理，還要誹謗佛法。

誹謗佛法的事情，在正覺弘法之前與之後都很普遍存在著，所以佛經的義理他們其實是不懂的；當人家說出佛經中眞正的義理時，他們卻說那不是佛法。這是我們正覺經歷過的過程，所以我們剛開始弘法那十年，好多地方、好多道場都說我們這個不是佛法，還指稱我們是新興宗教。明明正覺講的才眞是佛法，而且是了義的、是如實究竟的佛法，卻偏偏要說我們是新興宗教。

這表示他們對於佛經的義理是不懂的，卻還要自以為懂；當真正的善知識出世弘法時，因為覺得地位被威脅了，或是間接顯示他悟錯了，於是心中起瞋，再生起嫉妒心，就不斷地誹謗正覺。例如大陸近來有一個筆名悲智的人，還寫文出來說我們講的佛法不對；結果我們只要回應一部分就夠了，不必全部回應，他就閉嘴了！他還指稱我們是邪教，但正覺這「邪教」講的是如來藏的親證，是妙真如性的佛法，那麼 如來也是講解如來藏的親證、講解妙真如法，依他的定義，那麼 如來豈不也成為邪教了？

現在大陸有許多大法師很希望把正覺定義為邪教，但這是定不成的，因為發覺我們講的就是如來講的；如果把我們定義作邪教，那麼 釋迦如來就會變成邪教，而他們依著 如來出家，他們自己就成為邪教了，那該怎麼辦？所以不敢定，只好用境外宗教團體的名義來打壓正覺，因為沒有別的名目可以定義我們為邪教。所以「不能知佛經義理，謂非佛法」的事情，在末法時代很常見。我們早期在臺灣弘法時不也是這樣被人家評論嗎？我們講的是他們所未曾聞的深妙法，叫作聞所未聞；這樣的勝妙法他們沒有聽聞過，所以那時他們說正覺不是正法；找碴找了很久以後，從各部佛經來印證的結果，發覺我們才是正法，所以他們不再誹謗了！

所以「以濁恚嫉心說他惡名，或不能知佛經義理，謂非佛法」，這在末法時代是常見的，不是什麼奇怪的事。好在我們現在已經為正法洗刷新興宗教的惡名了，而且現在臺灣佛教界說「求開悟，去正覺」，就表示他們不再謗正法，他們的口業就停止了，那他們未來不會墮落三惡道，就是我們救了他們，應該說是其樂何如。今天講到這裡。

（詳後第二十輯續說。）

佛菩提二主要道次第概要表——二道並修，以外無別佛法

佛菩提道——大菩提道

十信位修集信心——一劫乃至一萬劫

資糧位

初住位修集布施功德（以財施爲主）。
二住位修集持戒功德。
三住位修集忍辱功德。
四住位修集精進功德。
五住位修集禪定功德。
六住位修集般若功德（熏習般若中觀及斷我見，加行位也）。

（外門廣修六度萬行）

見道位

七住位明心般若正觀現前，親證本來自性清淨涅槃。
八住位起於一切法現觀般若中道。漸除性障。
十住位眼見佛性，世界如幻觀成就。

一至十行位，於廣行六度萬行中，依般若中道慧，現觀陰處界猶如陽焰，至第十行滿心位，陽焰觀成就。

一至十迴向位熏習一切種智；修除性障，唯留最後一分思惑不斷。第十迴向滿心位成就菩薩道如夢觀。

（內門廣修六度萬行）

遠波羅蜜多

初地：第十迴向位滿心時，成就道種智一分（八識心王一一親證後，領受五法、三自性、七種第一義、七種性自性、二種無我法）復由勇發十無盡願，成通達位菩薩。復又永伏性障而不具斷，能證慧解脫而不取證，由大願故留惑潤生。此地主修法施波羅蜜多及百法明門。證「猶如鏡像」現觀，故滿初地心。

二地：初地功德滿足以後，再成就道種智一分而入二地；主修戒波羅蜜多及一切種智。滿心位成就「猶如光影」現觀，戒行自然清淨。

解脫道：二乘菩提

→ 斷三縛結，成初果解脫
→ 薄貪瞋癡，成二果解脫
→ 斷五下分結，成三果解脫

入地前的四加行令煩惱障現行悉斷，成四果解脫，留惑潤生。分段生死已斷，煩惱障習氣種子開始斷除，兼斷無始無明上煩惱。

近波羅蜜多 ／ 大波羅蜜多 ／ 圓滿波羅蜜多

修道位 ／ 究竟位

三地：二地滿心再證道種智一分，故入三地。此地主修忍波羅蜜多及四禪八定、四無量心、五神通。能成就俱解脫果而不取證，留惑潤生。滿心位成就「猶如谷響」現觀及無漏妙定意生身。

四地：由三地再證道種智一分故入四地。主修精進波羅蜜多，於此土及他方世界廣度有緣，無有疲倦。進修一切種智，滿心位成就「如水中月」現觀。

五地：由四地再證道種智一分故入五地。主修禪定波羅蜜多及一切種智，斷除下乘涅槃貪。滿心位成就「變化所成」現觀。

六地：由五地再證道種智一分故入六地。此地主修般若波羅蜜多——依道種智現觀十二因緣一一有支及意生身化身，皆自心眞如變化所現，「非有似有」，成就細相觀，不由加行而自然證得滅盡定，成俱解脫大乘無學。

七地：由六地「非有似有」現觀，再證道種智一分故入七地。此地主修一切種智及方便波羅蜜多，由重觀十二有支一一支中之流轉門及還滅門一切細相，成就方便善巧，念念隨入滅盡定。滿心位證得「如犍闥婆城」現觀。

八地：由七地極細相觀成就故再證道種智一分而入八地。此地主修一切種智及願波羅蜜多。至滿心位純無相觀任運恆起，故於相土自在，滿心位復證「如實覺知諸法相意生身」故。

九地：由八地再證道種智一分故入九地。主修力波羅蜜多及一切種智，成就四無礙，滿心位證得「種類俱生無行作意生身」。

十地：由九地再證道種智一分故入此地。此地主修一切種智——智波羅蜜多。滿心位起大法智雲，及現起大法智雲所含藏種種功德，成受職菩薩。

等覺：由十地道種智成就故入此地。此地應修一切種智，圓滿等覺地無生法忍；於百劫中修集極廣大福德，以之圓滿三十二大人相及無量隨形好。

妙覺：示現受生人間已斷盡煩惱障一切習氣種子，並斷盡所知障一切隨眠，永斷變易生死無明，成就大般涅槃，四智圓明。人間捨壽後，報身常住色究竟天利樂十方地上菩薩；以諸化身利樂有情，永無盡期，成就究竟佛道。

七地滿心斷除故意保留之最後一分思惑時，煩惱障所攝色、受、想三陰有漏習氣種子全部斷盡。 ←

煩惱障所攝行、識二陰無漏習氣種子任運漸斷，所知障所攝上煩惱任運漸斷。 ←

斷盡變易生死
成就大般涅槃

圓滿成就究竟佛果

佛子蕭平實 謹製
（二〇〇九、〇二 修訂）
（二〇一二、〇二 增補）

佛教正覺同修會〈修學佛道次第表〉

第一階段

* 以憶佛及拜佛方式修習動中定力。
* 學第一義佛法及禪法知見。
* 無相拜佛功夫成就。
* 具備一念相續功夫—動靜中皆能看話頭。
* 努力培植福德資糧，勤修三福淨業。

第二階段

* 參話頭，參公案。
* 開悟明心，一片悟境。
* 鍛鍊功夫求見佛性。
* 眼見佛性〈餘五根亦如是〉親見世界如幻，成就如幻觀。
* 學習禪門差別智。
* 深入第一義經典。
* 修除性障及隨分修學禪定。
* 修證十行位陽焰觀。

第三階段

* 學一切種智眞實正理—楞伽經、解深密經、成唯識論…。
* 參究末後句。
* 解悟末後句。
* 透牢關—親自體驗所悟末後句境界，親見實相，無得無失。
* 救護一切衆生迴向正道。護持了義正法，修證十迴向位如夢觀。
* 發十無盡願，修習百法明門，親證猶如鏡像現觀。
* 修除五蓋，發起禪定。持一切善法戒。親證猶如光影現觀。
* 進修四禪八定、四無量心、五神通。進修大乘種智，求證猶如谷響現觀。

佛教正覺同修會 共修現況 及 招生公告　2022/03/07

一、共修現況：（請在共修時間來電，以免無人接聽。）

台北正覺講堂 103 台北市承德路三段 277 號九樓 捷運淡水線圓山站旁 Tel..總機 02-25957295（晚上）（**分機：九樓**辦公室 10、11；知客櫃檯 12、13。 **十樓**知客櫃檯 15、16；書局櫃檯 14。 **五樓**辦公室 18；知客櫃檯 19。**二樓**辦公室 20；知客櫃檯 21。） Fax..25954493

第一講堂 台北市承德路三段 277 號九樓

禪淨班：週一晚班、週三晚班、週四晚班、週五晚班、週六下午班、週六上午班（共修期間二年半，全程免費。皆須報名建立學籍後始可參加共修，欲報名者詳見本公告末頁。）

增上班：成唯識論釋：單週六晚班。雙週六晚班（重播班）。17.50～20.50。平實導師講解，2022 年 2 月末開講，預定六年內講完，僅限已明心之會員參加。

禪門差別智：每月第一週日全天 平實導師主講（事冗暫停）。

解深密經詳解 本經從六度波羅蜜多談到八識心王，再詳論大乘見道所證眞如，然後論及悟後進修的相見道位所觀七眞如，以及入地後的十地所修，乃至成佛時的四智圓明一切種智境界，皆是可修可證之法，流傳至今依舊可證，顯示佛法眞是義學而非玄談，淺深次第皆所論及之第一義諦妙義。已於 2021 年三月下旬起開講，由平實導師詳解。每逢週二晚上開講，第一至第六講堂都可同時聽聞，歡迎菩薩種性學人，攜眷共同參與此殊勝法會現場聞法，不限制聽講資格。本會學員憑上課證進入第一至第四講堂聽講，會外學人請以身分證件換證進入聽講（此為大樓管理處安全管理規定之要求，敬請諒解）；第五及第六講堂（B1、B2）對外開放，不需出示任何證件，請由大樓側門直接進入。

第二講堂 台北市承德路三段 267 號十樓。

禪淨班：週一晚班。

進階班：週三晚班、週四晚班、週五晚班、週六早班、週六下午班。禪淨班結業後轉入共修。

增上班：成唯識論釋：單週六晚班，影音同步傳播。雙週六晚班（重播班）

解深密經詳解：平實導師講解。每週二 18.50~20.50 影像音聲即時傳輸。

第三講堂 台北市承德路三段 277 號五樓。

禪淨班：週六下午班。

增上班：成唯識論釋：單週六晚班，影音同步傳播。雙週六晚班（重播班）

進階班：週一晚班、週三晚班、週四晚班、週五晚班。

解深密經詳解：平實導師講解。每週二 18.50~20.50 影像音聲即時傳輸。

第四講堂　台北市承德路三段 267 號二樓。

進階班：週一晚班、週三晚班、週四晚班（禪淨班結業後轉入共修）。

解深密經詳解：平實導師講解。每週二 18.50~20.50 影像音聲即時傳輸。

第五、第六講堂

念佛班　每週日晚上，第六講堂共修（B2），一切求生極樂世界的三寶弟子皆可參加，不限制共修資格。

進階班：週一晚班、週三晚班、週四晚班。

解深密經詳解：平實導師講解。每週二 18.50~20.50 影像音聲即時傳輸。

第五、第六講堂爲**開放式講堂**，不需以身分證件換證即可進入聽講，台北市承德路三段 267 號地下一樓、地下二樓。每逢週二晚上講經時段開放給會外人士自由聽經，請由大樓側面梯階逕行進入聽講。**聽講者請尊重講者的著作權及肖像權，請勿錄音錄影，以免違法；若有錄音錄影被查獲者，將依法處理。**

第七講堂　台北市承德路三段 267 號六樓。

進階班：週一晚班、週三晚班、週四晚班（禪淨班結業後轉入共修）。

增上班：成唯識論釋：單週六晚班，影音同步傳播。雙週六晚班（重播班）

解深密經詳解：平實導師講解。每週二 18.50~20.50 影像音聲即時傳輸。

正覺祖師堂　大溪區美華里信義路 650 巷坑底 5 之 6 號（台 3 號省道 34 公里處 妙法寺對面斜坡道進入）電話 03-3886110　傳眞 03-3881692 本堂供奉 克勤圓悟大師，專供會員每年四月、十月各三次精進禪三共修，兼作本會出家菩薩掛單常住之用。開放參訪日期請參見本會公告。教內共修團體或道場，得另申請其餘時間作團體參訪，務請事先與常住確定日期，以便安排常住菩薩接引導覽，亦免妨礙常住菩薩之日常作息及修行。

桃園正覺講堂（第一、第二講堂）：桃園市介壽路 286、288 號 10 樓（陽明運動公園對面）電話：03-3749363（請於共修時聯繫，或與台北聯繫）

禪淨班：週一晚班（1）、週一晚班（2）、週三晚班、週四晚班、週五晚班。

進階班：週四晚班、週五晚班、週六上午班。

增上班：成唯識論釋。雙週六晚班（增上重播班）。

解深密經詳解：平實導師講解。每週二晚上，以台北正覺講堂所錄 DVD 放映；歡迎會外學人共同聽講，不需出示身分證件。

新竹正覺講堂　新竹市東光路 55 號二樓之一　電話 03-5724297（晚上）

第一講堂：

禪淨班：週五晚班。

進階班：週三晚班、週四晚班、週六上午班。由禪淨班結業後轉入共修

增上班：成唯識論釋。單週六晚班。雙週六晚班（重播班）。

解深密經詳解：平實導師講解。每週二晚上，以台北正覺講堂所錄 DVD 放映。歡迎會外學人共同聽講，不需出示身分證件。

第二講堂：

禪淨班：週一晚班、週三晚班、週四晚班、週六上午班。

解深密經詳解：每週二晚上與第一講堂同步播放講經 DVD。

第三、第四講堂：裝修完畢，已經啓用。

台中正覺講堂 04-23816090（晚上）

第一講堂 台中市南屯區五權西路二段 666 號 13 樓之四（國泰世華銀行樓上。鄰近縣市經第一高速公路前來者，由五權西路交流道可以快速到達，大樓旁有停車場，對面有素食館）。

禪淨班：週四晚班、週五晚班。

進階班：週一晚班、週三晚班、週六上午班（由禪淨班結業後轉入共修）。

增上班：**成唯識論釋**。單週六晚班。雙週六晚班（重播班）。

解深密經詳解：平實導師講解。每週二晚上，以台北正覺講堂所錄 DVD 放映。歡迎會外學人共同聽講，不需出示身分證件。

第二講堂 台中市南屯區五權西路二段 666 號 4 樓

禪淨班：週一晚班、週三晚班。

第三講堂台中市南屯區五權西路二段 666 號 4 樓

禪淨班：週一晚班。

第四講堂台中市南屯區五權西路二段 666 號 4 樓。

進階班：週一晚班、週四晚班、週六上午班，由禪淨班結業後轉入共修

解深密經詳解：每週二晚上與第一講堂同步播放講經 DVD。

嘉義正覺講堂 嘉義市友愛路 288 號八樓之一 電話：05-2318228

第一講堂：

禪淨班：週四晚班、週五晚班、週六上午班。

進階班：週一晚班、週三晚班（由禪淨班結業後轉入共修）。

增上班：**成唯識論釋**。單週六晚班。雙週六晚班（重播班）。

解深密經詳解：平實導師講解。每週二晚上，以台北正覺講堂所錄 DVD 放映。歡迎會外學人共同聽講，不需出示身分證件。

第二講堂 嘉義市友愛路 288 號八樓之二。

第三講堂 嘉義市友愛路 288 號四樓之七。

禪淨班：週一晚班、週三晚班。

台南正覺講堂

第一講堂 台南市西門路四段 15 號 4 樓。06-2820541（晚上）

禪淨班：週一晚班、週三晚班、週四晚班、週五晚班、週六下午班。

增上班：**成唯識論釋**。單週六晚班。雙週六晚班（重播班）。

解深密經詳解：平實導師講解。每週二晚上，以台北正覺講堂所錄 DVD 放映。歡迎會外學人共同聽講，不需出示身分證件。

第二講堂　台南市西門路四段 15 號 3 樓。

解深密經詳解：每週二晚上與第一講堂同步播放講經 DVD。

第三講堂　台南市西門路四段 15 號 3 樓。

進階班：週一晚班、週三晚班、週四晚班、週五晚班（由禪淨班結業後轉入共修）。

解深密經詳解：每週二晚上與第一講堂同步播放講經 DVD。

高雄正覺講堂　高雄市新興區中正三路 45 號五樓 07-2234248（晚上）

第一講堂（五樓）：

禪淨班：週一晚班、週三晚班、週四晚班、週五晚班、週六上午班。

增上班：**成唯識論釋**。單週六晚班。雙週六晚班（重播班）。

解深密經詳解：平實導師講解。每週二晚上，以台北正覺講堂所錄 DVD 放映。歡迎會外學人共同聽講，不需出示身分證件。

第二講堂（四樓）：

進階班：週三晚班、週四晚班、週六上午班（由禪淨班結業後轉入共修）。

解深密經詳解：每週二晚上與第一講堂同步播放講經 DVD。

第三講堂（三樓）：

進階班：週四晚班（由禪淨班結業後轉入共修）。

香港正覺講堂

香港新界葵涌打磚坪街 93 號維京科技商業中心A 座 18 樓。

電話：(852) 23262231

英文地址：18/F, Tower A, Viking Technology & Business Centre, 93 Ta Chuen Ping Street, Kwai Chung, N.T., Hong Kong.

禪淨班：雙週六下午班、雙週日下午班、單週六下午班、單週日下午班

進階班：雙週五晚上班、雙週日早上班（由禪淨班結業後轉入共修）。

增上班：每月第一週週日，以台北增上班課程錄成 DVD 放映之。

增上重播班：每月第一週週六，以台北增上班課程錄成 DVD 放映之。

大法鼓經詳解：平實導師講解。每週六、日 19:00～21:00，以台北正覺講堂所錄 DVD 放映；歡迎會外學人共同聽講，不需出示身分證件。

二、招生公告 本會台北講堂及全省各講堂、香港講堂，每逢四月、十月下旬開新班，每週共修一次（每次二小時。開課日起三個月內仍可插班）；但美國洛杉磯共修處之禪淨班得隨時插班共修。各班共修期間皆為二年半，全程免費，欲參加者請向本會函索報名表（各共修處皆於共修時間方有人執事，非共修時間請勿電詢或前來洽詢、請書），或直接從本會官方網站(http://www.enlighten.org.tw/newsflash/class)或成佛之道網站下載報名表。共修期滿時，若經報名禪三審核通過者，可參加四天三夜之禪三精進共修，有機會明心、取證如來藏，發起般若實相智慧，成為實義菩薩，脫離凡夫菩薩位。

三、新春禮佛祈福 農曆年假期間停止共修：自農曆新年前七天起停止共修與弘法，正月 8 日起回復共修、弘法事務。新春期間正月初一～初七 9.00～17.00 開放台北講堂、正月初一~初三開放新竹、台中、嘉義、台南、高雄講堂，以及大溪禪三道場（正覺祖師堂），方便會員供佛、祈福及會外人士請書。美國洛杉磯共修處之休假時間，請逕詢該共修處。

密宗四大派修雙身法，是外道性力派的邪法；又以生滅的識陰作為常住法，是常見外道，是假的藏傳佛教。

西藏覺囊巴以他空見弘揚第八識如來藏勝法，才是真藏傳佛教

佛教正覺同修會　弘法行事表

2022/04/25

1、**禪淨班**　以無相念佛及拜佛方式修習動中定力，實證一心不亂功夫。傳授解脫道正理及第一義諦佛法，以及參禪知見。共修期間：二年六個月。每逢四月、十月開新班，詳見招生公告表。

2、**進階班**　禪淨班畢業後得轉入此班，進修更深入的佛法，期能證悟明心。各地講堂各有多班，繼續深入佛法、增長定力，悟後得轉入增上班修學道種智，期能證得無生法忍。

3、**增上班 成唯識論**詳解　詳解八識心王的唯識性、唯識相、唯識位，分說八識心王及其心所各別的自性、所依、所緣、相應心所、行相、功用等，並闡述緣生諸法的四緣：因緣、等無間緣、所緣緣、增上緣等四緣，並論及十因五果等。論中闡釋**佛法實證及成就的根本法即是第八識，由第八識成就三界世間及出世間的一切染淨諸法，方有成佛之道可修、可證、可成就，名爲圓成實性**。然後詳解末法時代學人極易混淆的見道位所函蓋的眞見道、相見道、通達位等內容，指正末法時代高慢心一類學人，於見道位前後不斷所墮的同一邪謬處。末後開示修道位的十地之中，各地所應斷的二愚及所應證的一智，乃至佛位的四智圓明及具足四種涅槃等一切種智之眞實正理。由平實導師講述，每逢一、三、五週之週末晚上開示，每逢二、四週之週末爲重播班，供作後悟之菩薩補聞所未聽聞之法。增上班課程僅限已明心之會員參加。未來每逢講完十分之一內容時，便予出書流通；總共十輯，敬請期待。（註：《瑜伽師地論》從 2003 年二月開講，至 2022 年 2 月 19 日已經圓滿，爲期 18 年整。）

4、**解深密經**詳解　本經所說妙法極爲甚深難解，非唯論及佛法中心主旨的八識心王及般若實證之標的，亦論及眞見道之後轉入相見道位中應該修學之法，即是七眞如之觀行內涵，然後始可入地。亦論及見道之後，如何與解脫及佛菩提智相應，兼論十地進修之道，末論如來法身及四智圓明的一切種智境界。如是眞見道、相見道、諸地修行之義，傳至今時仍然可證，顯示佛法眞是義學而非玄談或思想，有實證之標的與內容，非學術界諸思惟研究者之所能到，乃是離言絕句之第八識第一義諦妙義。重講本經之目的，在於令諸已悟之人明解大乘佛法之成佛次第，以及悟後進修一切種智之內涵，確實證知三種自性性，並得據此證解七眞如、十眞如等正理，成就三無性的境界。已於 2021 年三月下旬起每逢週二的晚上公開宣講，由平實導師詳解。不限制聽講資格。

5、**精進禪三**　主三和尚：平實導師。於四天三夜中，以克勤圓悟大師及大慧宗杲之禪風，施設機鋒與小參、公案密意之開示，幫助會員剋期取證，親證不生不滅之眞實心——人人本有之如來藏。每年四月、十月各舉辦三個梯次；平實導師主持。僅限本會會員參加禪淨班共修期滿，報名審核通過者，方可參加。並選擇會中定力、慧力、福德三條件皆已具足之已明心會員，給以指引，令得眼見自己無形無相之佛性遍佈山河大地，眞實而無障礙，得以肉眼現觀世界身心悉皆如幻，具足成就如幻觀，圓滿十住菩薩之證境。

6、**阿含經**詳解　選擇重要之阿含部經典，依無餘涅槃之實際而加以詳解，令大眾得以現觀諸法緣起性空，亦復不墮斷滅見中，顯示經中所隱說之涅槃實際—如來藏—確實已於四阿含中隱說；令大眾得以聞後觀行，確實斷除我見乃至我執，證得**見到**眞現觀，乃至**身證**……等眞現觀；已得大乘或二乘見道者，亦可由此聞熏及聞後之觀行，除斷我所之貪著，成就慧解脫果。由平實導師詳解。不限制聽講資格。

7、**精選如來藏系經典**詳解　精選如來藏系經典一部，詳細解說，以此完全印證會員所悟如來藏之眞實，得入不退轉住。另行擇期詳細解說之，由平實導師講解。僅限已明心之會員參加。

8、**禪門差別智**　藉禪宗公案之微細淆訛難知難解之處，加以宣說及剖析，以增進明心、見性之功德，啓發差別智，建立擇法眼。每月第一週日全天，由平實導師開示，僅限破參明心後，復又眼見佛性者參加（事冗暫停）。

9、**枯木禪**　先講智者大師的《小止觀》，後說《釋禪波羅蜜》，詳解四禪八定之修證理論與實修方法，細述一般學人修定之邪見與岔路，及對禪定證境之誤會，消除枉用功夫、浪費生命之現象。已悟般若者，可以藉此而實修初禪，進入大乘通教及聲聞教的三果心解脫境界，配合應有的大福德及後得無分別智、十無盡願，即可進入初地心中。親教師：平實導師。未來緣熟時將於正覺寺開講。不限制聽講資格。

註：本會例行年假，自 2004 年起，改爲每年農曆新年前七天開始停息弘法事務及共修課程，農曆正月 8 日回復所有共修及弘法事務。新春期間（每日 9.00~17.00）開放台北講堂，方便會員禮佛祈福及會外人士請書。大溪區的正覺祖師堂，開放參訪時間，詳見〈正覺電子報〉或成佛之道網站。本表得因時節因緣需要而隨時修改之，不另作通知。

佛教正覺同修會　贈閱書籍 目錄

2021/8/30

1.**無相念佛**　平實導師著　回郵 36 元
2.**念佛三昧修學次第**　平實導師述著　回郵 52 元
3.**正法眼藏—護法集**　平實導師述著　回郵 76 元
4.**真假開悟簡易辨正法＆佛子之省思**　平實導師著　回郵 26 元
5.**生命實相之辨正**　平實導師著　回郵 31 元
6.**如何契入念佛法門**（附：印順法師否定極樂世界）平實導師著　回郵 26 元
7.**平實書箋**—答元覽居士書　平實導師著　回郵 52 元
8.**三乘唯識**—如來藏系經律彙編　平實導師編　回郵 80 元
（精裝本　長 27 cm　寬 21 cm　高 7.5 cm　重 2.8 公斤）
9.**三時繫念全集**—修正本　回郵掛號 52 元（長 26.5 cm×寬 19 cm）
10.**明心與初地**　平實導師述　回郵 31 元
11.**邪見與佛法**　平實導師述著　回郵 36 元
12.**甘露法雨**　平實導師述　回郵 36 元
13.**我與無我**　平實導師述　回郵 36 元
14.**學佛之心態**—修正錯誤之學佛心態始能與正法相應　孫正德老師著　回郵52元
附錄：平實導師著**《略說八、九識並存…等之過失》**
15.**大乘無我觀**—《悟前與悟後》別說　平實導師述著　回郵 36 元
16.**佛教之危機**—中國台灣地區現代佛教之真相（附錄：公案拈提六則）
平實導師著　回郵 52 元
17.**燈 影**—燈下黑（覆「求教後學」來函等）　平實導師著　回郵 76 元
18.**護法與毀法**—覆上平居士與徐恒志居士網站毀法二文
張正圜老師著　回郵 76 元
19.**淨土聖道**—兼評選擇本願念佛　正德老師著　由正覺同修會購贈　回郵 52 元
20.**辨唯識性相**—對「紫蓮心海《辯唯識性相》書中否定阿賴耶識」之回應
正覺同修會 台南共修處法義組 著　回郵 52 元
21.**假如來藏**—對法蓮法師《如來藏與阿賴耶識》書中否定阿賴耶識之回應
正覺同修會 台南共修處法義組 著　回郵 76 元
22.**入不二門**—公案拈提集錦 第一輯（於平實導師公案拈提諸書中選錄約二十則，
合輯為一冊流通之）平實導師著　回郵 52 元
23.**真假邪說**—西藏密宗索達吉喇嘛《破除邪說論》真是邪說
釋正安法師著　上、下冊回郵各 52 元
24.**真假開悟**—真如、如來藏、阿賴耶識間之關係　平實導師述著　回郵 76 元
25.**真假禪和**—辨正釋傳聖之謗法謬說　孫正德老師著　回郵 76 元
26.**眼見佛性**—駁慧廣法師眼見佛性的含義文中謬說
游正光老師著　回郵 52 元

27.**普門自在**—公案拈提集錦 第二輯（於平實導師公案拈提諸書中選錄約二十則，合輯爲一冊流通之）平實導師著　回郵 52 元

28.**印順法師的悲哀**—以現代禪的質疑為線索　恒毓博士著　回郵 52 元

29.**識蘊真義**—現觀識蘊內涵、取證初果、親斷三縛結之具體行門。
—依《成唯識論》及《惟識述記》正義，略顯安慧《大乘廣五蘊論》之邪謬
平實導師著　回郵 76 元

30.**正覺電子報** 各期紙版本　免附回郵　每次最多函索三期或三本。
（已無存書之較早各期，不另增印贈閱）

31.**現代人應有的宗教觀**　蔡正禮老師 著　回郵 31 元

32.**遠惑趣道**—正覺電子報般若信箱問答錄　第一輯　回郵 52 元

33.**遠惑趣道**—正覺電子報般若信箱問答錄　第二輯　回郵 52 元

34.**確保您的權益**—器官捐贈應注意自我保護　游正光老師 著　回郵 31 元

35.**正覺教團電視弘法三乘菩提 DVD 光碟（一）**

由正覺教團多位親教師共同講述錄製 DVD 8 片，MP3 一片，共 9 片。有二大講題：一爲「三乘菩提之意涵」，二爲「學佛的正知見」。內容精闢，深入淺出，精彩絕倫，幫助大眾快速建立三乘法道的正知見，免被外道邪見所誤導。有志修學三乘佛法之學人不可不看。（製作工本費 100 元，回郵 52 元）

36.**正覺教團電視弘法 DVD 專輯（二）**

總有二大講題：一爲「三乘菩提之念佛法門」，一爲「學佛正知見（第二篇）」，由正覺教團多位親教師輪番講述，內容詳細闡述如何修學念佛法門、實證念佛三昧，以及學佛應具有的正確知見，可以幫助發願往生西方極樂淨土之學人，得以把握往生，更可令學人快速建立三乘法道的正知見，免於被外道邪見所誤導。有志修學三乘佛法之學人不可不看。（一套 17 片，工本費 160 元。回郵 76 元）

37.**喇嘛性世界**—揭開假藏傳佛教譚崔瑜伽的面紗　張善思 等人合著
由正覺同修會購贈　回郵 52 元

38.**假藏傳佛教的神話**—性、謊言、喇嘛教　張正玄教授編著
由正覺同修會購贈　回郵 52 元

39.**隨 緣**—理隨緣與事隨緣　平實導師述　回郵 52 元。

40.**學佛的覺醒**　正枝居士 著　回郵 52 元

41.**導師之真實義**　蔡正禮老師 著　回郵 31 元

42.**淺談達賴喇嘛之雙身法**—兼論解讀「密續」之達文西密碼
吳明芷居士 著　回郵 31 元

43.**魔界轉世**　張正玄居士 著　回郵 31 元

44.**一貫道與開悟**　蔡正禮老師 著　回郵 31 元

45.**博愛**—愛盡天下女人　正覺教育基金會 編印　回郵 36 元

46.**意識虛妄經教彙編**—實證解脱道的關鍵經文　正覺同修會編印　回郵 36 元

47.**邪箭囈語**—破斥藏密外道多識仁波切《破魔金剛箭雨論》之邪說
陸正元老師著　上、下冊回郵各 52 元

48.**真假沙門**—依 佛聖教闡釋佛教僧寶之定義
蔡正禮老師著　俟正覺電子報連載後結集出版

49.**真假禪宗**—藉評論釋性廣《印順導師對變質禪法之批判
及對禪宗之肯定》以顯示真假禪宗
附論一：凡夫知見 無助於佛法之信解行證
附論二：世間與出世間一切法皆從如來藏實際而生而顯
余正偉老師著　俟正覺電子報連載後結集出版　回郵未定

★ 上列贈書之郵資，係台灣本島地區郵資，大陸、港、澳地區及外國地區，請另計酌增（大陸、港、澳、國外地區之郵票不許通用）。尚未出版之書，請勿先寄來郵資，以免增加作業煩擾。

★ 本目錄若有變動，唯於後印之書籍及「成佛之道」網站上修正公佈之，不另行個別通知。

函索書籍請寄：佛教正覺同修會　103 台北市承德路 3 段 277 號 9 樓
台灣地區函索書籍者請附寄郵票，無時間購買郵票者可以等值現金抵用，但不接受郵政劃撥、支票、匯票。大陸地區得以人民幣計算，國外地區請以美元計算（請勿寄來當地郵票，在台灣地區不能使用）。欲以掛號寄遞者，請另附掛號郵資。

親自索閱：正覺同修會各共修處。　★請於共修時間前往取書，餘時無人在道場，請勿前往索取；共修時間與地點，詳見書末正覺同修會共修現況表（以近期之共修現況表爲準）。

註：正智出版社發售之局版書，請向各大書局購閱。若書局之書架上已經售出而無陳列者，請向書局櫃台指定洽購；若書局不便代購者，請於正覺同修會共修時間前往各共修處請購，正智出版社已派人於共修時間送書前往各共修處流通。 郵政劃撥購書及 大陸地區 購書，請詳別頁正智出版社發售書籍目錄最後頁之說明。

成佛之道 網站：http://www.a202.idv.tw　正覺同修會已出版之結緣書籍，多已登載於 成佛之道 網站，若住外國、或住處遙遠，不便取得正覺同修會贈閱書籍者，可以從本網站閱讀及下載。

＊＊假藏傳佛教修雙身法，非佛教＊＊

正智出版社 籌募弘法基金發售書籍目錄 2021/12/28

1.**宗門正眼**—公案拈提 第一輯 重拈 平實導師著 500 元
因重寫內容大幅度增加故，字體必須改小，並增爲 576 頁 主文 546 頁。比初版更精彩、更有內容。初版《禪門摩尼寶聚》之讀者，可寄回本公司免費調換新版書。免附回郵，亦無截止期限。（2007 年起，每冊附贈本公司精製公案拈提〈超意境〉CD 一片。市售價格 280 元，多購多贈。）

2.**禪淨圓融** 平實導師著 200 元（第一版舊書可換新版書。）

3.**真實如來藏** 平實導師著 400 元

4.**禪—悟前與悟後** 平實導師著 上、下冊，每冊 250 元

5.**宗門法眼**—公案拈提 第二輯 平實導師著 500 元
（2007 年起，每冊附贈本公司精製公案拈提〈超意境〉CD 一片）

6.**楞伽經詳解** 平實導師著 全套共 10 輯 每輯 250 元

7.**宗門道眼**—公案拈提 第三輯 平實導師著 500 元
（2007 年起，每冊附贈本公司精製公案拈提〈超意境〉CD 一片）

8.**宗門血脈**—公案拈提 第四輯 平實導師著 500 元
（2007 年起，每冊附贈本公司精製公案拈提〈超意境〉CD 一片）

9.**宗通與說通**—成佛之道 平實導師著 主文 381 頁 全書 400 頁售價 300 元

10.**宗門正道**—公案拈提 第五輯 平實導師著 500 元
（2007 年起，每冊附贈本公司精製公案拈提〈超意境〉CD 一片）

11.**狂密與真密 一～四輯** 平實導師著 西藏密宗是人間最邪淫的宗教，本質不是佛教，只是披著佛教外衣的印度教性力派流毒的喇嘛教。此書中將西藏密宗密傳之男女雙身合修樂空雙運所有祕密與修法，毫無保留完全公開，並將全部喇嘛們所不知道的部分也一併公開。內容比大辣出版社喧騰一時的《西藏慾經》更詳細。並且函蓋藏密的所有祕密及其錯誤的中觀見、如來藏見……等，藏密的所有法義都在書中詳述、分析、辨正。每輯主文三百餘頁 每輯全書約 400 頁 售價每輯 300 元

12.**宗門正義**—公案拈提 第六輯 平實導師著 500 元
（2007 年起，每冊附贈本公司精製公案拈提〈超意境〉CD 一片）

13.**心經密意**—心經與解脫道、佛菩提道、祖師公案之關係與密意 平實導師述 300 元

14.**宗門密意**—公案拈提 第七輯 平實導師著 500 元
（2007 年起，每冊附贈本公司精製公案拈提〈超意境〉CD 一片）

15.**淨土聖道**—兼評「選擇本願念佛」 正德老師著 200 元

16.**起信論講記** 平實導師述著 共六輯 每輯三百餘頁 售價各 250 元

17.**優婆塞戒經講記** 平實導師述著 共八輯 每輯三百餘頁 售價各 250 元

18.**真假活佛**—略論附佛外道盧勝彥之邪說（對前岳靈犀網站主張「盧勝彥是證悟者」之修正） 正犀居士（岳靈犀）著 流通價 140 元

19.**阿含正義**—唯識學探源 平實導師著 共七輯 每輯 300 元

20.**超意境** CD 以平實導師公案拈提書中超越意境之頌詞，加上曲風優美的旋律，錄成令人嚮往的超意境歌曲，其中包括正覺發願文及平實導師親自譜成的黃梅調歌曲一首。詞曲雋永，殊堪翫味，可供學禪者吟詠，有助於見道。內附設計精美的彩色小冊，解說每一首詞的背景本事。每片 280 元。【每購買公案拈提書籍一冊，即贈送一片。】

21.**菩薩底憂鬱** CD 將菩薩情懷及禪宗公案寫成新詞，並製作成超越意境的優美歌曲。 1.主題曲〈菩薩底憂鬱〉，描述地後菩薩能離三界生死而迴向繼續生在人間，但因尚未斷盡習氣種子而有極深沈之憂鬱，非三賢位菩薩及二乘聖者所知，此憂鬱在七地滿心位方才斷盡；本曲之詞中所說義理極深，昔來所未曾見；此曲係以優美的情歌風格寫詞及作曲，聞者得以激發嚮往諸地菩薩境界之大心，詞、曲都非常優美，難得一見；其中勝妙義理之解說，已印在附贈之彩色小冊中。 2.以各輯公案拈提中直示禪門入處之頌文，作成各種不同曲風之超意境歌曲，值得玩味、參究；聆聽公案拈提之優美歌曲時，請同時閱讀內附之印刷精美說明小冊，可以領會超越三界的證悟境界；未悟者可以因此引發求悟之意向及疑情，眞發菩提心而邁向求悟之途，乃至因此眞實悟入般若，成眞菩薩。 3.正覺總持咒新曲，總持佛法大意；總持咒之義理，已加以解說並印在隨附之小冊中。本 CD 共有十首歌曲，長達 63 分鐘。每盒各附贈二張購書優惠券。每片 280 元。

22.**禪意無限** CD 平實導師以公案拈提書中偈頌寫成不同風格曲子，與他人所寫不同風格曲子共同錄製出版，幫助參禪人進入禪門超越意識之境界。盒中附贈彩色印製的精美解說小冊，以供聆聽時閱讀，令參禪人得以發起參禪之疑情，即有機會證悟本來面目而發起實相智慧，實證大乘菩提般若，能如實證知般若經中的眞實意。本 CD 共有十首歌曲，長達 69 分鐘，每盒各附贈二張購書優惠券。每片 280 元。

23.**我的菩提路**第一輯　釋悟圓、釋善藏等人合著　售價 300 元

24.**我的菩提路**第二輯　郭正益等人合著　售價 300 元

25.**我的菩提路**第三輯　王美伶等人合著　售價 300 元

26.**我的菩提路**第四輯　陳晏平等人合著　售價 300 元

27.**我的菩提路**第五輯　林慈慧等人合著　售價 300 元

28.**我的菩提路**第六輯　劉惠莉等人合著　售價 300 元

29.**我的菩提路**第七輯　余正偉等人合著　售價 300 元

30.**鈍鳥與靈龜**—考證後代凡夫對大慧宗杲禪師的無根誹謗。
平實導師著　共 458 頁　售價 350 元

31.**維摩詰經講記**　平實導師述　共六輯　每輯三百餘頁　售價各 250 元

32.**真假外道**—破劉東亮、杜大威、釋證嚴常見外道見　正光老師著　200 元

33.**勝鬘經講記**—兼論印順《勝鬘經講記》對於《勝鬘經》之誤解。
平實導師述　共六輯　每輯三百餘頁　售價250 元

34.**楞嚴經講記** 平實導師述 共**15**輯，每輯三百餘頁 售價300元
35.**明心與眼見佛性**—駁慧廣〈蕭氏「眼見佛性」與「明心」之非〉文中謬說
正光老師著 共448頁 售價300元
36.**見性與看話頭** 黃正倖老師 著，本書是禪宗參禪的方法論。
內文375頁，全書416頁，售價300元。
37.**達賴真面目**—玩盡天下女人 白正偉老師 等著 中英對照彩色精裝大本 800元
38.**喇嘛性世界**—揭開假藏傳佛教譚崔瑜伽的面紗 張善思 等人著 200元
39.**假藏傳佛教的神話**—性、謊言、喇嘛教 正玄教授編著 200元
40.**金剛經宗通** 平實導師述 共九輯 每輯售價250元。
41.**空行母**—性別、身分定位，以及藏傳佛教。
珍妮·坎貝爾著 呂艾倫 中譯 售價250元
42.**末代達賴**—性交教主的悲歌 張善思、呂艾倫、辛燕編著 售價250元
43.**霧峰無霧**—給哥哥的信 辨正釋印順對佛法的無量誤解
游宗明 老師著 售價250元
44.**霧峰無霧**—第二輯—救護佛子向正道 細說釋印順對佛法的各類誤解
游宗明 老師著 售價250元
45.**第七意識與第八意識？**—穿越時空「超意識」
平實導師述 每冊300元
46.**黯淡的達賴**—失去光彩的諾貝爾和平獎
正覺教育基金會編著 每冊250元
47.**童女迦葉考**—論呂凱文〈佛教輪迴思想的論述分析〉之謬。
平實導師 著 定價180元
48.**人間佛教**—實證者必定不悖三乘菩提
平實導師 述，定價400元
49.**實相經宗通** 平實導師述 共八輯 每輯250元
50.**真心告訴您(一)**—達賴喇嘛在幹什麼？
正覺教育基金會編著 售價250元
51.**中觀金鑑**—詳述應成派中觀的起源與其破法本質
孫正德老師著 分為上、中、下三冊，每冊250元
52.**藏傳佛教要義**—《狂密與真密》之簡體字版 平實導師 著 上、下冊
僅在大陸流通 每冊300元
53.**法華經講義** 平實導師述 共二十五輯 每輯300元
已於2015/05/31起開始出版，每二個月出版一輯
54.**西藏「活佛轉世」制度**—附佛、造神、世俗法
許正豐、張正玄老師合著 定價150元
55.**廣論三部曲** 郭正益老師著 定價150元
56.**真心告訴您(二)**—達賴喇嘛是佛教僧侶嗎？
—補祝達賴喇嘛八十大壽
正覺教育基金會編著 售價300元

57.**次法**—實證佛法前應有的條件
張善思居士著　分爲上、下二冊，每冊 250 元
58.**涅槃**—解說四種涅槃之實證及內涵　平實導師著 上、下冊 各 350 元
59.**山法**—西藏關於他空與佛藏之根本論
篤補巴．喜饒堅贊著　　傑弗里．霍普金斯英譯
張火慶教授、呂艾倫老師中譯　精裝大本 1200 元
60.**佛藏經講義**　平實導師述　2019 年 7 月 31 日開始出版　共 21 輯
每二個月出版一輯，每輯 300 元。
61.**成唯識論**　大唐 玄奘菩薩所著經本，重新正確斷句，並以不同字體及標點符號顯示質疑文，令得易讀。全書 288 頁，精裝大本 400 元
62.**假鋒虛焰金剛乘**—揭示顯密正理，兼破索達吉師徒《般若鋒兮金剛焰》
釋正安法師著 簡體字版 即將出版 售價未定
63.**廣論之平議**—宗喀巴《菩提道次第廣論》之平議　正雄居士著
約二或三輯　俟正覺電子報連載後結集出版　書價未定
64.**大法鼓經講義**　平實導師講述　《佛藏經講義》出版後發行，每輯 300 元
65.**不退轉法輪經講義** 平實導師講述　《大法鼓經講義》出版後發行
66.**八識規矩頌**詳解　○○居士 註解　出版日期另訂　書價未定。
67.**中觀正義**—註解平實導師《中論正義頌》。
○○法師（居士）著　出版日期未定　書價未定
68.**中論正義**—釋龍樹菩薩《中論》頌正理。
孫正德老師著　出版日期未定　書價未定
69.**成唯識論釋**—詳解大唐玄奘菩薩所著的《成唯識論》，平實導師述著。總共十輯，於每講完一輯的分量以後即予出版，預計 2022 年十月出版第一輯，以後每七個月出版一輯，每輯 400 元。
70.**中國佛教史**—依中國佛教正法史實而論。○○老師 著　書價未定。
71.**印度佛教史**—法義與考證。依法義史實評論印順《印度佛教思想史、佛教史地考論》之謬說　正偉老師著　出版日期未定　書價未定
72.**阿含經講記**—將選錄四阿含中數部重要經典全經講解之，講後整理出版。
平實導師述　約二輯　每輯 300 元　出版日期未定
73.**實積經講記** 平實導師述　每輯三百餘頁 優惠價 300 元 出版日期未定
74.**解深密經講義**　平實導師述 約四輯　將於重講後整理出版
75.**修習止觀坐禪法要講記**　平實導師述　每輯三百餘頁
將於正覺寺建成後重講、以講記逐輯出版　出版日期未定
76.**無門關**—《無門關》公案拈提　平實導師著　出版日期未定
77.**中觀再論**—兼述印順《中觀今論》謬誤之平議。正光老師著 出版日期未定
78.**輪迴與超度**—佛教超度法會之真義。
○○法師（居士）著　出版日期未定　書價未定
79.**《釋摩訶衍論》平議**—對偽稱龍樹所造《釋摩訶衍論》之平議
○○法師（居士）著　出版日期未定　書價未定

80.**正覺發願文**註解—以真實大願為因 得證菩提
正德老師著　出版日期未定　書價未定
81.**正覺總持咒**—佛法之總持　正圜老師著　出版日期未定　書價未定
82.**三自性**—依四食、五蘊、十二因緣、十八界法，說三性三無性。
作者未定　出版日期未定
83.**道品**—從三自性說大小乘三十七道品　作者未定　出版日期未定
84.**大乘緣起觀**—依四聖諦七真如現觀十二緣起 作者未定　出版日期未定
85.**三德**—論解脫德、法身德、般若德。　作者未定　出版日期未定
86.**真假如來藏**—對印順《如來藏之研究》謬說之平議　作者未定 出版日期未定
87.**大乘道次第**　作者未定　出版日期未定　書價未定
88.**四緣**—依如來藏故有四緣。　作者未定　出版日期未定
89.**空之探究**—印順《空之探究》謬誤之平議　作者未定 出版日期未定
90.**十法義**—論阿含經中十法之正義　作者未定　出版日期未定
91.**外道見**—論述外道六十二見　作者未定　出版日期未定

正智出版社有限公司　書籍介紹

禪淨圓融：言淨土諸祖所未曾言，示諸宗祖師所未曾示；禪淨圓融，另闢成佛捷徑，兼顧自力他力，闡釋淨土門之速行易行道，亦同時揭櫫聖教門之速行易行道；令廣大淨土行者得免緩行難證之苦，亦令聖道門行者得以藉著淨土速行道而加快成佛之時劫。乃前無古人之超勝見地，非一般弘揚禪淨法門典籍也，先讀為快。平實導師著 200元。

宗門正眼—公案拈提第一輯：繼承克勤圜悟大師碧巖錄宗旨之禪門鉅作。先則舉示當代大法師之邪說，消弭當代禪門大師鄉愿之心態，摧破當今禪門「世俗禪」之妄談；次則旁通教法，表顯宗門正理；繼以道之次第，消弭古今狂禪；後藉言語及文字機鋒，直示宗門入處。悲智雙運，禪味十足，數百年來難得一睹之禪門鉅著也。平實導師著　500元（原初版書《禪門摩尼寶聚》，改版後補充為五百餘頁新書，總計多達二十四萬字，內容更精彩，並改名為《宗門正眼》，讀者原購初版《禪門摩尼寶聚》皆可寄回本公司免費換新，免附回郵，亦無截止期限）（2007年起，凡購買公案拈提第一輯至第七輯，每購一輯皆贈送本公司精製公案拈提〈超意境〉CD一片，市售價格280元，多購多贈）。

禪—悟前與悟後：本書能建立學人悟道之信心與正確知見，圓滿具足而有次第地詳述禪悟之功夫與禪悟之內容，指陳參禪中細微淆訛之處，能使學人明自真心、見自本性。若未能悟入，亦能以正確知見辨別古今中外一切大師究係真悟？或屬錯悟？便有能力揀擇，捨名師而選明師，後時必有悟道之緣。一旦悟道，遲者七次人天往返，便出三界，速者一生取辦。學人欲求開悟者，不可不讀。　平實導師著。上、下冊共500元，單冊250元。

真實如來藏：如來藏眞實存在，乃宇宙萬有之本體，並非印順法師、達賴喇嘛等人所說之「唯有名相、無此心體」。如來藏是涅槃之本際，是一切有智之人竭盡心智、不斷探索而不能得之生命實相；是古今中外許多大師自以爲悟而當面錯過之生命實相。如來藏即是阿賴耶識，乃是一切有情本自具足、不生不滅之眞實心。當代中外大師於此書出版之前所未能言者，作者於本書中盡情流露、詳細闡釋。眞悟者讀之，必能增益悟境、智慧增上；錯悟者讀之，必能檢討自己之錯誤，免犯大妄語業；未悟者讀之，能知參禪之理路，亦能以之檢查一切名師是否眞悟。此書是一切哲學家、宗教家、學佛者及欲昇華心智之人必讀之鉅著。　平實導師著　售價400元。

宗門法眼—公案拈提第二輯：列舉實例，闡釋土城廣欽老和尚之悟處；並直示這位不識字的老和尚妙智橫生之根由，繼而剖析禪宗歷代大德之開悟公案，解析當代密宗高僧卡盧仁波切之錯悟證據，並例舉當代顯宗高僧、大居士之錯悟證據（凡健在者，爲免影響其名聞利養，皆隱其名）。藉辨正當代名師之邪見，向廣大佛子指陳禪悟之正道，彰顯宗門法眼。悲勇兼出，強捋虎鬚；慈智雙運，巧探驪龍；摩尼寶珠在手，直示宗門入處，禪味十足；若非大悟徹底，不能爲之。禪門精奇人物，允宜人手一冊，供作參究及悟後印證之圭臬。本書於2008年4月改版，增寫爲大約500頁篇幅，以利學人研讀參究時更易悟入宗門正法，以前所購初版首刷及初版二刷舊書，皆可免費換取新書。平實導師著　500元（2007年起，凡購買公案拈提第一輯至第七輯，每購一輯皆贈送本公司精製公案拈提〈超意境〉CD一片，市售價格280元，多購多贈）。

宗門道眼—公案拈提第三輯：繼宗門法眼之後，再以金剛之作略、慈悲之胸懷、犀利之筆觸，舉示寒山、拾得、布袋三大士之悟處，消弭當代錯悟者對於寒山大士……等之誤會及誹謗。　亦舉出民初以來與虛雲和尚齊名之蜀郡鹽亭袁煥仙夫子——南懷瑾老師之師，其「悟處」何在？並蒐羅許多眞悟祖師之證悟公案，顯示禪宗歷代祖師之睿智，指陳部分祖師、奧修及當代顯密大師之謬悟，作爲殷鑑，幫助禪子建立及修正參禪之方向及知見。假使讀者閱此書已，一時尚未能悟，亦可一面加功用行，一面以此宗門道眼辨別眞假善知識，避開錯誤之印證及歧路，可免大妄語業之長劫慘痛果報。欲修禪宗之禪者，務請細讀。平實導師著　售價500元（2007年起，凡購買公案拈提第一輯至第七輯，每購一輯皆贈送本公司精製公案拈提〈超意境〉CD一片，市售價格280元，多購多贈）。

楞伽經詳解：本經是禪宗見道者印證所悟眞僞之根本經典，亦是禪宗見道者悟後起修之依據經典；故達摩祖師於印證二祖慧可大師之後，將此經典連同佛鉢祖衣一併交付二祖，令其依此經典佛示金言、進入修道位，修學一切種智。由此可知此經對於眞悟之人修學佛道，是非常重要之一部經典。此經能破外道邪說，亦破佛門中錯悟名師之謬說，亦破禪宗部分祖師之狂禪：不讀經典、一向主張「一悟即成究竟佛」之謬執。並開示愚夫所行禪、觀察義禪、攀緣如禪、如來禪等差別，令行者對於三乘禪法差異有所分辨；亦糾正禪宗祖師古來對於如來禪之誤解，嗣後可免以訛傳訛之弊。此經亦是法相唯識宗之根本經典，禪者悟後欲修一切種智而入初地者，必須詳讀。平實導師著，全套共十輯，已全部出版完畢，每輯主文約320頁，每冊約352頁，定價250元。

宗門血脈—公案拈提第四輯：末法怪象—許多修行人自以爲悟，每將無念靈知認作眞實；崇尚二乘法諸師及其徒衆，則將外於如來藏之緣起性空—無因論之無常空、斷滅空、一切法空—錯認爲 佛所說之般若空性。這兩種現象已於當今海峽兩岸及美加地區顯密大師之中普遍存在；人人自以爲悟，心高氣壯，便敢寫書解釋祖師證悟之公案，大多出於意識思惟所得，言不及義，錯誤百出，因此誤導廣大佛子同陷大妄語之地獄業中而不能自知。彼等書中所說之悟處，其實處處違背第一義經典之聖言量。彼等諸人不論是否身披袈裟，都非佛法宗門血脈，或雖有禪宗法脈之傳承，亦只徒具形式；猶如螟蛉，非眞血脈，未悟得根本眞實故。禪子欲知 佛、祖之眞血脈者，請讀此書，便知分曉。平實導師著，主文452頁，全書464頁，定價500元（2007年起，凡購買公案拈提第一輯至第七輯，每購一輯皆贈送本公司精製公案拈提〈超意境〉CD一片，市售價格280元，多購多贈）。

宗通與說通：古今中外，錯誤之人如麻似粟，每以常見外道所說之靈知心，認作眞心；或妄想虛空之勝性能量爲眞如，或錯認物質四大元素藉冥性（靈知心本體）能成就吾人色身及知覺，或認初禪至四禪中之了知心爲不生不滅之涅槃心。此等皆非通宗者之見地。復有錯悟之人一向主張「宗門與教門不相干」，此即尚未通達宗門之人也。其實宗門與教門互通不二，宗門所證者乃是眞如與佛性，教門所說者乃說宗門證悟之真如佛性，故教門與宗門不二。本書作者以宗教二門互通之見地，細說「宗通與說通」，從初見道至悟後起修之道、細說分明；並將諸宗諸派在整體佛教中之地位與次第，加以明確之教判，學人讀之即可了知佛法之梗概也。欲擇明師學法之前，允宜先讀。平實導師著，主文共381頁，全書392頁，只售成本價300元。

宗門正道—公案拈提第五輯：修學大乘佛法有二果須證—解脫果及大菩提果。二乘人不證大菩提果，唯證解脫果；此果之智慧，名爲聲聞菩提、緣覺菩提。大乘佛子所證二果之菩提果爲佛菩提，故名大菩提果，其慧名爲一切種智—函蓋二乘解脫果。然此大乘二果修證，須經由禪宗之宗門證悟方能相應。而宗門證悟極難，自古已然；其所以難者，咎在古今佛教界普遍存在三種邪見：1.以修定認作佛法，2.以無因論之緣起性空—否定涅槃本際如來藏以後之一切法空作爲佛法，3.以常見外道邪見（離語言妄念之靈知性）作爲佛法。如是邪見，或因自身正見未立所致，或因邪師之邪教導所致，或因無始劫來虛妄熏習所致。若不破除此三種邪見，永劫不悟宗門眞義、不入大乘正道，唯能外門廣修菩薩行。平實導師於此書中，有極爲詳細之說明，有志佛子欲摧邪見、入於內門修菩薩行者，當閱此書。主文共496頁，全書512頁。售價500元（2007年起，凡購買公案拈提第一輯至第七輯，每購一輯皆贈送本公司精製公案拈提〈超意境〉CD一片，市售價格280元，多購多贈）。

狂密與真密：密教之修學，皆由有相之觀行法門而入，其最終目標仍不離顯教經典所說第一義諦之修證；若離顯教第一義經典、或違背顯教第一義經典，即非佛教。西藏密教之觀行法，如灌頂、觀想、遷識法、寶瓶氣、大聖歡喜雙身修法、喜金剛、無上瑜伽、大樂光明、樂空雙運等，皆是印度教兩性生生不息思想之轉化，自始至終皆以如何能運用交合淫樂之法達到全身受樂爲其中心思想，純屬欲界五欲的貪愛，不能令人超出欲界輪迴，更不能令人斷除我見；何況大乘之明心與見性，更無論矣！故密宗之法絕非佛法也。而其明光大手印、大圓滿法教，又皆同以常見外道所說離語言妄念之無念靈知心錯認爲佛地之眞如，不能直指不生不滅之眞如。西藏密宗所有法王與徒眾，都尚未開頂門眼，不能辨別眞僞，以依人不依法、依密續不依經典故，不肯將其上師喇嘛所說對照第一義經典，純依密續之藏密祖師所說爲準，因此而誇大其證德與證量，動輒謂彼祖師上師爲究竟佛、爲地上菩薩；如今台海兩岸亦有自謂其師證量高於　釋迦文佛者，然觀其師所述，猶未見道，仍在觀行即佛階段，尚未到禪宗相似即佛、分證即佛階位，竟敢標榜爲究竟佛及地上法王，誑惑初機學人。凡此怪象皆是狂密，不同於眞密之修行者。近年狂密盛行，密宗行者被誤導者極眾，動輒自謂已證佛地眞如，自視爲究竟佛，陷於大妄語業中而不知自省，反謗顯宗眞修實證者之證量粗淺；或如義雲高與釋性圓…等人，於報紙上公然誹謗眞實證道者爲「騙子、無道人、人妖、癩蛤蟆…」等，造下誹謗大乘勝義僧之大惡業；或以外道法中有爲有作之甘露、魔術……等法，誑騙初機學人，狂言彼外道法爲眞佛法。如是怪象，在西藏密宗及附藏密之外道中，不一而足，舉之不盡，學人宜應愼思明辨，以免上當後又犯毀破菩薩戒之重罪。密宗學人若欲遠離邪知邪見者，請閱此書，即能了知密宗之邪謬，從此遠離邪見與邪修，轉入眞正之佛道。平實導師著　共四輯　每輯約400頁（主文約340頁）每輯售價300元。

宗門正義—公案拈提第六輯：佛教有六大危機，乃是藏密化、世俗化、膚淺化、學術化、宗門密意失傳、悟後進修諸地之次第混淆；其中尤以宗門密意之失傳，爲當代佛教最大之危機。由宗門密意失傳故，易令 世尊本懷普被錯解，易令 世尊正法被轉易爲外道法，以及加以淺化、世俗化，是故宗門密意之廣泛弘傳與具緣佛弟子，極爲重要。然而欲令宗門密意之廣泛弘傳予具緣之佛弟子者，必須同時配合錯誤知見之解析、普令佛弟子知之，然後輔以公案解析之直示入處，方能令具緣之佛弟子悟入。而此二者，皆須以公案拈提之方式爲之，方易成其功、竟其業，是故平實導師續作宗門正義一書，以利學人。 全書500餘頁，售價500元（2007年起，凡購買公案拈提第一輯至第七輯，每購一輯皆贈送本公司精製公案拈提〈超意境〉CD一片，市售價格280元，多購多贈）。

心經密意—心經與解脫道、佛菩提道、祖師公案之關係與密意。二乘菩提所證之解脫道，實依第八識心之斷除煩惱障現行而立解脫之名；大乘菩提所證之佛菩提道，實依親證第八識如來藏之涅槃性、清淨自性、及其中道性而立般若之名；禪宗祖師公案所證之眞心，即是此第八識如來藏；是故三乘佛法所修所證之三乘菩提，皆依此如來藏心而立名也。此第八識心，即是《心經》所說之心也。證得此如來藏已，即能漸入大乘佛菩提道，亦可因證知此心而了知二乘無學所不能知之無餘涅槃本際，是故《心經》之密意，與三乘佛菩提之關係極爲密切、不可分割，三乘佛法皆依此心而立名故。今者平實導師以其所證解脫道之無生智及佛菩提之般若種智，將《心經》與解脫道、佛菩提道、祖師公案之關係與密意，以演講之方式，用淺顯之語句和盤托出，發前人所未言，呈三乘菩提之眞義，令人藉此《心經密意》一舉而窺三乘菩提之堂奧，迥異諸方言不及義之說；欲求眞實佛智者、不可不讀！主文317頁，連同跋文及序文…等共384頁，售價300元。

宗門密意—公案拈提第七輯：佛教之世俗化，將導致學人以信仰作爲學佛，則將以感應及世間法之庇祐，作爲學佛之主要目標，不能了知學佛之主要目標爲親證三乘菩提。大乘菩提則以般若實相智慧爲主要修習目標，以二乘菩提解脫道爲附帶修習之標的；是故學習大乘法者，應以禪宗之證悟爲要務，能親入大乘菩提之實相般若智慧中故，般若實相智慧非二乘聖人所能知故。此書則以台灣世俗化佛教之三大法師，說法似是而非之實例，配合眞悟祖師之公案解析，提示證悟般若之關節，令學人易得悟入。平實導師著，全書五百餘頁，售價500元（2007年起，凡購買公案拈提第一輯至第七輯，每購一輯皆贈送本公司精製公案拈提〈超意境〉CD一片，市售價格280元，多購多贈）。

淨土聖道—兼評選擇本願念佛：佛法甚深極廣，般若玄微，非諸二乘聖僧所能知之，一切凡夫更無論矣！所謂一切證量皆歸淨土是也！是故大乘法中「聖道之淨土、淨土之聖道」，其義甚深，難可了知；乃至眞悟之人，初心亦難知也。今有正德老師眞實證悟後，復能深探淨土與聖道之緊密關係，憐憫衆生之誤會淨土實義，亦欲利益廣大淨土行人同入聖道，同獲淨土中之聖道門要義，乃振奮心神、書以成文，今得刊行天下。主文279頁，連同序文等共301頁，總有十一萬六千餘字，正德老師著，成本價200元。

起信論講記：詳解大乘起信論心生滅門與心眞如門之眞實意旨，消除以往大師與學人對起信論所說心生滅門之誤解，由是而得了知眞心如來藏之非常非斷中道正理；亦因此一講解，令此論以往隱晦而被誤解之眞實義，得以如實顯示，令大乘佛菩提道之正理得以顯揚光大；初機學者亦可藉此正論所顯示之法義，對大乘法理生起正信，從此得以眞發菩提心，眞入大乘法中修學，世世常修菩薩正行。平實導師演述，共六輯，都已出版，每輯三百餘頁，售價各250元。

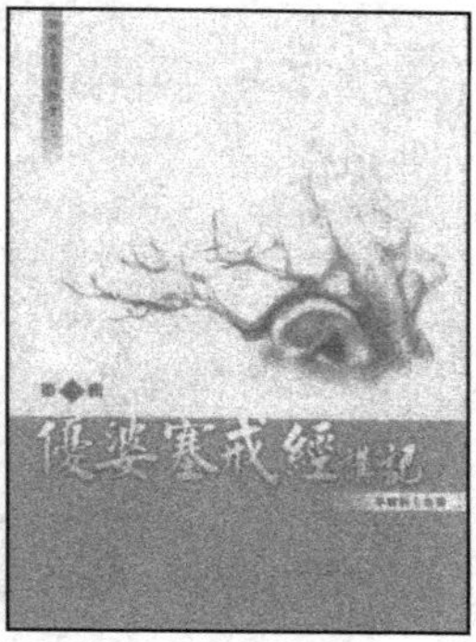

優婆塞戒經講記：本經詳述在家菩薩修學大乘佛法，應如何受持菩薩戒？對人間善行應如何看待？對三寶應如何護持？應如何正確地修集此世後世證法之福德？應如何修集後世「行菩薩道之資糧」？並詳述第一義諦之正義：五蘊非我非異我、自作自受、異作異受、不作不受……等深妙法義，乃是修學大乘佛法、行菩薩行之在家菩薩所應當了知者。出家菩薩今世或未來世登地已，捨報之後多數將如華嚴經中諸大菩薩，以在家菩薩身而修行菩薩行，故亦應以此經所述正理而修之，配合《楞伽經、解深密經、楞嚴經、華嚴經》等道次第正理，方得漸次成就佛道；故此經是一切大乘行者皆應證知之正法。平實導師講述，每輯三百餘頁，售價各250元；共八輯，已全部出版。

真假活佛—略論附佛外道盧勝彥之邪說：人人身中都有眞活佛，永生不滅而有大神用，但衆生都不了知，所以常被身外的西藏密宗假活佛籠罩欺瞞。本來就眞實存在的眞活佛，才是眞正的密宗無上密！諾那活佛因此而說禪宗是大密宗，但藏密的所有活佛都不知道、也不曾實證自身中的眞活佛。本書詳實宣示眞活佛的道理，舉證盧勝彥的「佛法」不是眞佛法，也顯示盧勝彥是假活佛，直接的闡釋第一義佛法見道的眞實正理。眞佛宗的所有上師與學人們，都應該詳細閱讀，包括盧勝彥個人在內。正犀居士著，優惠價140元。

阿含正義—唯識學探源：廣說四大部《阿含經》諸經中隱說之眞正義理，一一舉示佛陀本懷，令阿含時期初轉法輪根本經典之眞義，如實顯現於佛子眼前。並提示末法大師對於阿含眞義誤解之實例，一一比對之，證實唯識增上慧學確於原始佛法之阿含諸經中已隱覆密意而略說之，證實 世尊確於原始佛法中已曾密意而說第八識如來藏之總相；亦證實 世尊在四阿含中已說此藏識是名色十八界之因、之本—證明如來藏是能生萬法之根本心。佛子可據此修正以往受諸大師（譬如西藏密宗應成派中觀師：印順、昭慧、性廣、大願、達賴、宗喀巴、寂天、月稱、……等人）誤導之邪見，建立正見，轉入正道乃至親證初果而無困難；書中並詳說三果所證的心解脫，以及四果慧解脫的親證，都是如實可行的具體知見與行門。全書共七輯，已出版完畢。平實導師著，每輯三百餘頁，售價300元。

超意境CD：以平實導師公案拈提書中超越意境之頌詞，加上曲風優美的旋律，錄成令人嚮往的超意境歌曲，其中包括正覺發願文及平實導師親自譜成的黃梅調歌曲一首。詞曲雋永，殊堪翫味，可供學禪者吟詠，有助於見道。內附設計精美的彩色小冊，解說每一首詞的背景本事。每片280元。【每購買公案拈提書籍一冊，即贈送一片。】

我的菩提路第一輯：凡夫及二乘聖人不能實證的佛菩提證悟，末法時代的今天仍然有人能得實證，由正覺同修會釋悟圓、釋善藏法師等二十餘位實證如來藏者所寫的見道報告，已爲當代學人見證宗門正法之絲縷不絕，證明大乘義學的法脈仍然存在，爲末法時代求悟般若之學人照耀出光明的坦途。由二十餘位大乘見道者所繕，敘述各種不同的學法、見道因緣與過程，參禪求悟者必讀。全書三百餘頁，售價300元。

我的菩提路第二輯：由郭正益老師等人合著，書中詳述彼等諸人歷經各處道場學法，一一修學而加以檢擇之不同過程以後，因閱讀正覺同修會、正智出版社書籍而發起抉擇分，轉入正覺同修會中修學；乃至學法及見道之過程，都一一詳述之。**本書已改版印製重新流通**，讀者原購的初版書，不論是第一刷或第二、三、四刷，都可以寄回換新，免附郵費。

我的菩提路第三輯：由王美伶老師等人合著。自從正覺同修會成立以來，每年夏初、冬初都舉辦精進禪三共修，藉以助益會中同修們得以證悟明心發起般若實相智慧；凡已實證而被平實導師印證者，皆書具見道報告用以證明佛法之眞實可證而非玄學，證明佛法並非純屬思想、理論而無實質，是故每年都能有人證明正覺同修會的「實證佛教」主張並非虛語。特別是眼見佛性一法，自古以來中國禪宗祖師實證者極寡，較之明心開悟的證境更難令人信受；至2017年初，正覺同修會中的證悟明心者已近五百人，然而其中眼見佛性者至今唯十餘人爾，可謂難能可貴，是故明心後欲冀眼見佛性者實屬不易。黃正倖老師是懸絕七年無人見性後的第一人，她於2009年的見性報告刊於本書的第二輯中，爲大衆證明佛性確實可以眼見；其後七年之中求見性者都屬解悟佛性而無人眼見，幸而又經七年後的2016冬初，以及2017夏初的禪三，復有三人眼見佛性，希冀鼓舞四衆佛子求見佛性之大心，今則具載一則於書末，顯示求見佛性之事實經歷，供養現代佛教界欲得見性之四衆弟子。全書四百頁，售價300元，已於2017年6月30日發行。

我的菩提路第四輯：由陳晏平等人著。中國禪宗祖師往往有所謂「見性」之言，所言多屬看見如來藏具有能令人發起成佛之自性，並非《大般涅槃經》中 如來所說之眼見佛性。眼見佛性者，於親見佛性之時，即能於山河大地眼見自己佛性，亦能於他人身上眼見自己佛性及對方之佛性，如是境界無法爲尚未實證者解釋；勉強說之，縱使眞實明心證悟之人聞之，亦只能以自身明心之境界想像之，但不論如何想像多屬非量，能有正確之比量者亦是稀有，故說眼見佛性極爲困難。眼見佛性之人若所見極分明時，在所見佛性之境界下所眼見之山河大地、自己五蘊身心皆是虛幻，自有異於明心者之解脫功德受用，此後永不思證二乘涅槃，必定邁向成佛之道而進入第十住位中，已超第一阿僧祇劫三分有一，可謂之爲超劫精進也。今又有明心之後眼見佛性之人出於人間，將其明心及後來見性之報告，連同其餘證悟明心者之精彩報告一同收錄於此書中，供養眞求佛法實證之四衆佛子。全書380頁，售價300元，已於2018年6月30日發行。

我的菩提路第五輯：林慈慧老師等人著，本輯中所舉學人從相似正法中來到正覺同修會的過程，各人都有不同，發生的因緣亦是各有差別，然而都會指向同一個目標——證實生命實相的源底，確證自己生從何來、死往何去的事實，所以最後都證明佛法眞實而可親證，絕非玄學；本書將彼等諸人的始修及末後證悟之實例羅列出來以供學人參考。本期亦有一位會裡的老師，是從1995年即開始追隨 平實導師修學，1997年明心後持續進修不斷，直到2017年眼見佛性之實例，足可證明《大般涅槃經》中世尊開示眼見佛性之法正眞無訛，第十住位的實證在末法時代的今天仍有可能，如今一併具載於書中以供學人參考，並供養現代佛教界欲得見性之四衆弟子。全書四百頁，售價300元，已於2019年12月31日發行。

我的菩提路第六輯：劉惠莉老師等人著，本輯中舉示劉老師明心多年以後的眼見佛性實錄，供末法時代學人了知明心之異於見性本質，足可證明《大般涅槃經》中世尊開示眼見佛性之法正眞無訛。亦列舉多篇學人從各道場來到正覺學法之不同過程，以及如何發覺邪見之異於正法的所在，最後終能在正覺禪三中悟入的實況，以證明佛教正法仍在末法時代的人間繼續弘揚的事實，鼓舞一切眞實學法的菩薩大衆思之：我等諸人亦可有因緣證悟，絕非空想白思。約四百頁，售價300元，已於2020年6月30日發行。

能。本書約四百頁，售價300元。

我的菩提路第七輯：余正偉老師等人著，本輯中舉示余老師明心二十餘年以後的眼見佛性實錄，供末法時代學人了知明心異於見性之本質，並且舉示其見性後與平實導師互相討論眼見佛性之諸多疑訛處；除了證明《大般涅槃經》中世尊開示眼見佛性之法正眞無訛以外，亦得一解明心後尚未見性者之所未知處，甚爲精彩。此外亦列舉多篇學人從各不同宗教進入正覺學法之不同過程，以及發覺諸方道場邪見之內容與過程，最終得於正覺精進禪三中悟入的實況，足供末法精進學人借鑑，以彼鑑已而生信心，得以投入了義正法中修學及實證。凡此，皆足以證明不唯明心所證之第七住位般若智慧及解脫功德仍可實證，乃至第十住位的實證與當場發起如幻觀之實證，於末法時代的今天皆仍有可能。本書約四百頁，售價300元。

鈍鳥與靈龜：鈍鳥及靈龜二物，被宗門證悟者說爲二種人：前者是精修禪定而無智慧者，也是以定爲禪的愚癡禪人；後者是或有禪定、或無禪定的宗門證悟者，凡已證悟者皆是靈龜。但後者被人虛造事實，用以嘲笑大慧宗杲禪師，說他雖是靈龜，卻不免被天童禪師預記「患背」痛苦而亡：「鈍鳥離巢易，靈龜脫殼難。」藉以貶低大慧宗杲的證量。同時將天童禪師實證如來藏的證量，曲解爲意識境界的離念靈知。自從大慧禪師入滅以後，錯悟凡夫對他的不實毀謗就一直存在著，不曾止息，並且捏造的假事實也隨著年月的增加而越來越多，終至編成「鈍鳥與靈龜」的假公案、假故事。本書是考證大慧與天童之間的不朽情誼，顯現這件假公案的虛妄不實；更見大慧宗杲面對惡勢力時的正直不阿，亦顯示大慧對天童禪師的至情深義，將使後人對大慧宗杲的誣謗至此而止，不再有人誤犯毀謗賢聖的惡業。書中亦舉證宗門的所悟確以第八識如來藏爲標的，詳讀之後必可改正以前被錯悟大師誤導的參禪知見，日後必定有助於實證禪宗的開悟境界，得階大乘眞見道位中，即是實證般若之賢聖。全書459頁，售價350元。

維摩詰經講記：本經係　世尊在世時，由等覺菩薩維摩詰居士藉疾病而演說之大乘菩提無上妙義，所說函蓋甚廣，然極簡略，是故今時諸方大師與學人讀之悉皆錯解，何況能知其中隱含之深妙正義，是故普遍無法爲人解說；若強爲人說，則成依文解義而有諸多過失。今由平實導師公開宣講之後，詳實解釋其中密意，令維摩詰菩薩所說大乘不可思議解脫之深妙正法得以正確宣流於人間，利益當代學人及與諸方大師。書中詳實演述大乘佛法深妙不共二乘之智慧境界，顯示諸法之中絕待之實相境界，建立大乘菩薩妙道於永遠不敗不壞之地，以此成就護法偉功，欲冀永利娑婆人天。已經宣講圓滿整理成書流通，以利諸方大師及諸學人。全書共六輯，每輯三百餘頁，售價各250元。

真假外道：本書具體舉證佛門中的常見外道知見實例，並加以教證及理證上的辨正，幫助讀者輕鬆而快速的了知常見外道的錯誤知見，進而遠離佛門內外的常見外道知見，因此即能改正修學方向而快速實證佛法。游正光老師著 。成本價200元。

勝鬘經講記：如來藏爲三乘菩提之所依，若離如來藏心體及其含藏之一切種子，即無三界有情及一切世間法，亦無二乘菩提緣起性空之出世間法；本經詳說無始無明、一念無明皆依如來藏而有之正理，藉著詳解煩惱障與所知障間之關係，令學人深入了知二乘菩提與佛菩提相異之妙理；聞後即可了知佛菩提之特勝處及三乘修道之方向與原理，邁向攝受正法而速成佛道的境界中。平實導師講述，共六輯，每輯三百餘頁，售價各250元。

楞嚴經講記：楞嚴經係大乘祕密教之重要經典，亦是佛教中普受重視之經典；經中宣說明心與見性之內涵極爲詳細，將一切法都會歸如來藏及佛性—妙眞如性；亦闡釋五陰區宇及五陰盡的境界，作諸地菩薩自我檢驗證量之依據，旁及佛菩提道修學過程中之種種魔境，以及外道誤會涅槃之狀況，亦兼述明三界世間之起源，具足宣示大乘菩提之奧祕。然因言句深澀難解，法義亦復深妙寬廣，學人讀之普難通達，是故讀者大多誤會，不能如實理解佛所說之明心與見性內涵，亦因是故多有悟錯之人引爲開悟之證言，成就大妄語罪。今由平實導師詳細講解之後，整理成文，以易讀易懂之語體文刊行天下，以利學人。全書十五輯，全部出版完畢。每輯三百餘頁，售價每輯300元。

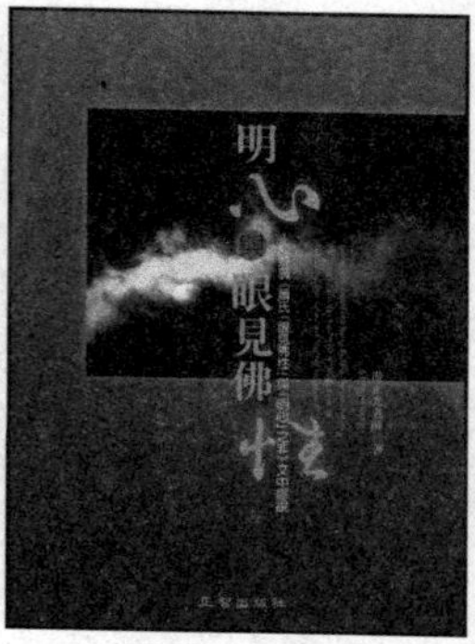

明心與眼見佛性：本書細述明心與眼見佛性之異同，同時顯示了中國禪宗破初參明心與重關眼見佛性二關之間的關聯；書中又藉法義辨正而旁述其他許多勝妙法義，讀後必能遠離佛門長久以來積非成是的錯誤知見，令讀者在佛法的實證上有極大助益。也藉慧廣法師的謬論來教導佛門學人回歸正知正見，遠離古今禪門錯悟者所墮的意識境界，非唯有助於斷我見，也對未來的開悟明心實證第八識如來藏有所助益，是故學禪者都應細讀之。游正光老師著　共448頁　售價300元。

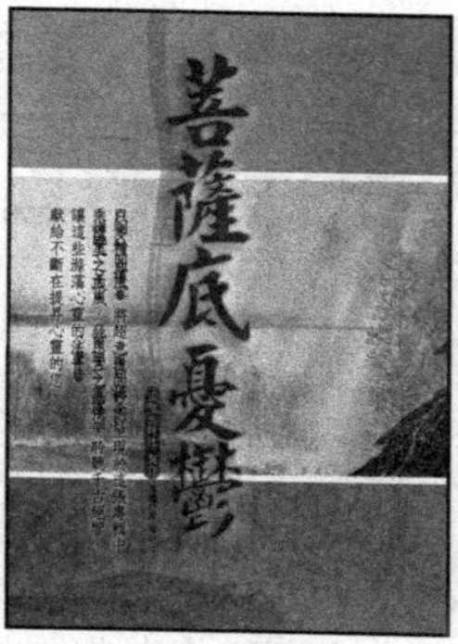

菩薩底憂鬱CD：將菩薩情懷及禪宗公案寫成新詞，並製作成超越意境的優美歌曲。1.主題曲〈菩薩底憂鬱〉，描述地後菩薩能離三界生死而迴向繼續生在人間，但因尚未斷盡習氣種子而有極深沈之憂鬱，非三賢位菩薩及二乘聖者所知，此憂鬱在七地滿心位方才斷盡；本曲之詞中所說義理極深，昔來所未曾見；此曲係以優美的情歌風格寫詞及作曲，聞者得以激發嚮往諸地菩薩境界之大心，詞、曲都非常優美，難得一見；其中勝妙義理之解說，已印在附贈之彩色小冊中。2.以各輯公案拈提中直示禪門入處之頌文，作成各種不同曲風之超意境歌曲，值得玩味、參究；聆聽公案拈提之優美歌曲時，請同時閱讀內附之印刷精美說明小冊，可以領會超越三界的證悟境界；未悟者可以因此引發求悟之意向及疑情，眞發菩提心而邁向求悟之途，乃至因此眞實悟入般若，成眞菩薩。3.正覺總持咒新曲，總持佛法大意；總持咒之義理，已加以解說並印在隨附之小冊中。本CD共有十首歌曲，長達63分鐘，附贈二張購書優惠券。每片280元。

金剛經宗通：三界唯心，萬法唯識，是成佛之修證內容，是諸地菩薩之所修；般若則是成佛之道（實證三界唯心、萬法唯識）的入門，若未證悟實相般若，即無成佛之可能，必將永在外門廣行菩薩六度，永在凡夫位中。然而實相般若的發起，全賴實證萬法的實相；若欲證知萬法的眞相，則必須探究萬法之所從來，則須實證自心如來—金剛心如來藏，然後現觀這個金剛心的金剛性、眞實性、如如性、清淨性、涅槃性、能生萬法的自性性、本住性，名爲證眞如；進而現觀三界六道唯是此金剛心所成，人間萬法須藉八識心王和合運作方能現起。如是實證《華嚴經》的「三界唯心、萬法唯識」以後，由此等現觀而發起實相般若智慧，繼續進修第十住位的如幻觀、第十行位的陽焰觀、第十迴向位的如夢觀，再生起增上意樂而勇發十無盡願，方能滿足三賢位的實證，轉入初地；自知成佛之道而無偏倚，從此按部就班、次第進修乃至成佛。第八識自心如來是般若智慧之所依，般若智慧的修證則要從實證金剛心自心如來開始；《金剛經》則是解說自心如來之經典，是一切三賢位菩薩所應進修之實相般若經典。這一套書，是將平實導師宣講的《金剛經宗通》內容，整理成文字而流通之；書中所說義理，迥異古今諸家依文解義之說，指出大乘見道方向與理路，有益於禪宗學人求開悟見道，及轉入內門廣修六度萬行。已於2013年9月出版完畢，總共9輯，每輯約三百餘頁，售價各250元。

禪意無限CD：平實導師以公案拈提書中偈頌寫成不同風格曲子，與他人所寫不同風格曲子共同錄製出版，幫助參禪人進入禪門超越意識之境界。盒中附贈彩色印製的精美解說小冊，以供聆聽時閱讀，令參禪人得以發起參禪之疑情，即有機會證悟本來面目，實證大乘菩提般若。本CD共有十首歌曲，長達69分鐘，每盒各附贈二張購書優惠券。每片280元。

空行母—性別、身分定位，以及藏傳佛教：本書作者爲蘇格蘭哲學家，因爲嚮往佛教深妙的哲學內涵，於是進入當年盛行於歐美的假藏傳佛教密宗，擔任卡盧仁波切的翻譯工作多年以後，被邀請成爲卡盧的空行母（又名佛母、明妃），開始了她在密宗裡的實修過程；後來發覺在密宗雙身法中的修行，其實無法使自己成佛，也發覺密宗對女性岐視而處處貶抑，並剝奪女性在雙身法中擔任一半角色時應有的身分定位。當她發覺自己只是雙身法中被喇嘛利用的工具，沒有獲得絲毫應有的尊重與基本定位時，發現了密宗的父權社會控制女性的本質；於是作者傷心地離開了卡盧仁波切與密宗，但是卻被恐嚇不許講出她在密宗裡的經歷，也不許她說出自己對密宗的教義與教制下對女性剝削的本質，否則將被咒殺死亡。後來她去加拿大定居，十餘年後方才擺脫這個恐嚇陰影，下定決心將親身經歷的實情及觀察到的事實寫下來並且出版，公諸於世。出版之後，她被流亡的達賴集團人士大力攻訐，誣指她爲精神狀態失常、說謊……等。但有智之士並未被達賴集團的政治操作及各國政府政治運作吹捧達賴的表相所欺，使她的書銷售無阻而又再版。正智出版社鑑於作者此書是親身經歷的事實，所說具有針對「藏傳佛教」而作學術研究的價值，也有使人認清假藏傳佛教剝削佛母、明妃的男性本位實質，因此洽請作者同意中譯而出版於華人地區。珍妮·坎貝爾女士著，呂艾倫 中譯，每冊250元。

霧峰無霧—給哥哥的信 本書作者藉兄弟之間信件往來論義，略述佛法大義；並以多篇短文辨義，舉出釋印順對佛法的無量誤解證據，並一一給予簡單而清晰的辨正，令人一讀即知。久讀、多讀之後即能認清楚釋印順的六識論見解，與眞實佛法之牴觸是多麼嚴重；於是在久讀、多讀之後，於不知不覺之間提升了對佛法的極深入理解，正知正見就在不知不覺間建立起來了。當三乘佛法的正知見建立起來之後，對於三乘菩提的見道條件便將隨之具足，於是聲聞解脫道的見道也就水到渠成；接著大乘見道的因緣也將次第成熟，未來自然也會有親見大乘菩提之道的因緣，悟入大乘實相般若也將自然成功，自能通達般若系列諸經而成實義菩薩。作者居住於南投縣霧峰鄉，自喻見道之後不復再見霧峰之霧，故鄉原野美景一一明見，於是立此書名爲《霧峰無霧》；讀者若欲撥霧見月，可以此書爲緣。游宗明 老師著 已於2015年出版 售價250元。

霧峰無霧—第二輯—救護佛子向正道 本書作者藉釋印順著作中之各種錯謬法義提出辨正，以詳實的文義一一提出理論上及實證上之解析，列舉釋印順對佛法的無量誤解證據，藉此教導佛門大師與學人釐清佛法義理，遠離岐途轉入正道，然後知所進修，久之便能見道明心而入大乘勝義僧數。被釋印順誤導的大師與學人極多，很難救轉，是故作者大發悲心深入解說其錯謬之所在，佐以各種義理辨正而令讀者在不知不覺之間轉歸正道。如是久讀之後欲得斷身見、證初果，即不爲難事；乃至久之亦得大乘見道而得證眞如，脫離空有二邊而住中道，實相般若智慧生起，於佛法不再茫然，漸漸亦知悟後進修之道。屆此之時，對於大乘般若等深妙法之迷雲暗霧亦將一掃而空，生命及宇宙萬物之故鄉原野美景一一明見，是故本書仍名《霧峰無霧》，爲第二輯；讀者若欲撥雲見日、離霧見月，可以此書爲緣。游宗明 老師著 已於2019年出版 售價250元。

假藏傳佛教的神話—性、謊言、喇嘛教：本書編著者是由一首名爲「阿姊鼓」的歌曲爲緣起，展開了序幕，揭開假藏傳佛教—喇嘛教—的神秘面紗。其重點是蒐集、摘錄網路上質疑「喇嘛教」的帖子，以揭穿「假藏傳佛教的神話」爲主題，串聯成書，並附加彩色插圖以及說明，讓讀者們瞭解西藏密宗及相關人事如何被操作爲「神話」的過程，以及神話背後的眞相。作者：張正玄教授。售價200元。

達賴真面目—玩盡天下女人：假使您不想戴綠帽子，請記得詳細閱讀此書；假使您不想讓好朋友戴綠帽子，請您將此書介紹給您的好朋友。假使您想保護家中的女性，也想保護好朋友的女眷，請記得將此書送給家中的女性和好友的女眷都來閱讀。本書爲印刷精美的大本彩色中英對照精裝本，爲您揭開達賴喇嘛的眞面目，內容精彩不容錯過，爲利益社會大眾，特別以優惠價格嘉惠所有讀者。編著者：白志偉等。大開版雪銅紙彩色精裝本。售價800元。

童女迦葉考—論呂凱文〈佛教輪迴思想的論述分析〉之謬：童女迦葉是佛世率領五百大比丘遊行於人間的歷史事實，是以童貞行而依止菩薩戒弘化於人間的大菩薩，不依別解脫戒（聲聞戒）來弘化於人間。這是大乘佛教與聲聞佛教同時存在於佛世的歷史明證，證明大乘佛教不是從聲聞法中分裂出來的部派佛教的產物，卻是聲聞佛教分裂出來的部派佛教聲聞凡夫僧所不樂見的史實；於是古今聲聞法中的凡夫都欲加以扭曲而作詭說，更是末法時代高聲大呼「大乘非佛說」的六識論聲聞凡夫極力想要扭曲的佛教史實之一，於是想方設法扭曲迦葉菩薩爲聲聞僧，以及扭曲迦葉童女爲比丘僧等荒謬不實之論著便陸續出現，古時聲聞僧寫作的《分別功德論》是最具體之事例，現代之代表作則是呂凱文先生的〈佛教輪迴思想的論述分析〉論文。鑑於如是假藉學術考證以籠罩大眾之不實謬論，未來仍將繼續造作及流竄於佛教界，繼續扼殺大乘佛教學人法身慧命，必須舉證辨正之，遂成此書。平實導師 著，每冊180元。

末代達賴—性交教主的悲歌：簡介從藏傳僞佛教（喇嘛教）的修行核心—性力派男女雙修，探討達賴喇嘛及藏傳僞佛教的修行內涵。書中引用外國知名學者著作、世界各地新聞報導，包含：歷代達賴喇嘛的祕史、達賴六世修雙身法的事蹟，以及《時輪續》中的性交灌頂儀式……等；達賴喇嘛書中開示的雙修法、達賴喇嘛的黑暗政治手段；達賴喇嘛所領導的寺院爆發喇嘛性侵兒童；新聞報導《西藏生死書》作者索甲仁波切性侵女信徒、澳洲喇嘛秋達公開道歉、美國最大假藏傳佛教組織領導人邱陽創巴仁波切的性氾濫，等等事件背後眞相的揭露。作者：張善思、呂艾倫、辛燕。售價250元。

黯淡的達賴—失去光彩的諾貝爾和平獎：本書舉出很多證據與論述，詳述達賴喇嘛不爲世人所知的一面，顯示達賴喇嘛並不是眞正的和平使者，而是假借諾貝爾和平獎的光環來欺騙世人；透過本書的說明與舉證，讀者可以更清楚的瞭解，達賴喇嘛是結合暴力、黑暗、淫欲於喇嘛教裡的集團首領，其政治行爲與宗教主張，早已讓諾貝爾和平獎的光環染污了。 本書由財團法人正覺教育基金會寫作、編輯，由正覺出版社印行，每冊250元。

第七意識與第八意識？—穿越時空「超意識」：「三界唯心，萬法唯識」是佛教中應該實證的聖教，也是《華嚴經》中明載而可以實證的法界實相。唯心者，三界一切境界、一切諸法唯是一心所成就，即是每一個有情的第八識如來藏，不是意識心。唯識者，即是人類各各都具足的八識心王——眼識、耳鼻舌身意識、意根、阿賴耶識，第八阿賴耶識又名如來藏，人類五陰相應的萬法，莫不由八識心王共同運作而成就，故說萬法唯識。依聖教量及現量、比量，都可以證明意識是二法因緣生，是由第八識藉意根與法塵二法為因緣而出生，又是夜夜斷滅不存之生滅心，即無可能反過來出生第七識意根、第八識如來藏，當知不可能從生滅性的意識心中，細分出恆審思量的第七識意根，更無可能細分出恆而不審的第八識如來藏。本書是將演講內容整理成文字，細說如是內容，並已在〈正覺電子報〉連載完畢，今彙集成書以廣流通，欲幫助佛門有緣人斷除意識我見，跳脫於識陰之外而取證聲聞初果；嗣後修學禪宗時即得不墮外道神我之中，得以求證第八識金剛心而發起般若實智。平實導師 述，每冊300元。

中觀金鑑—詳述應成派中觀的起源與其破法本質：學佛人往往迷於中觀學派之不同學說，被應成派與自續派所迷惑；修學般若中觀二十年後自以為實證般若中觀了，卻仍不曾入門，甫聞實證般若中觀者之所說，則茫無所知，迷惑不解；隨後信心盡失，不知如何實證佛法；凡此，皆因惑於這二派中觀學說所致。自續派中觀所說同於常見，以意識境界立為第八識如來藏之境界，應成派所說則同於斷見，但又同立意識為常住法，故亦具足斷常二見。今者孫正德老師有鑑於此，乃將起源於密宗的應成派中觀學說，追本溯源，詳考其來源之外，亦一一舉證其立論內容，詳加辨正，令密宗雙身法祖師以識陰境界而造之應成派中觀學說本質，詳細呈現於學人眼前，令其維護雙身法之目的無所遁形。若欲遠離密宗此二大派中觀謬說，欲於三乘菩提有所進道者，允宜具足閱讀並細加思惟，反覆讀之以後將可捨棄邪道返歸正道，則於般若之實證即有可能，證後自能現觀如來藏之中道境界而成就中觀。本書分上、中、下三冊，每冊250元，全部出版完畢。

入間佛教—實證者必定不悖三乘菩提：「大乘非佛說」的講法似乎流傳已久，卻只是日本人企圖擺脫中國正統佛教的影響，而在明治維新時期才開始提出來的說法；台灣佛教、大陸佛教的淺學無智之人，由於未曾實證佛法而迷信日本人錯誤的學術考證，錯認爲這些別有用心的日本佛學考證的講法爲天竺佛教的眞實歷史；甚至還有更激進的反對佛教者提出「釋迦牟尼佛並非眞實存在，只是後人捏造的假歷史人物」，竟然也有少數佛教徒願意跟著「學術」的假光環而信受不疑，亦導致部分台灣佛教界人士，造作了反對中國大乘佛教而推崇南洋小乘佛教的行爲，使台灣佛教的信仰者難以檢擇，亦導致一般大陸人士開始轉入基督教的盲目迷信中。在這些佛教及外教人士之中，也就有一分人根據此邪說而大聲主張「大乘非佛說」的謬論，這些人以「人間佛教」的名義來抵制中國正統佛教，公然宣稱中國的大乘佛教是由聲聞部派佛教的凡夫僧所創造出來的。這樣的說法流傳於台灣及大陸佛教界凡夫僧之中已久，卻非眞正的佛教歷史中曾經發生過的事，只是繼承六識論的聲聞法中凡夫僧，以及別有居心的日本佛教界，依自己的意識境界立場，純憑臆想而編造出來的妄想說法，卻已經影響許多無智之凡夫僧俗信受不移。本書則是從佛教的經藏法義實質及實證的現量內涵本質立論，證明大乘佛法本是佛說，是從《阿含正義》尚未說過的不同面向來討論「人間佛教」的議題，證明「大乘眞佛說」。閱讀本書可以斷除六識論邪見，迴入三乘菩提正道發起實證的因緣；也能斷除禪宗學人學禪時普遍存在之錯誤知見，對於建立參禪時的正知見有很深的著墨。平實導師 述，內文488頁，全書528頁，定價400元。

喇嘛性世界—揭開假藏傳佛教譚崔瑜伽的面紗：這個世界中的喇嘛，號稱來自世外桃源的香格里拉，穿著或紅或黃的喇嘛長袍，散布於我們的身邊傳教灌頂，吸引了無數的人嚮往學習；這些喇嘛虔誠地爲大衆祈福，手中拿著寶杵（金剛）與寶鈴（蓮花），口中唸著咒語：「唵．嘛呢．叭咪．吽……」，咒語的意思是說：「我至誠歸命金剛杵上的寶珠伸向蓮花寶穴之中」！「喇嘛性世界」是什麼樣的「世界」呢？本書將爲您呈現喇嘛世界的面貌。當您發現眞相以後，您將會唸：「噢！喇嘛．性．世界，譚崔性交嘛！」作者：張善思、呂艾倫。售價200元。

見性與看話頭：黃正倖老師的《見性與看話頭》於《正覺電子報》連載完畢，今結集出版。書中詳說禪宗看話頭的詳細方法，並細說看話頭與眼見佛性的關係，以及眼見佛性者求見佛性前必須具備的條件。本書是禪宗實修者追求明心開悟時參禪的方法書，也是求見佛性者作功夫時必讀的方法書，內容兼顧眼見佛性的理論與實修之方法，是依實修之體驗配合理論而詳述，條理分明而且極爲詳實、周全、深入。本書內文375頁，全書416頁，售價300元。

實相經宗通：學佛之目的在於實證一切法界背後之實相，禪宗稱之爲本來面目或本地風光，佛菩提道中稱之爲實相法界；此實相法界即是金剛藏，又名佛法之祕密藏，即是能生有情五陰、十八界及宇宙萬有（山河大地、諸天、三惡道世間）的第八識如來藏，又名阿賴耶識心，即是禪宗祖師所說的眞如心，此心即是三界萬有背後的實相。證得此第八識心時，自能瞭解般若諸經中隱說的種種密意，即得發起實相般若——實相智慧。每見學佛人修學佛法二十年後仍對實相般若茫然無知，亦不知如何入門，茫無所趣；更因不知三乘菩提的互異互同，是故越是久學者對佛法越覺茫然，都肇因於尚未瞭解佛法的全貌，亦未瞭解佛法的修證內容即是第八識心所致。本書對於修學佛法者所應實證的實相境界提出明確解析，並提示趣入佛菩提道的入手處，有心親證實相般若的佛法實修者，宜詳讀之，於佛菩提道之實證即有下手處。平實導師述著，共八輯，已於2016年出版完畢，每輯成本價250元。

真心告訴您（一）——達賴喇嘛在幹什麼？這是一本報導篇章的選集，更是「破邪顯正」的暮鼓晨鐘。「破邪」是戳破假象，說明達賴喇嘛及其所率領的密宗四大派法王、喇嘛們，弘傳的佛法是仿冒的佛法；他們是假藏傳佛教，是坦特羅（譚崔性交）外道法和藏地崇奉鬼神的苯教混合成的「喇嘛教」，推廣的是以所謂「無上瑜伽」的男女雙身法冒充佛法的假佛教，詐財騙色誤導衆生，常常造成信徒家庭破碎、家中兒少失怙的嚴重後果。「顯正」是揭櫫眞相，指出眞正的藏傳佛教只有一個，就是覺囊巴，傳的是　釋迦牟尼佛演繹的第八識如來藏妙法，稱爲他空見大中觀。正覺教育基金會即以此古今輝映的如來藏正法正知見，在眞心新聞網中逐次報導出來，將箇中原委「眞心告訴您」，如今結集成書，與想要知道密宗眞相的您分享。售價250元。

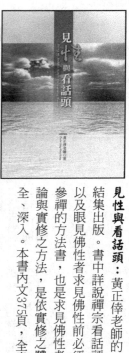

法華經講義：此書爲平實導師始從2009/7/21演述至2014/1/14之講經錄音整理所成。世尊一代時教，總分五時三教，即是華嚴時、聲聞緣覺教、般若教、種智唯識教、法華時；依此五時三教區分爲藏、通、別、圓四教。本經是最後一時的圓教經典，圓滿收攝一切法教於本經中，是故最後的圓教聖訓中，特地指出無有三乘菩提，其實唯有一佛乘；皆因衆生愚迷故，方便區分爲三乘菩提以助衆生證道。世尊於此經中特地說明如來示現於人間的唯一大事因緣，便是爲有緣衆生「開、示、悟、入」諸佛的所知所見——第八識如來藏妙眞如心，並於諸品中隱說「妙法蓮花」如來藏心的密意。然因此經所說甚深難解，眞義隱晦，古來難得有人能窺堂奧；平實導師以知如是密意故，特爲末法佛門四衆演述《妙法蓮華經》中各品蘊含之密意，使古來未曾被古德註解出來的「此經」密意，如實顯示於當代學人眼前。乃至〈藥王菩薩本事品〉、〈妙音菩薩品〉、〈觀世音菩薩普門品〉、〈普賢菩薩勸發品〉中的微細密意，亦皆一併詳述之，可謂開前人所未曾言之密意，示前人所未見之妙法。最後乃至以〈法華大義〉而總其成，全經妙旨貫通始終，而依佛旨圓攝於一心如來藏妙心，厥爲曠古未有之大說也。平實導師述，共有25輯，已於2019/05/31出版完畢。每輯300元。

西藏「活佛轉世」制度—附佛、造神、世俗法：歷來關於喇嘛教活佛轉世的研究，多針對歷史及文化兩部分，於其所以成立的理論基礎，較少系統化的探討。尤其是此制度是否依據「佛法」而施設？是否合乎佛法眞實義？現有的文獻大多含糊其詞，或人云亦云，不曾有明確的闡釋與如實的見解。因此本文先從活佛轉世的由來，探索此制度的起源、背景與功能，並進而從活佛的尋訪與認證之過程，發掘活佛轉世的特徵，以確認「活佛轉世」在佛法中應具足何種果德。定價150元。

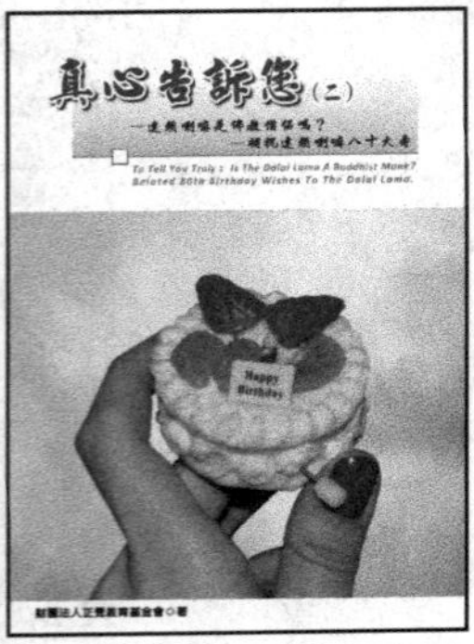

真心告訴您（二）—達賴喇嘛是佛教僧侶嗎？補祝達賴喇嘛八十大壽：這是一本針對當今達賴喇嘛所領導的喇嘛教，冒用佛教名相、於師徒間或師兄姊間，實修男女邪淫，而從佛法三乘菩提的現量與聖教量，揭發其謊言與邪術，證明達賴及其喇嘛教是仿冒佛教的外道，是「假藏傳佛教」。藏密四大派教義雖有「八識論」與「六識論」的表面差異，然其實修之內容，皆共許「無上瑜伽」四部灌頂為究竟「成佛」之法門，也就是共以男女雙修之邪淫法為「即身成佛」之密要，雖美其名曰「欲貪為道」之「金剛乘」，並誇稱其成就超越於（應身佛）釋迦牟尼佛所傳之顯教般若乘之上；然詳考其理論，則或以意識離念時之粗細心為第八識如來藏，或以中脈裡的明點為第八識如來藏，或如宗喀巴與達賴堅決主張第六意識為常恆不變之眞心者，分別墮於外道之常見與斷見中；全然違背 佛說能生五蘊之如來藏的實質。售價300元。

涅槃—解說四種涅槃之實證及內涵：眞正學佛之人，首要即是見道，由見道故方有涅槃之實證，證涅槃者方能出生死，但涅槃有四種：二乘聖者的有餘涅槃、無餘涅槃，以及大乘聖者的本來自性清淨涅槃、佛地的無住處涅槃。大乘聖者實證本來自性清淨涅槃，入地前再取證二乘涅槃，然後起惑潤生捨離二乘涅槃，繼續進修而在七地心前斷盡三界愛之習氣種子，依七地無生法忍之具足而證得念念入滅盡定；八地後進斷異熟生死，直至妙覺地下生人間成佛，具足四種涅槃，方是眞正成佛。此理古來少人言，以致誤會涅槃正理者比比皆是，今於此書中廣說四種涅槃、如何實證之理、實證前應有之條件，實屬本世紀佛教界極重要之著作，令人對涅槃有正確無訛之認識，然後可以依之實行而得實證。本書共有上下二冊，每冊各四百餘頁，對涅槃詳加解說，每冊各350元。

佛藏經講義：本經說明為何佛菩提難以實證之原因，都因往昔無數阿僧祇劫前的邪見，引生此世求證時之業障而難以實證。即以諸法實相詳細解說，繼之以念佛品、念法品、念僧品，說明諸佛與法之實質；然後以淨戒品之說明，期待佛弟子四眾堅持清淨戒而轉化心性，並以往古品的實例說明歷代學佛人在實證上的業障由來，教導四眾務必滅除邪見轉入正見中，不再造作謗法及謗賢聖之大惡業，以免未來世尋求實證之時被業障所障；然後以了戒品的說明和囑累品的付囑，期望末法時代的佛門四眾弟子皆能清淨知見而得以實證。平實導師於此經中有極深入的解說，總共21輯，每輯

大法鼓經講義：本經解說佛法的總成：法、非法。由開解法、非法二義，說明了義佛法與世間戲論法的差異，指出佛法實證之標的即是法——第八識如來藏；並顯示實證後的智慧，如實擊大法鼓、演深妙法，演說如來祕密教法，非二乘定性及諸凡夫所能得聞，唯有具足菩薩性者方能得聞。正聞之後即得依於 世尊大願而拔除邪見，入於正法而得實證；深解不了義經之方便說，亦能實解了義經所說之眞實義，得以證法——如來藏，而得發起根本無分別智，乃至進修而發起後得無分別智；並堅持布施及受持清淨戒而轉化心性，得以現觀眞我眞法如來藏之各種層面。此爲第一義諦聖教，並授記末法最後餘四十年時，一切世間樂見離車童子將繼續護持此經所說正法。平實導師於此經中有極深入的解說，總共六輯，每輯300元，於《佛藏經講義》出版完畢後開始發行，每二個月發行一輯。

成唯識論釋：本論係大唐玄奘菩薩揉合當時天竺十大論師的說法加以辨正而著成，攝盡佛門證悟菩薩及部派佛教聲聞凡夫論師對佛法的論述，並函蓋當時天竺諸大外道對生命實相的錯誤論述加以辨正，是由玄奘大師依據無生法忍證量加以評論確定而成爲此論。平實導師弘法初期即已依於證量略講過一次，歷時大約四年，當時正覺同修會規模尚小，聞法成員亦多尚未證悟，是故並未整理成書；如今正覺同修會中的證悟同修已超過六百人，鑑於此論在護持正法、實證佛法及悟後進修上的重要性，擬於2022年初重講，並已經預先註釋完畢編輯成書，名爲《成唯識論釋》，總共十輯，每輯目次41頁、序文7頁、內文380頁乃至400頁，將原本13級字縮小爲12級字編排，以增加其內容；於增上班宣講時的內容將會更詳細於書中所說，涉及佛法密意的詳細內容只於增上班中宣講，於書中皆依佛誡隱覆密意而說，攝屬判教的〈目次〉已經詳盡判定論中諸段句義，用供學人參考；是故讀者閱完此論之釋，即可深解成佛之道的正確內涵；預定將於每一輯內容講述完畢時即予出版，預計每七個月出版一輯，每輯定價400元。

不退轉法輪經講義：世尊弘法有五時三教之別，分為藏、通、別、圓四教之理，本經是大乘般若期前的通教經典，所說之大乘般若正理與所證解脫果，通於二乘解脫道，佛法智慧則通大乘般若，皆屬大乘般若與解脫甚深之理，故其所證解脫果位通於二乘法教；而其中所說第八識無分別法之正理，即是世尊降生人間的第一大事因緣。如是第八識能仁而且寂靜，恆順眾生於生死之中從無乖違，識體中所藏之本來無漏性的有為法以及眞如涅槃境界，皆能助益學人最後成就佛道；此謂釋迦意為能仁、牟尼意為寂靜，此第八識即名釋迦牟尼，釋迦牟尼即是能仁寂靜的第八識眞如；若有人聽聞如是第八識常住、如來不滅之正理，信受奉行之人皆有大乘實證之因緣，永得不退於成佛之道，是故聽聞釋迦牟尼名號而解其義者，皆得不退轉無上正等正覺，未來必有實證之因緣。如是深妙經典，已由平實導師詳述圓滿並整理成書，預定於《大法鼓經講義》發行圓滿之後接著梓行，每二個月發行一輯，總共十輯，每輯300元。

解深密經講義：本經是所有尋求大乘見道及悟後欲入地者所應詳習串習的三經之一，即是《楞伽經》、《解深密經》、《楞嚴經》三經中的一經，亦可作為見道眞假的自我印證依據。此經是　世尊晚年第三轉法輪時，宣說地上菩薩所應熏修之無生法忍唯識正義經典；經中總說眞見道位所見的智慧總相，兼及相見道位所應熏修的七眞如等法，以及入地應修之十地眞如等義理，乃是大乘一切種智增上慧學，以阿陀那識—如來藏—阿賴耶識為成佛之道的主體。禪宗之證悟者，若欲修證初地無生法忍乃至八地無生法忍者，必須修學《楞伽經、解深密經、楞嚴經》所說之八識心王一切種智。此三經所說正法，方是眞正成佛之道；印順法師否定第八識如來藏之後所說萬法緣起性空之法，墮於六識論中而著作的《成佛之道》，乃宗本於密宗宗喀巴六識論邪思而寫成的邪見，是以誤會後之二乘解脫道取代大乘眞正成佛之道，承襲自古天竺部派佛教聲聞凡夫論師的邪見，尚且不符二乘解脫道正理，亦已墮於斷滅見及常見中，所說全屬臆想所得的外道見，不符本經中佛所說的正義。平實導師曾於本會郭故理事長往生時，於喪宅中從首七開始宣講此經，於每一七起各宣講三小時，至第十七而快速略講圓滿，作為郭老之往生後的佛事功德，迴向郭老早證八地、速返娑婆住持正法。茲為今時後世學人故，已經開始重講《解深密經》，以淺顯之語句講畢後，將會整理成文並梓行流通，用供證悟者進道；亦令諸方未悟者，據此經中佛語正義修正邪見，依之速能入道。平實導師述著，全書輯數未定，每輯三百餘頁，將於未來重講完畢後逐輯陸續出版。

修習止觀坐禪法要講記：修學四禪八定之人，往往錯會禪定之修學知見，欲以無止盡之坐禪而證禪定境界，卻不知修除性障之行門才是修證四禪八定不可或缺之要素，故智者大師云「性障初禪」；性障不除，初禪永不現前，云何修證二禪等？又：行者學定，若唯知數息，而不解六妙門之方便善巧者，欲求一心入定，未到地定極難可得，智者大師名之爲「事障未來」：障礙未到地定之修證。又禪定之修證，不可違背二乘菩提及第一義法，否則縱使具足四禪八定，亦不能實證涅槃而出三界。此諸知見，智者大師於《修習止觀坐禪法要》中皆有闡釋。作者平實導師以其第一義之見地及禪定之實證證量，曾加以詳細解析。將俟正覺寺竣工啓用後重講，不限制聽講者資格；講後將以語體文整理出版。欲修習世間定及增上定之學者，宜細讀之。平實導師述著。

阿含經講記—小乘解脫道之修證：數百年來，南傳佛法所說證果之不實，所說解脫道之虛妄，所弘解脫道法義之世俗化，皆已少人知之；從南洋傳入台灣與大陸之後，所說法義虛謬之事，亦復少人知之；今時台灣全島印順系統之法師居士，多不知南傳佛法數百年來所說解脫道之義理已然偏斜、已然世俗化、已非眞正之二乘解脫正道，猶極力推崇與弘揚。彼等南傳佛法近代所謂之證果者皆非眞實證果者，譬如阿迦曼、葛印卡、帕奧禪師、一行禪師……等人，悉皆未斷我見故。近年更有台灣南部大願法師，高抬南傳佛法之二乘修證行門爲「捷徑究竟解脫之道」者，然而南傳佛法縱使眞修實證，得成阿羅漢，至高唯是二乘菩提解脫之道，絕非究竟解脫，無餘涅槃中之實際尚未得證故，法界之實相尚未了知故，習氣種子待除故，一切種智未實證故，焉得謂爲「究竟解脫」？即使南傳佛法近代眞有實證之阿羅漢，尚且不及三賢位中之七住明心菩薩本來自性清淨涅槃智慧境界，則不能知此賢位菩薩所證之無餘涅槃實際，仍非大乘佛法中之見道者，何況普未實證聲聞果乃至未斷我見之人？謬充證果已屬逾越，更何況是誤會二乘菩提之後，以未斷我見之凡夫知見所說之二乘菩提解脫偏斜法道，焉可高抬爲「究竟解脫」？而且自稱「捷徑之道」？又妄言解脫之道即是成佛之道，完全否定般若實智、否定三乘菩提所依之如來藏心體，此理大大不通也！平實導師爲令修學二乘菩提欲證解脫果者，普得迴入二乘菩提正見、正道中，是故選錄四阿含諸經中，對於二乘解脫道法義有具足圓滿說明之經典，預定未來十年內將會加以詳細講解，令學佛人得以了知二乘解脫道之修證理路與行門，庶免被人誤導之後，未證言證，梵行未立，干犯道禁自稱阿羅漢或成佛，成大妄語，欲升反墮。本書首重斷除我見，以助行者斷除我見而實證初果爲著眼之目標，若能根據此書內容，配合平實導師所著《識蘊眞義》《阿含正義》內涵而作實地觀行，實證初果非爲難事，行者可以藉此三書自行確認聲聞初果爲實際可得現觀成就之事。此書中除依二乘經典所說加以宣示外，亦依斷除我見等之證量，及大乘法中道種智之證量，對於意識心之體性加以細述，令諸二乘學人必定得斷我見、常見，免除三縛結之繫縛。次則宣示斷除我執之理，欲令升進而得薄貪瞋痴，乃至斷五下分結…等。平實導師將擇期講述，然後整理成書。共二冊，每冊三百餘頁。每輯300元。

＊喇嘛教修外道雙身法，墮識陰境界，非佛教＊

＊弘揚如來藏他空見的覺囊派才是真正藏傳佛教＊

總經銷： 聯合發行股份有限公司

231 新北市新店區寶橋路 235 巷 6 弄 6 號 4F

Tel.02－2917-8022（代表號） Fax.02－2915-6275（代表號）

零售：1.**全台連鎖經銷書局：**

三民書局、誠品書局、何嘉仁書店

敦煌書店、紀伊國屋、金石堂書局、建宏書局

諾貝爾圖書城、墊腳石圖書文化廣場

2.**台北市：**佛化人生 **大安區**羅斯福路 3 段 325 號 6 樓之 4 台電大樓對面

3.**新北市：**春大地書店 **蘆洲區**中正路 117 號

4.**桃園市：**御書堂 **龍潭區**中正路 123 號

5.**新竹市：**大學書局 **東區**建功路 10 號

6.**台中市：**瑞成書局 **東區**雙十路 1 段 4 之 33 號

佛教詠春書局 **南屯區**永春東路 884 號

文春書店 **霧峰區**中正路 1087 號

7.**彰化市：**心泉佛教文化中心 南瑤路 286 號

8.**高雄市：**政大書城 **前鎮區**中華五路 789 號 2 樓（高雄夢時代店）

明儀書局 **三民區**明福街 2 號

青年書局 **苓雅區**青年一路 141 號

9.**台東市：**東普佛教文物流通處 博愛路 282 號

10.**其餘鄉鎮市經銷書局：**請電詢總經銷**聯合**公司。

11.**大陸地區請洽：**

香港：樂文書店

銅鑼灣店 :香港銅鑼灣駱克道 506 號 2 樓

電話 : (852) 2881 1150 email: luckwinbs@gmail.com

廈門：廈門外圖臺灣書店有限公司

地址：廈門市思明區湖濱南路809 號 廈門外圖書城3 樓 郵編：361004

電話：0592-5061658（臺灣地區請撥打 86-592-5061658）

E-mail：JKB118＠188.COM

12.**美國：世界日報圖書部：**紐約圖書部 電話 7187468889#6262

洛杉磯圖書部 電話 3232616972#202

13.**國內外地區網路購書：**

正智出版社 書香園地 http://books.enlighten.org.tw/

（書籍簡介、經銷書局可直接聯結下列網路書局購書）

三民 網路書局 http://www.sanmin.com.tw

誠品 網路書局 http://www.eslitebooks.com

博客來 網路書局 http://www.books.com.tw

金石堂 網路書局 http://www.kingstone.com.tw

聯合 網路書局 http:// www.nh.com.tw

附註：1.請儘量向各經銷書局購買：郵政劃撥需要八天才能寄到（本公司在您劃撥後第四天才能接到劃撥單，次日寄出後第二天您才能收到書籍，此六天中可能會遇到週休二日，是故共需八天才能收到書籍）若想要早日收到書籍者，請劃撥完畢後，將劃撥收據貼在紙上，旁邊寫上您的姓名、住址、郵區、電話、買書詳細內容，直接傳眞到本公司 02-28344822，並來電 02-28316727、28327495 確認是否已收到您的傳眞，即可提前收到書籍。 2.因台灣每月皆有五十餘種宗教類書籍上架，書局書架空間有限，故唯有新書方有機會上架，通常每次只能有一本新書上架；本公司出版新書，大多上架不久便已售出，若書局未再叫貨補充者，書架上即無新書陳列，則請直接向書局櫃台訂購。 3.若書局不便代購時，可於晚上共修時間向正覺同修會各共修處請購（共修時間及地點，詳閱**共修現況表**。每年例行年假期間請勿前往請書，年假期間請見共修現況表）。 4.郵購：郵政劃撥帳號 19068241。 5.正覺同修會會員購書都以八折計價（戶籍台北市者爲一般會員，外縣市爲護持會員）都可獲得優待，欲一次購買全部書籍者，可以考慮入會，節省書費。入會費一千元（第一年初加入時才需要繳），年費二千元。**6.尚未出版之書籍，請勿預先郵寄書款與本公司，謝謝您！** 7.若欲一次購齊本公司書籍，或同時取得正覺同修會贈閱之全部書籍者，請於正覺同修會共修時間，親到各共修處請購及索取；**台北市讀者**請洽：103 台北市承德路三段 267 號 10 樓（捷運淡水線 圓山站旁）請書時間：週一至週五爲 18.00~21.00，第一、三、五週週六爲 10.00~21.00，雙週之週六爲 10.00~18.00 請購處專線電話：25957295-分機 14（於請書時間方有人接聽）。

敬告大陸讀者：

大陸讀者購書、索書捷徑（尚未在大陸出版的書籍，以下二個途徑都可以購得，電子書另包括結緣書籍）：

1.廈門外國圖書公司：廈門市思明區湖濱南路 809 號 廈門外圖書城 3F
郵編：361004　　電話：0592-5061658　　網址：http://www.xibc.com.cn/

2.電子書：正智出版社有限公司及正覺同修會在台灣印行的各種局版書、結緣書，已有『**正覺電子書**』陸續上線中，提供讀者於手機、平板電腦上購書、下載、閱讀正智出版社、正覺同修會及正覺教育基金會所出版之電子書，詳細訊息敬請參閱『正覺電子書』專頁：http://books.enlighten.org.tw/ebook

關於平實導師的書訊，請上網查閱：
成佛之道　http://www.a202.idv.tw
正智出版社 書香園地　http://books.enlighten.org.tw/

中國網採訪佛教正覺同修會、正覺教育基金會訊息：

http://foundation.enlighten.org.tw/newsflash/20150817_1

http://video.enlighten.org.tw/zh-CN/visit_category/visit10

★ 正智出版社有限公司售書之稅後盈餘，全部捐助財團法人正覺寺籌備處、佛教正覺同修會、正覺教育基金會，供作弘法及購建道場之用；懇請諸方大德支持，功德無量。

★ 聲　明 ★

本社於 2015/01/01 開始調整本目錄中部分書籍之售價，以因應各項成本的持續增加。

＊ 喇嘛教修外道雙身法、墮識陰境界，非佛教 ＊

＊ 弘揚如來藏他空見的覺囊派才是真正藏傳佛教 ＊

售後服務—換書啓事(免附回郵)　2017/12/05

《楞伽經詳解》第三輯初版免費調換新書啓事：茲因 平實導師弘法早期尚未回復往世全部證量，有些法義接受他人的說法，寫書當時並未察覺而有二處（同一種法義）跟著誤說，如今發現已將之修正。茲爲顧及讀者權益，已開始免費調換新書；敬請所有讀者將以前所購第三輯（不論第幾刷），攜回或寄回本公司免費換新；郵寄者之回郵由本公司負擔，不需寄來郵票。因此而造成讀者閱讀、以及換書的不便，在此向所有讀者致上萬分的歉意，祈請讀者大眾見諒！

《楞嚴經講記》第 14 輯初版首刷本免費調換新書啓事：本講記第 14 輯出版前因 平實導師諸事繁忙，未將之重新閱讀而只改正校對時發現的錯別字，故未能發覺十年前所說法義有部分錯誤，於第 15 輯付印前重閱時才發覺第 14 輯中有部分錯誤尚未改正。今已重新審閱修改並已重印完成，煩請所有讀者將以前所購第 14 輯初版首刷本，寄回本公司免費換新（初版二刷本無錯誤），本公司將於寄回新書時同時附上您寄書來換新時的郵資，並在此向所有讀者致上最誠懇的歉意。

《心經密意》初版書免費調換二版新書啓事：本書係演講錄音整理成書，講時因時間所限，省略部分段落未講。後於再版時補寫增加 13 頁，維持原價流通之。茲爲顧及初版讀者權益，自 2003/9/30 開始免費調換新書，原有初版一刷、二刷書籍，皆可寄來本公司換書。

《宗門法眼》已經增寫改版爲 464 頁新書，2008 年 6 月中旬出版。讀者原有初版之第一刷、第二刷書本，都可以寄回本公司免費調換改版新書。改版後之公案及錯悟事例維持不變，但將內容加以增說，較改版前更具有廣度與深度，將更能助益讀者參究實相。

換書者**免附回郵**，亦無截止期限；舊書請寄：111 台北郵政 73-151 號信箱 或 103 台北市承德路三段 267 號 10 樓 正智出版社有限公司。舊書若有塗鴨、殘缺、破損者，仍可換取新書；但缺頁之舊書至少應仍有五分之三頁數，方可換書。所有讀者不必顧念本公司是否有盈餘之問題，都請踴躍寄來換書；本公司成立之目的不是營利，只要能眞實利益學人，即已達到成立及運作之目的。若以郵寄方式換書者，免附回郵；並於寄回新書時，由本公司附上您寄來書籍時耗用的郵資。造成您不便之處，再次致上萬分的歉意。

正智出版社有限公司 啓

換書及道歉公告

《法華經講義》第十三輯，因謄稿、印製等相關人員作業疏失，導致該書中的經文及內文用字將「**親近**」誤植成「清淨」。茲為顧及讀者權益，自 2017/8/30 開始免費調換新書；敬請所有讀者將以前所購第十三輯初版首刷及二刷本，攜回或寄回本社免費換新，或請自行更正其中的錯誤之處；郵寄者之回郵由本社負擔，不需寄來郵票。同時對因此而造成讀者閱讀、以及換書的困擾及不便，在此向所有讀者致上最誠懇的歉意，祈請讀者大眾見諒！錯誤更正說明如下：

一、第 256 頁第 10 行~第 14 行：【就是先要具備「**法親近處**」、「**眾生親近處**」；法**親近**處就是在實相之法有所實證，如果在實相法上有所實證，他在二乘菩提中自然也能有所實證，以這個作為第一個**親近**處——第一個基礎。然後還要有第二個基礎，就是瞭解應該如何善待眾生；對於眾生不要有排斥或者是貪取之心，平等觀待而攝受、親近一切有情。以這兩個**親近**處作為基礎，來實行其他三個安樂行法。】。

二、第 268 頁第 13 行：【具足了那兩個「**親近處**」，使你能夠在末法時代，如實而圓滿的演述《法華經》時，那麼你作這個夢，它就是如理作意的，完全符合邏輯去完成這個過程，就表示你那個晚上，在那短短的一場夢中，已經度了不少眾生了。】

正智出版社有限公司 敬啓

國家圖書館出版品預行編目(CIP)資料

佛藏經講義 / 平實導師述著. -- 初版.
-- 臺北市 : 正智, 2019.07 面 ; 公分
ISBN 978-986-97233-8-1(第一輯;平裝)
ISBN 978-986-98038-1-6(第二輯;平裝)
ISBN 978-986-98038-5-4(第三輯;平裝)
ISBN 978-986-98038-8-5(第四輯;平裝)
ISBN 978-986-98038-9-2(第五輯;平裝)
ISBN 978-986-98891-3-1(第六輯;平裝)
ISBN 978-986-98891-5-5(第七輯;平裝)
ISBN 978-986-98891-9-3(第八輯;平裝)
ISBN 978-986-99558-0-5(第九輯;平裝)
ISBN 978-986-99558-3-6(第十輯;平裝)
ISBN 978-986-99558-5-0(第十一輯;平裝)
ISBN 978-986-99558-6-7(第十二輯;平裝)
ISBN 978-986-99558-9-8(第十三輯;平裝)
ISBN 978-986-06961-2-7(第十四輯;平裝)
ISBN 978-986-06961-3-4(第十五輯;平裝)
ISBN 978-986-06961-8-9(第十六輯;平裝)
ISBN 978-626-95796-2-4(第十七輯;平裝)
ISBN 978-626-95796-5-5(第十八輯;平裝)
ISBN 978-626-95796-7-9(第十九輯;平裝)
1. 經集部
221.733 108011014

佛藏經講義——第十九輯

著 述 者:平實導師
音文轉換:蔡正利 黃昇金
校 對:章乃鈞 陳介源 孫淑貞 傅素嫻 王美伶
出 版 者:正智出版社有限公司
電話:〇二 28327495 28316727(白天)
傳眞:〇二 28344822
111 台北郵政 73-151 號信箱
郵政劃撥帳號:一九〇六八二四一
正覺講堂:總機〇二 25957295(夜間)
總 經 銷:聯合發行股份有限公司
231 新北市新店區寶橋路 235 巷 6 弄 6 號 4 樓
電話:〇二 29178022(代表號)
傳眞:〇二 29156275
初版首刷:二〇二三年七月三十一日 二千冊
定 價:三〇〇元